BURKHARD DOBIEY

Die politische Planung als verfassungsrechtliches Problem zwischen Bundesregierung und Bundestag

Schriften zum Öffentlichen Recht

Band 284

Die politische Planung als verfassungsrechtliches Problem zwischen Bundesregierung und Bundestag

Von

Dr. Burkhard Dobiey

DUNCKER & HUMBLOT / BERLIN

Gedruckt 1975 bei Berliner Buchdruckerei Union GmbH., Berlin 61
Printed in Germany

ISBN 3 428 03554 2

Inhaltsverzeichnis

Abkürzungsverzeichnis

a. A.	=	anderer Auffassung
Abs.	=	Absatz
a. E.	=	am Ende
Anm.	=	Anmerkung
Art.	=	Artikel
Aufl.	=	Auflage
BayGVBl.	=	Gesetz- und Verordnungsblatt des Freistaates Bayern
Bd.	=	Band
BGBl.	=	Bundesgesetzblatt
BMV	=	Bundesminister für Verkehr
BT-Drucks.	=	Bundestagsdrucksache
BVerfGE	=	Entscheidungen des Bundesverfassungsgerichts
BWGVBl.	=	Gesetz- und Verordnungsblatt des Landes Baden-Württemberg
bzw.	=	beziehungsweise
d. h.	=	das heißt
EDV	=	Elektronische Datenverarbeitung
f.	=	folgende Seite
ff.	=	folgende Seiten
FN	=	Fußnote
GeschOBT	=	Geschäftsordnung des Deutschen Bundestages
GG	=	Grundgesetz
HessGVBl.	=	Gesetz- und Verordnungsblatt des Landes Hessen
HGrG	=	Haushaltsgrundsätzegesetz
h. M.	=	herrschende Meinung
Hrsg.	=	Herausgeber
IPA	=	Interparlamentarische Arbeitsgemeinschaft
i. V. m.	=	in Verbindung mit
m. w. Nachw.	=	mit weiteren Nachweisen
N.	=	Nota
NF	=	Neue Folge
Nr.	=	Nummer
NRW	=	Nordrhein-Westfalen
o. J.	=	ohne Jahr
o. O.	=	ohne Ort
Rdnr.	=	Randnummer
RhPf.	=	Rheinland-Pfalz
S.	=	Seite
s. o.	=	siehe oben
Sp.	=	Spalte
StabG	=	Gesetz zur Förderung der Stabilität und des Wachstums der Wirtschaft
s. u.	=	siehe unten
u. a.	=	unter anderem; und andere
vgl.	=	vergleiche
z. B.	=	zum Beispiel
z. T.	=	zum Teil

Vorbemerkung

Wer heutzutage Probleme erörtert, die im Zusammenhang mit dieser oder jener Art von Planung stehen, muß einige Erläuterungen vorausschicken. Diese Erläuterungen betreffen den Begriff „Planung“ und sind erforderlich, weil es gegenwärtig noch keine aussagekräftige, allgemein anerkannte Definition der Planung gibt[1]. Die theoretische Planungsdiskussion, die jeweils unter rechtlichem, soziologischem, politologischem oder systemtheoretischem Vorzeichen geführt wird, ist noch nicht weit genug fortgeschritten, um ein abgerundetes Bild des Phänomens „Planung“ vermitteln zu können. Auch die Planungspraxis steht am Anfang ihrer Entwicklung und stützt sich weit mehr auf Hoffnungen als auf praktische Erfahrungen[2]. Sie befindet sich noch in einem Erprobungsstadium, so daß die bisherigen Erkenntnisse weder als gesichert noch als umfassend angesehen werden können.

Der Gegenstand der vorliegenden Untersuchung — die politische Planung — kann daher nicht als bekannte Größe vorausgesetzt werden. Es wird vielmehr erforderlich, im Wege der Beschreibung klarzustellen, was im Rahmen dieser Arbeit unter „politischer Planung“ verstanden wird. Dabei soll freilich nicht der Versuch unternommen werden, den zahlreichen Definitionsvorschlägen einen weiteren hinzuzufügen. Vielmehr sollen wesentliche Aspekte und Elemente der politischen Planung beschrieben werden, um damit ein anschauliches Bild des Gegenstandes der Untersuchung zu vermitteln. Hierbei wird zu berücksichtigen sein, daß sich politische Planung nicht allein mit rechtlichen Kategorien erfassen läßt. Trotz der verfassungsrechtlichen Fragestellung dürfen bei der Erörterung des Themas daher verfassungspolitische und gesellschaftspolitische Gesichtspunkte ebensowenig außer Betracht bleiben, wie Probleme der Praktikabilität und Operationalität[3].

Nur unter dieser Voraussetzung wird es möglich, bei theoretischen Erörterungen stets die praktischen Konsequenzen im Auge zu behalten und zu vermeiden, ein geschlossenes, abstraktes Modell zu postulieren, das in der Realität keinen Bestand hat. Es geht im Folgenden also nicht um eine Idealvorstellung der politischen Planung, sondern um ihre

---

[1] *Lutz:* Organisationsprobleme, S. 4.

[2] Vgl. hierzu die Darstellung von *Wagener:* Öffentliche Planung, S. 581 ff.

[3] In dieser Richtung auch die Forderung von *Seeger:* Gutachten, S. 5.

Möglichkeiten in der Gegenwart und ihre Perspektiven in der näheren Zukunft.

Die nachfolgende Untersuchung befaßt sich allein mit der politischen Planung im Verhältnis von Regierung und Parlament auf Bundesebene. Während die politische Planung auf Landesebene[4] grundsätzlich die gleichen Fragen aufwirft, die auch hier erörtert werden, ergeben sich zahlreiche andere Probleme bei der Planung im Verhältnis von Bund und Ländern[5]. Diesen Problemen geht die vorliegende Arbeit ebensowenig nach wie den Wechselwirkungen zwischen der Bund-Länder-Planung und der Planung auf Bundesebene. Es erscheint jedoch zulässig und auch angebracht, die verschiedenen Fragenbereiche vorerst einzeln auf ihre speziellen Probleme hin zu untersuchen[6]. Erst wenn für die jeweiligen Teilbereiche genügend gesicherte Erkenntnisse vorliegen, können die Probleme der Planung im Gesamtstaat sinnvoll diskutiert und einer sachgerechten Lösung zugeführt werden. Im Rahmen des gewählten Themas will diese Arbeit daher einen Beitrag zu einem — freilich wichtigen — Teilgebiet der Planungsdiskussion leisten. Sie stützt sich dabei nicht allein auf die in den Fußnoten genannten Quellen. Zahlreiche Anregungen verdankt der Verfasser auch seiner Tätigkeit in der Planungsabteilung des Bundeskanzleramtes, die ihn mit internen Überlegungen aus dem Regierungs- und Parlamentsbereich vertraut gemacht hat. Allen Gesprächspartnern sei an dieser Stelle für ihr Interesse und ihre Hilfsbereitschaft gedankt.

Zu besonderem Dank verpflichtet bin ich meinem verehrten Lehrer, Prof. Dr. Ulrich Scheuner, der diese Arbeit wissenschaftlich betreut hat und dessen prägender Einfluß sich auch hier unverkennbar zeigt.

---

[4] Zum Stand der Planungsdiskussion in den Ländern, vgl. *Becker:* Beteiligung der Parlamente, S. 167 ff.

[5] Mit dieser Problemstellung befaßt sich ein schon recht umfangreiches Schrifttum. Einen kurzen Problemaufriß gibt die *Enquete-Kommission:* Zwischenbericht, S. 49 f.

[6] Vgl. *Ossenbühl:* Gutachten, S. B 54, der ebenfalls diese von ihm als „projektorientierte Betrachtungsweise“ bezeichnete Methode wählt und rechtfertigt.

I. Gegenstand der Untersuchung: Politische Planung des Staates

1. Unterscheidung zwischen „Plan" und „Planung"

Die vorliegende Untersuchung befaßt sich mit der politischen „Planung" und nicht mit dem „Plan". Beide Begriffe wurden — und werden — in der Planungsdiskussion oft unterschiedslos nebeneinander verwendet, obwohl sie verschiedene Bereiche betreffen oder unterschiedliche Stufen kennzeichnen. Planung und Plan stehen zunächst einmal in einem Verhältnis des zeitlichen Nacheinander; die Planung geht dem Plan voran. Planung ist Vorstufe, der Plan ihr verfestigtes Ergebnis und ihre Ausdrucksform[1]: „Die Planung gebiert den Plan[2]."

Im Rahmen dieser Unterscheidung spielt es keine Rolle, ob es sich bei einem „Plan" um das normative Institut des verwaltungsrechtlichen Plans handelt[3], oder ob der Plan ohne rechtliche Außenwirkung bleibt. Entscheidend ist vielmehr, daß der Plan als etwas Abgeschlossenes, Festgelegtes und Endgültiges anzusehen ist, während Planung ihrem Wesen nach einen vorläufigen Charakter hat. Planung dient der Vorbereitung konkreter Entscheidungen[4], ihr Schwergewicht liegt daher auf der Vorherschau, der Konzeption und der Entwicklung programmatischer Leitlinien[5], so daß sie niemals ihren Endpunkt erreicht, sondern stets Durchgangsstadium bleibt. Sie unterscheidet sich damit — dies soll von vornherein klargestellt werden— grundlegend von jeglicher Form einer verwaltungsrechtlichen „Planung", die ja primär auf die Schaffung definitiver Verhältnisse gerichtet ist[6].

---

[1] Vgl. *Habermehl:* Die Grundlagen der Planung, S. 253; *Jochimsen:* Zur Philosophie staatlicher Planung, S. 1310.

[2] *Redeker:* Staatliche Planung im Rechtsstaat, S. 537.

[3] Vgl. hierzu ausführlich *Imboden:* Der Plan als verwaltungsrechtliches Institut, S. 113 ff.; *Obermayer:* Der Plan als verwaltungsrechtliches Institut, S. 144 ff.; ferner die knappe Zusammenfassung bei *Scheuner:* Bildungsplanung, S. 542.

[4] *Scheuner:* Probleme der staatlichen Entwicklung, S. 5.

[5] *Scheuner:* Zentrale Planung, S. 82.

[6] Zu dieser Abgrenzung vgl. grundlegend *Scheuner:* Zentrale Planung, S. 74 ff.

2. Politische Planung als Definitionsproblem

Die Qualifizierung der Planung als Entscheidungsvorbereitung unter Betonung des Rationalprinzips bildet den zentralen Gedanken einer Reihe von Definitionsversuchen aus der wissenschaftlichen und politischen Planungsdiskussion: „Die einfachste Definition der Planung besteht darin, daß die Planung der Punkt sein sollte, wo dem politischen Führer die Konsequenzen seiner Entscheidung bewußt gemacht werden, bevor er sie trifft, statt hinterher[7].“ Eine entsprechende Aussage enthält die abstraktere Formulierung von *Ronge:* „Politische Planung ist eine dem praktischen politischen Handeln vorangehende und dieses leitende verselbständigte theoretische Funktion[8].“

Ein großes Echo fand die programmatisch anmutende Begriffsbestimmung von *Kaiser:* „Planung ist der systematische Entwurf einer rationalen Ordnung auf der Grundlage alles verfügbaren einschlägigen Wissens[9].“ Die Elemente dieser Definition kehren wie ein Leitmotiv in Begriffsbestimmungen wieder, die im politischen Bereich entstanden sind. So versteht die von der Bundesregierung eingesetzte Projektgruppe für Regierungs- und Verwaltungsreform Planung z. B. als „systematische und rationale Vorbereitung von Alternativen für Entscheidungen über politische Ziele und der darauf ausgerichteten Programme und Maßnahmen auf einer möglichst breiten Wissensbasis[10].“

Eine wesentliche Erweiterung des Begriffs nimmt der „Entwurf eines Gesetzes über die parlamentarische Kontrolle der Regierungsplanung“ vor, den die CDU-Fraktion im Landtag von Nordrhein-Westfalen vorgelegt hat[11]. § 1 Abs. 1 des Gesetzentwurfes qualifiziert die politische Planung zwar als Entscheidungsvorbereitung, verweist aber zugleich auf das der Planung immanente Ziel, die gewonnenen Ergebnisse auch praktisch durchzusetzen:

> „Regierungsplanung im Sinne dieses Gesetzes ist die methodisierte Vorbereitung von Entscheidungen durch systematische Erarbeitung politischer Ziele und der einzusetzenden Mittel zur Lösung eines Sachproblems verbunden mit der Absicht, den Inhalt der Planung bekanntzugeben und die gewonnenen Ergebnisse durch den Erlaß von Rechts- oder Verwaltungsvorschriften oder durch Ausgaben von

---

7 *Eugene Black,* zitiert bei *Grewe:* Planung in der Außenpolitik, S. 365.

8 *Ronge:* Stichwort „Planung“, S. 386.

9 *Kaiser:* Vorwort zu Planung I, S. 7.

10 *Projektgruppe* RVR, S. 221.

11 *CDU-Fraktion/NRW:* Planungskontrollgesetz; nahezu wörtlich übereinstimmend *CDU-Fraktion/Berlin:* Planungskontrollgesetz § 2 Abs. 1; *SPD-Fraktion/RhPf.:* Planungskontrollgesetz § 1 Abs. 1. Eine synoptische Zusammenstellung aller vier bisher vorliegenden Planungskontrollgesetzentwürfe besorgte *Becker:* Synopse, S. 185—199.

erheblicher Bedeutung für die Haushalte des Landes oder der Gemeinden (GV) in die Wirklichkeit umzusetzen."

Diese Definition trägt bereits der Erkenntnis Rechnung, daß politische Planung gewiß ihrer Intention entsprechend eine Entscheidungsvorbereitung auf rationaler Basis sein soll, daß aber die „gewonnenen Ergebnisse" nach Umsetzung in die Wirklichkeit drängen, mithin schon ein Stück Entscheidung darstellen[12]. Diese Einsicht setzt sich in der gegenwärtigen Planungsdiskussion mehr und mehr durch. Auch die Enquete-Kommission für Fragen der Verfassungsreform des Deutschen Bundestages geht davon aus, daß Planung nicht allein eine Vorbereitung politischer Entscheidungen bedeutet, „sondern den Charakter einer Vor-Verfügung über politische Entscheidungen ... gewinnt"[13]. Prägnant formuliert *Luhmann:* „Planen heißt, über Entscheidungen entscheiden[14]."

Neben dieser Qualifizierung der Planung als Entscheidungsvorbereitung und Vor-Entscheidung betonen andere Definitionsansätze ihren Zukunftsaspekt: „Jeder Plan nimmt in Gedanken vorweg, was Wirklichkeit der Zukunft wird oder werden soll[15]." Diese Aussage darf allerdings nicht dahingehend verstanden werden, daß durch Planung etwa Entscheidungen der Zukunft vorweggenommen würden[16]. Planen heißt nicht, Entscheidungen der Zukunft zu treffen. Planen bedeutet vielmehr, die Zukunft berechenbar machen, damit vernünftigere laufende Entscheidungen getroffen werden können[17].

Es ist zwar richtig, daß Entscheidungen von heute die künftige Entwicklung beeinflussen, weil sie Daten setzen, die sich auch für die Zukunft auswirken. Doch diese Tatsache gilt unabhängig davon, ob Entscheidungen nun mit Hilfe von Planung getroffen werden oder nicht. Wesentlich ist hingegen, daß bei der politischen Planung die Zukunft — oder mögliche Zukünfte[18] — bewußt als ein Entscheidungskriterium angesehen wird, daß Entscheidungen der Gegenwart sich maßgeblich an ihren möglichen Auswirkungen in der mittleren oder ferneren Zukunft orientieren. Insofern ist Planung auch der „Versuch, durch gedankliche Antizipation der Zukunft die Dauerhaftigkeit gegenwärtiger Entscheidungen zu sichern"[19].

---

[12] Ähnlich auch *Kewenig:* Planung im Spannungsverhältnis, S. 26.

[13] *Enquete-Kommission:* Zwischenbericht, S. 46.

[14] *Luhmann:* Politische Planung, S. 59.

[15] *Jochimsen:* Wandel durch Planung, S. 467.

[16] Vgl. z. B. *Scharpf:* Koordinationsplanung, S. 11.

[17] „Planning is not making future decisions. It is evaluating the future so that more intelligent current decisions might be made" = *R. S. Herman,* zitiert bei *Oberndörfer:* Politische Planung, Anmerkung 19 auf S. 350.

[18] Diese Pluralbildung verweist auf den variablen Charakter der Zukunft und wird in der Planungsdiskussion vielfach benutzt, vgl. z. B. *Dienel:* Bearbeitung von Langfristproblemen, S. 38.

[19] *Lutz:* Organisationsprobleme, S. 5.

Schließlich wird noch die gesellschaftspolitische Bedeutung der Planung angesprochen und ihr der Charakter eines „gesellschaftsordnenden ... Prozesses im Rahmen einer politischen Gesamtkonzeption“[20] beigemessen. Für *Harnischfeger* ist Planung eine „Technik der Sozialgestaltung“ und darauf gerichtet, „gesellschaftliche Verhältnisse auf einen bestimmten Zweck hin ... zu gestalten“[21]. Bereits in diesen Formulierungen klingt die Forderung an, mittels Planung auf gesellschaftliche und soziale Bedürfnisse nicht bloß zu reagieren, sondern aktive Sozialgestaltung zu betreiben.

Betrachtet man die soeben aufgeführten Begriffsbestimmungen, so läßt sich zusammenfassend feststellen, daß politische Planung

— der Entscheidungsvorbereitung dient oder sogar Entscheidungen vorab festlegt[22];

— auf Vorausschau angewiesen ist, um die Dimension der Zukunft in die Entscheidungen der Gegenwart einzubeziehen;

— eine wichtige Rolle bei der Sozialgestaltung spielt.

Außerdem wird erkennbar, daß sich hinter dem Begriff „politische Planung“ eine vielschichtige, komplexe Angelegenheit verbirgt, für die sich griffige Formeln oder eindeutige und aussagekräftige Definitionen offenbar kaum finden lassen[23]. Diese Schwierigkeit dürfte nicht zuletzt darin begründet sein, daß politische Planung nicht als starres Schema sondern als lebendiger Vorgang zu begreifen ist, der sich vor allem als ein „Mehr“ gegenüber „alltäglichen“ Handlungen darstellt[24]. Wenn also der Versuch unternommen werden soll, politische Planung möglichst anschaulich zu beschreiben, dann empfiehlt sich weniger eine abstrakte Definition als vielmehr eine Darstellung ihrer wesentlichen Aspekte und Elemente.

3. Verschiedene Planungsaspekte

Schon die mitgeteilten Definitionsversuche machen deutlich, daß sich politische Planung unter verschiedenen Blickwinkeln betrachten läßt. Die folgende Übersicht soll zeigen, nach welchen hauptsächlichen Aspekten man die politische Planung analytisch einteilen kann[25]:

---

[20] *Leibfried/Quilisch:* Planung im Sozialstaat, S. 558.

[21] *Harnischfeger:* Planung in der sozialstaatlichen Demokratie, S. 9 und 11.

[22] Nach *Luhmann:* Politische Planung/Aufsätze, S. 67 bedeutet Planung die „Festlegung von Entscheidungsprämissen für künftige Entscheidungen.“

[23] In diesem Sinne auch *Rietdorf:* Planung als Aufgabe von Parlament und Regierung, S. 1.

[24] *Ronge:* Stichwort „Planung“, S. 386.

[25] Mit Recht wird darauf hingewiesen, daß eine derart isolierte Betrachtungsweise in der Praxis wenig Bedeutung hat, weil Planung ein komplexer

Nach den Planungsstufen[26]

— Politische Zielplanung. Auf dieser Planungsebene geht es um die Formulierung der politischen Ziele — oft auch als „große Optionen" bezeichnet[27] — und um das Setzen politischer Leitlinien von längerfristiger Gültigkeit. In diesem Stadium erfolgt eine Zusammenfassung der allgemeinen politischen Zielangaben der Verfassung oder eines konkreten Regierungsprogramms zu Zielschwerpunkten in Form von politischen Absichtserklärungen[28].

— Programmplanung. Durch die Programmplanung wird die politische Zielplanung näher konkretisiert, d. h. es werden programmatische Subziele festgelegt und zu Programmen zusammengestellt, die lang-, mittel- oder kurzfristig verwirklicht werden sollen[29].

— Maßnahmenplanung. Im Wege einer weiteren Konkretisierung des programmatischen Rahmens wird die strategische Gesamtkonzeption ins Detail übersetzt, d. h. operationalisiert[30]. Fachbezogene Planungsakte, die auf konkrete Maßnahmen gerichtet sind, dienen unmittelbar dazu, die politischen Ziele in die Wirklichkeit umzusetzen[31].

Nach dem Grad der Ausarbeitung[32]

— Rahmenplanung. Bei der Rahmenplanung werden lediglich die Eckwerte und Richtlinien bestimmt, die eine weitere Ausfüllung ermöglichen und notwendig machen.

— Detailplanung. Sie stellt die inhaltlich detaillierte Ausformung der Planung aufgrund der gesetzten Vorgaben und Rahmenbedingungen dar. Bezugspunkt dieser Unterscheidung ist also — wie oben — der unterschiedliche Konkretisierungsgrad, nunmehr jedoch im Hinblick auf die Vollständigkeit der Planung innerhalb der jeweiligen Planungsstufen.

Vorgang ist, bei dem die einzelnen Elemente einander bedingen und voneinander abhängig sind, vgl. *Jochimsen:* Planung im staatlichen Bereich, S. 1241 f.; *Kewenig:* Planung im Spannungsverhältnis, S. 26.

[26] Diese Aufgliederung folgt der Unterscheidung, wie sie von der Projektgruppe für Regierungs- und Verwaltungsreform vorgenommen wird, vgl. *Projektgruppe* RVR, S. 213 f.; 231 f.; ähnlich *Osswald:* Landesentwicklung als gesellschaftspolitische Aufgabe = Vorwort zu „Grosser Hessenplan — Landesentwicklungsplan", S. VII, der folgende Stufen nennt: politische Ziele — politische Grundsatzprogramme — konkrete Aufgaben; von einer dreistufigen Unterteilung geht auch *Wahl:* Die politische Planung, S. 43 aus, der jedoch andere Bezeichnungen verwendet: strategische Planung — Strukturplanung — Detailplanung.

[27] Vgl. z. B. *Enquete-Kommission:* Zwischenbericht, S. 47.

[28] So *Herzog:* Gutachten, S. 5.

[29] Vgl. *Projektgruppe* RVR, S. 231/232.

[30] Vgl. *Lutz:* Organisationsprobleme, S. 13.

[31] *Herzog:* Gutachten, S. 6.

[32] Vgl. hierzu *Böckenförde:* Planung zwischen Regierung und Parlament, S. 436.

Nach dem Zeithorizont[33]

— kurzfristige Planung (1—2 Jahre);
— mittelfristige Planung (3—6 Jahre);
— langfristige Planung (7 und mehr Jahre).

Nach den erfaßten Sachbereichen

— sektorale oder regionale Planung (z. B. Verkehrsplanung; Raumplanung für nur ein Bundesland)[34];
— übergreifende Planung, d. h. Planung, die auch sachlich oder örtlich benachbarte Bereiche einbezieht;
— integrierte Planung, d. h. Zusammenfassung mehrerer Sachbezüge zu einem einheitlichen Zweck-Mittel-Schema (z. B. Infrastrukturplanung, die raumbezogene und finanzbezogene Aspekte integriert)[35].

Nach den Planungsarten[36]

— Aufgabenplanung. Unter diesem Begriff wird die inhaltliche Planung von Zielen verstanden, d. h. Formulierung neuer und Überprüfung bestehender Aufgaben auf der Grundlage unterschiedlicher Planungshorizonte. Im Anschluß daran sollen diese Aufgaben zu Programmen verdichtet und quantifiziert werden[37].
— Ressourcenplanung. Sie soll Klarheit über die einzusetzenden finanziellen, personellen und sächlichen Mittel verschaffen. Es handelt sich dementsprechend um ein Vorgehen, „bei dem für eine bestimmte Zeitspanne die verfügbaren Mittel nachprüfbar kosten- und nutzenoptimal verteilt werden“[38]. (Beispiel: Mittelfristige Finanzplanung der Bundesregierung)

  Schon an dieser Stelle soll darauf hingewiesen werden, daß fast einhellig die *isolierte* Planung von Zielen und Mitteln abgelehnt wird[39].

Nach den Planungsphasen

Planung ist ein komplexer Vorgang, dessen einzelne Phasen man zwar analytisch unterscheiden, in der Praxis allerdings kaum voneinander abgrenzen kann. Die folgende Aufgliederung hat daher vornehmlich theoretische Bedeutung und dient der Erläuterung. Zunächst kann der

---

[33] Vgl. für viele *Leibfried/Quilisch:* Planung im Sozialstaat, S. 558 m. w. Nachw.

[34] *König:* Planung und Koordination im Regierungssystem, S. 11 bezeichnet dies auch als „spezielle Planung“.

[35] *König:* (= Anm. 34), S. 11.

[36] Hierzu insbesondere *Jochimsen:* Planung im staatlichen Bereich, S. 1241.

[37] *Jochimsen* (= Anm. 36).

[38] *Jochimsen* (= Anm. 36).

[39] Vgl. z. B. *Jochimsen:* Planung im staatlichen Bereich, S. 1241; *Hirsch:* Haushaltsplanung, S. 40, 42; *Herzog:* Gutachten, S. 6; *Luhmann:* Politische Planung, S. 61.

Planungsvorgang in zwei große Abschnitte eingeteilt werden: in die Phase der Entscheidungsvorbereitung und in die Phase der Entscheidungsdurchführung[40]. Beide Phasen lassen sich ihrerseits wieder in einzelne Teilschritte untergliedern[41]:

a) Entscheidungsvorbereitung

— Identifizierung planungsbedürftiger Materien.

— Bestandsaufnahme, d. h. Orientierung über den Ist-Zustand aufgrund von Datenermittlung und Aufbereitung der gewonnenen Daten im Sinne einer Problemanalyse.

— Prognose, d. h. Feststellung möglicher Entwicklungstrends bei unbeeinflußter Entwicklung.

— Bezeichnung der politisch wünschenswerten und Abgrenzung der unerwünschten Entwicklungen.

— Erarbeiten von alternativen Lösungsmöglichkeiten, Darstellung der Entscheidungsspielräume.

— Entscheidung für ein bestimmtes Planungskonzept. Im Mittelpunkt dieser Planungsphase steht die politische Entscheidung: Hier erfolgt die Überprüfung und Auswahl von Handlungsalternativen, hier müssen die politischen Ziele und die einzusetzenden Mittel verantwortlich festgelegt und die Prioritäten bestimmt werden.

b) Entscheidungsdurchführung

— Programmierung der Durchführung, d. h. Koordinierung der einzelnen Planungselemente, Planbeschluß und Ausarbeitung der Durchführungsmaßnahmen.

— Planausführung, Durchsetzung des Planungskonzepts.

— Erfolgskontrolle, d. h. Auswerten der Erfahrungen, die bei der Plandurchführung gewonnen wurden; Korrekturvorschläge.

— Plankorrektur.

Nach dem Planungsmodell

Im allgemeinen werden drei grundlegende Planungsmodelle unterschieden[42]:

---

[40] *Harnischfeger:* Planung in der sozialstaatlichen Demokratie, S. 110 unterscheidet diese beiden Phasen sogar als Rechtsbegriffe.

[41] Als Grundlage dieser — ergänzten — Zusammenstellung dienten folgende Quellen: *Ellwein:* Politik und Planung, S. 35 ff.; *Lohmar:* Zielsetzung und Methodik politischer Planung, S. 432 f.; *Scharpf:* Planung als politischer Prozeß, S. 10 f.; *Scheuner:* Zentrale Planung, S. 82.

[42] *Habermas:* Verwissenschaftlichte Politik in demokratischer Gesellschaft, S. 130 ff.; *Ellwein:* Politik und Planung, S. 66; *Leibfried/Quilisch:* Planung im Sozialstaat, S. 611 ff. Darüber hinaus werden auch noch das „demokratische" und das „kybernetische" Planungsmodell erwähnt, vgl. *Oberndörfer:* Politische Planung, Anm. 24 auf S. 351.

— Dezisionistisches Modell. Dieses Planungsmodell fordert eine scharfe Trennung von Expertenwissen und politischer Praxis. Es setzt Zielvorgaben der politischen Führung voraus und gesteht der Planung nur instrumentalen Charakter zu.

— Technokratisches Modell. Im Vordergrund dieser Modellvorstellung stehen die Sachzwänge einer an Gesamtsysteminteressen orientierten Planung[43]. Mit optimalen Strategien und Steuerungstechniken sollen die gesellschaftlichen Probleme einer „objektiven", wertneutralen Lösung zugeführt werden. Dem Politiker obliegt es nur, diese wissenschaftlich erarbeiteten Ziele und Lösungsstrategien in der Praxis durchzusetzen, er ist also lediglich Vollzugsorgan einer wissenschafltlichen Intelligenz[44].

— Pragmatisches Modell[45]. Das Modell geht von einer kritischen Wechselbeziehung zwischen Planungsexperten und Politikern aus: In einem wechselseitigen Zusammenspiel werden die Politiker von den Experten beraten und diese von den Politikern entsprechend den praktischen Bedürfnissen beauftragt. Das pragmatische Planungsmodell versteht also Planung nicht nur als Entscheidungs- sondern auch als Erkenntnisprozeß, bei dem politische Ziele auf ihre Konsequenzen hin untersucht werden. Das Ergebnis dieser Untersuchung wirkt sich im Wege der Rückkoppelung wiederum auf die Formulierung der Ziele aus[46].

Nach dem Grad der Rechtsverbindlichkeit[47, 48]

— Indikativer oder informativer Plan. Hierbei geht es um die aufbereitete Darbietung von Daten und Grundannahmen sowie den daraus abgeleiteten Voraussetzungen und Empfehlungen. Derartige Pläne sind unverbindlich: *Scheuner*[49] mißt ihnen vor allem eine

---

[43] *Scharpf:* Planung als politischer Prozeß, S. 25.

[44] Vgl. *Leibfried/Quilisch:* Planung im Sozialstaat, S. 611 ff.

[45] Im Anschluß an *Habermas:* Verwissenschaftlichte Politik in demokratischer Gesellschaft, S. 130 f.; inhaltlich wohl identisch das von *Lübbe* so bezeichnete „erweiterte, dezisionistische Modell", vgl. *Leibfried/Quilisch:* Planung im Sozialstaat, S. 611 ff.

[46] In diesem Sinne etwa das *SPD-Langzeitprogramm,* S. 4, Ziff. 6; ebenso *Ellwein:* Politik und Planung, S. 37; *Lohmar:* Wissenschaftsförderung und Politik-Beratung, S. 47.

[47] Die Unterscheidung hat zuerst *Scheuner* vorgenommen: Zentrale Planung, S. 83 ff.; *derselbe:* Bildungsplanung, S. 543; ihm folgend, wenn auch mit teilweise abweichender Stellungnahme: *Redeker:* Staatliche Planung im Rechtsstaat, S. 537 f.; *Herzog:* Artikel „Planung", Spalte 1526; *derselbe:* Gutachten, S. 5; *Harnischfeger:* Planung in der sozialstaatlichen Demokratie, S. 98; *Leibfried/Quilisch:* Planung im Sozialstaat, S. 557.

[48] Im Folgenden ist nicht von „Planung" sondern von „Plan" die Rede. Dennoch soll auch diese Typisierung hier aufgeführt werden, um zu zeigen, in welche Plan-Kategorie eine Planung münden kann.

[49] Zentrale Planung, S. 83.

Anreizfunktion zu, *Harnischfeger*[50] zählt sie zum Bereich der gezielten Informationspolitik.

— Influenzierender Plan. Mit Plänen dieser Art versucht der Staat, durch indirekte Mittel — z. B. Subventionen oder Steuermaßnahmen — Wirtschaft und Gesellschaft zu einem bestimmten Verhalten zu bewegen. Ein solcher Plan verpflichtet den Bürger nicht unmittelbar, er bindet aber die staatlichen Organe[51].

— Normativer oder imperativer Plan. Durch allgemein verbindliche Weisungen und gezielte Eingriffe werden beim normativen Plan die zuvor festgelegten Ziele in die Wirklichkeit umgesetzt. Derartige Pläne kennt z. B. die Planwirtschaft der sozialistischen Staaten[52].

4. Die Elemente der politischen Planung

Diese Einteilung der Planung nach verschiedenen Aspekten ließe sich weiter fortführen und vertiefen. Doch die vorliegende Untersuchung will sich nicht mit methodisch-theoretischer, abstrakter Planungstheorie befassen, so notwendig sie auch ist, um die „Planung der Planung" besser in den Griff zu bekommen. Im Rahmen dieser staatsrechtlichen Arbeit wird Planung vielmehr konkret-politisch verstanden — eben als „politische Planung", bezogen auf den Staat als Planungssubjekt[53].

Die vorstehende Übersicht bietet jedoch die Grundlage für eine Beschreibung der Elemente politischer Planung. Ausgehend von der oben vorgenommenen Einteilung wird man sagen können, daß politische Planung — zumindest tendenziell — folgende Merkmale aufweist:

— Hauptsächlich handelt es sich um politische Zielplanung, durch die politische Leitlinien von grundlegender und längerfristiger Bedeutung gesetzt werden. Soweit es um die Festlegung wichtiger Subziele geht, zählt auch die Stufe der Programmplanung noch zum Bereich der politischen Planung. Sowohl die Formulierung der „großen Optionen" als auch die davon abgeleitete Entwicklung von näheren Zielen kann daher politische Planung sein[54].

— Im Vordergrund steht eher die Rahmen- als die Detailplanung[55].

---

[50] Planung in der sozialstaatlichen Demokratie, S. 98.

[51] *Herzog:* Artikel „Planung", Spalte 1526, nennt dies „gemischt imperativ-indikative Planung" und verweist als Beispiel auf die französische Planification.

[52] *Scheuner:* Zentrale Planung, S. 85.

[53] Ebenso *Ipsen:* Rechtsfragen der Wirtschaftsplanung, S. 87 für die Planung im Bereich der Wirtschaft.

[54] Vgl. *Rietdorf:* Planung als Aufgabe von Parlament und Regierung, S. 2.

[55] Vgl. *Böckenförde:* Planung zwischen Regierung und Parlament, S. 436.

— Politische Planung geht von einem lang- oder mittelfristigen Zeithorizont aus. Kurzfristige Planungsperspektiven tendieren leicht zur Fortschreibung bestehender Zustände, langfristige Planungen hingegen eröffnen den Weg zu Innovationen[56]. Daher kennzeichnet schwerpunktmäßig die langfristige Grundlagenplanung das Wesen der politischen Planung.

— Zur politischen Planung zählt sowohl die Konzeption als auch deren Durchsetzung. Die vorliegende Arbeit befaßt sich überwiegend mit dem Stadium der Entscheidungsvorbereitung, dem freilich eine entscheidende Bedeutung für die inhaltliche Ausrichtung der politischen Planung zukommt[57].

— Angestrebt wird eine in sich abgestimmte und integrierte Planung, bei der mehrere Sachbezüge zu einem einheitlichen Zweck-Mittel-Schema zusammengefaßt sind. Aufgaben- und Ressourcenplanung werden nicht voneinander isoliert, sondern sind aufeinander bezogen[58].

— Ausgegangen wird von einem pragmatischen Planungsmodell, das auf einer kritischen Wechselbeziehung von Planern und Politikern beruht. Dieses Modell wird am ehesten sowohl dem Anspruch der Rationalität gerecht als auch den Erfordernissen der Demokratie.

— Rechtsverbindlichkeit kommt der politischen Planung deshalb nicht zu, weil „Planung" als Vorstufe des „Plans" sich noch im Vorfeld rechtlicher Verbindlichkeit bewegt. Freilich muß berücksichtigt werden, daß die politische Planung mehr darstellt als ein bloß internes Konzept: Sie bereitet nicht nur Entscheidungen mit Außenwirkung vor, vielmehr werden die grundlegenden, richtungsweisenden Entscheidungen bereits in diesem Stadium getroffen und präjudizieren damit spätere, nach außen wirksame konkrete Maßnahmen.

In ihrer Gesamtheit beschreiben diese Merkmale das wesentliche Erscheinungsbild der politischen Planung, so wie es dieser Arbeit zugrunde liegt. Es geht also nicht um die bindende Festlegung bestimmter Entwicklungen im sachlichen oder finanziellen Bereich[59], nicht um die Steuerung der Durchführung festliegender Handlungsalternativen[60], sondern um Planung im Sinne politischer Programmatik[61], die auch den Auswahlprozeß zurück bis zur Phase der Problemsuche umfaßt[62] und

---

[56] Vgl. z. B. *Scharpf:* Koordinationsplanung, S. 109.
[57] Vgl. *Kewenig:* Planung im Spannungsverhältnis, S. 26.
[58] Zur „integrierten" Planung, vgl. unten I. 8.
[59] *Jahn:* Planende Demokratie, S. 24.
[60] *Scharpf:* Planung als politischer Prozeß, S. 11.
[61] *Jahn:* Planende Demokratie, S. 24.
[62] *Scharpf:* Planung als politischer Prozeß, S. 11.

ihrer Intention nach zur Vorbereitung kommender politisch-administrativer Entscheidungen dient[63, 64].

5. Der Prozeßcharakter der politischen Planung

Das soeben gezeichnete Bild der politischen Planung wäre unvollständig, wenn nicht noch ein weiteres Merkmal erwähnt würde: der Prozeßcharakter der Planung. Bereits die Beschreibung der Planungsphasen[65] und des zugrundeliegenden pragmatischen Planungsmodells[66] läßt erkennen, daß durch die politische Planung kein vorgefaßtes Konzept in die Wirklichkeit umgesetzt wird, sondern daß dieses Konzept erst entwickelt, eine vorgegebene Zielvorstellung zumindest hinterfragt werden muß. Schon in der Entwicklungsphase der politischen Planung wird damit ein „Prozeß der Problemlösung"[67] eingeleitet, in dessen Verlauf aus gesellschaftspolitischen Leitlinien beständig nähere Ziele konkretisiert und geeignete Maßnahmen für ihre Realisierung entwickelt werden[68].

Die jeweils gefundenen Lösungen werden dabei nicht etwa als endgültig angesehen, denn längerfristige Planung ist keineswegs ein einmaliger, für alle Zukunft bindender und nur noch „fortzuschreibender" Akt[69]. Politische Planung ist kein starres Schema, das „planmäßig" exekutiert würde, keine „isolierte Pläneproduktion"[70], sondern ein lebendiger Vorgang. Neue Entwicklungen, veränderte Umstände müssen laufend berücksichtigt und in die Planungsüberlegungen aufgenommen werden, wenn der Kontakt zur Wirklichkeit nicht verloren gehen soll.

Bei der politischen Planung handelt es sich also nicht etwa um einen „Zustand" sondern um einen flexiblen Prozeß[71]. *Eschenburg* vergleicht die Planung treffend mit einer „Skizze, die unter Berücksichtigung der

---

63 *Scheuner:* Probleme der staatlichen Entwicklung, S. 5.

64 Diese Kategorie staatlicher Planung wird mitunter auch als „Planung im weiteren Sinne" bezeichnet und damit von der „Planung im engeren Sinne" — d. h. Programmierung der Durchführung — unterschieden, vgl. *Ellwein:* Regierung als politische Führung, S. 200 f.; *Jahn:* Planende Demokratie, S. 24; *Scharpf:* Planung als politischer Prozeß, S. 11.

65 Oben I. 3.

66 Oben I. 3.

67 *Harnischfeger:* Planung in der sozialstaatlichen Demokratie, S. 113.

68 *Rietdorf:* Planung als Aufgabe von Parlament und Regierung, S. 2.

69 *Schäfer:* Von der Verbundplanung zu den Gemeinschaftsaufgaben, S. 6; ebenso *Böckenförde:* Stellungnahme, S. 12.

70 *Jochimsen:* Planung des Staates, S. 1184; ebenso *Ehmke:* Planung im Regierungsbereich, S. 2026.

71 *Kewenig:* Planung im Spannungsverhältnis, S. 26.

sich wandelnden Situation ständig abgeändert wird“[72], und dieser Vergleich trifft in doppelter Weise zu: Zum einen macht er deutlich, daß politische Planung zu keinem Zeitpunkt als „fertig“ angesehen werden kann sondern immer Entwurf bleibt. Zum anderen illustriert er aber auch die Erkenntnis, daß politische Planung kein detailliert ausgemaltes Kolossalgemälde anstreben darf, sondern sich auf das Wesentliche konzentrieren soll.

Schließlich können geplante Vorhaben — soweit sie eine gewisse Größenordnung und Bedeutung haben — angesichts der heute festzustellenden gegenseitigen Abhängigkeit aller Lebensbereiche nicht mehr en bloc und uno actu verwirklicht werden. Zu ihrer Durchführung bedarf es vielmehr einer Abfolge zahlreicher Einzelschritte[73]. Schon die ersten Teilschritte setzen wieder neue Fakten und Daten für künftige Schritte, und anhand ihrer Auswirkungen muß das Planungskonzept überprüft und fortentwickelt, gegebenenfalls auch abgeändert werden[74]. Diese ständige Rückkoppelung und das iterative Vorgehen sind ein wesentliches Element der politischen Planung[75], die damit als ein fortlaufender Prozeß des Entwerfens, Überprüfens, Durchführens, Kontrollierens und Anpassens charakterisiert werden kann. Es bedeutet daher keineswegs ein notwendiges Übel, daß politische Planung prozeßförmig abläuft, vielmehr wird eine realitätsbezogene Planung um so flexibler sein müssen, je längerfristiger sie konzipiert ist. Selbst der konzeptionelle Rahmen, d. h. langfristige Zielvorstellungen und Leitlinien, darf nicht als endgültig fixiert aufgefaßt werden, denn für eine langfristige Festlegung fehlen in aller Regel quantitativ wie qualitativ die erforderlichen Daten. Die Funktionsfähigkeit der Planung hängt maßgeblich von ihrer Anpassungsfähigkeit ab; Veränderungen müssen also gewissermaßen von vornherein eingeplant werden.

Eichenberger unterliegt daher einem Mißverständnis, wenn er von dem „immanenten Widerspruch der Planung“ spricht, die auf Dauer anlegen wolle, sich aber trotzdem laufend den realen Bedürfnissen und technisch-praktischen Möglichkeiten anpassen müsse und ständig in Bewegung bleibe[76]. Politische Planung legt nicht auf Dauer an sondern auf lange Sicht: Planung „auf Dauer“ wäre — nach dem bisher Gesagten — ein Widerspruch in sich. Es gehört zum Selbstverständnis der

---

[72] *Eschenburg:* Staat und Gesellschaft in Deutschland, S. 669.

[73] So auch *Jahn:* Planende Demokratie, S. 29 für den Bereich der Justizreform.

[74] Mit Recht fordert daher *Jahn:* Die Demokratie und das Recht, S. 15, Planung müsse sich „auch in der Substanz wieder in Frage stellen lassen.“

[75] Vgl. *Projektgruppe* RVR, S. 235 f.; *Lerche:* Stiller Verfassungswandel, S. 299; *Wahl:* Die politische Planung, S. 44; *SPD-Langzeitprogramm,* S. 4 Ziff. 6.

[76] *Eichenberger:* Problematik der parlamentarischen Kontrolle, S. 287.

politischen Planung, daß sie sich als Durchgangsstadium begreift, als ein offener und flexibler Prozeß, in dem auf das eine Stadium das nächste folgt, das wieder neue Ziele aufstellt und neue Fragen aufwirft[77]. Auszugehen ist also — wie es die *Enquete-Kommission*[78] in einer sehr geglückten Formulierung beschreibt — „von einem kontinuierlichen Planungsprozeß ohne Anfang und Ende, der im dauernden Widerspiel von Planung und Verwaltungshandeln die vorfindbare Wirklichkeit und damit auch sich selbst in der Anpassung an diese Wirklichkeit laufend verändert". Dieses Planungsverständnis setzt die vorliegende Arbeit voraus.

6. Die Notwendigkeit der politischen Planung

Die politische Planung in dem soeben geschilderten Sinne steht hierzulande noch am Beginn ihrer Entwicklung. Eine bewußte Hinwendung zu Planungsverfahren erfolgte in der Bundesrepublik Deutschland vergleichsweise spät, und die Ursache hierfür wird man weniger in sachlichen Bedingungen zu suchen haben als im Bereich des Irrationalen. Noch 1965 konnte *Lohmar*[79] von einer „ideologisch verfestigten Abneigung gegenüber jeder Art von Planung" sprechen, und *Ehmke*[80] bemerkt ironisch, es sei „noch nicht lange her, daß politische Planung in der Bundesrepublik als Sünde wider den Geist der Freiheit verpönt war".

Diese anfängliche Planungsfeindlichkeit — deren Ursachen und Motive hier nicht erörtert werden sollen[81] — machte in der zweiten Hälfte der sechziger Jahre zunehmend der Einsicht Platz, daß ein Staat der modernen Industriegesellschaft auf Planung angewiesen ist, wenn er seine Aufgaben erfüllen will. Allgemein hat man inzwischen erkannt, daß die staatliche Aufgabenerfüllung in einer anspruchsvoller gewordenen Gesellschaft, die dem Staat immer mehr Aufgaben zuweist und an ihn ständig steigende Anforderungen stellt, neue Instrumente und Methoden der Regelung und Bedürfnisbefriedigung erfordert[82]. Die Auffassung, daß sich nunmehr — nach früherer Planungsfeindlichkeit und darauffolgendem Planungsinteresse — sogar eine Tendenz zur Planungseuphorie beobachten lasse[83], wird man nach heutiger Erkenntnis freilich bezweifeln müssen. Dennoch besteht hierzulande auch gegen-

---

77 *Scheuner:* Zentrale Planung, S. 75.

78 Staatliche Aufgabenplanung, S. 30.

79 Politik und Planung, S. 238.

80 Planung im Regierungsbereich, S. 2027.

81 Vgl. dazu *Lenk:* Planungsdiskussion, S. 364 ff.

82 *Ronge:* Stichwort „Planung", S. 386.

83 So *Arndt:* Der Plan als Organisationsfigur und die strategische Planung, S. 177.

wärtig im Grunde ein breiter Konsens über die Notwendigkeit staatlicher Planung[84].

Der Einsatz staatlicher Planung kann reaktiv erfolgen oder auch eine aktive Komponente haben — je nach dem, ob äußere Umstände einen Zwang zur Planung ausüben, bzw. eine bloße Effizienzsteigerung erreicht werden soll, oder ob der Staat mit seiner Planung bestimmte gesellschaftliche Ziele anstrebt.

6.1. Die reaktive Komponente

Wie schon erwähnt, sieht sich der Staat einer ständig wachsenden Aufgabenlawine gegenüber, deren Bewältigung mit herkömmlichen Methoden immer problematischer wird. Bereits eine bloße Effizienzsteigerung erweitert jedoch die staatlichen Handlungsmöglichkeiten und erlaubt eine wirksamere Aufgabenerfüllung[85]. Für eine möglichst zweckmäßige und effektive Erfüllung seiner Aufgaben muß der Staat allerdings sein Handeln noch planmäßiger organisieren als bisher[86]. Seine Organisation, die auf einem System der Vielheit von Entscheidungsträgern beruht, bedarf vor allem der Koordination[87], um ein abgestimmtes, möglichst widerspruchsfreies staatliches Vorgehen zu gewährleisten. Dies aber setzt Richtlinien und Zielvorgaben voraus, die im Wege zukunftsbezogener Planung ermittelt werden müssen, wenn sie eine über den Augenblick hinausgehende Bestandskraft haben sollen.

Der Staat hat sich ferner auf die Tatsache einzustellen, daß Planung — nach einem Wort von *Kaiser*[88] — „der große Zug unserer Zeit" ist. Insbesondere die private Wirtschaft bedient sich zunehmend langfristiger Strategien und organisierter Planungen und setzt damit Daten, die der Staat schon heute für sein künftiges Handeln berücksichtigen muß[89]. Anders ausgedrückt: Planungsfolgen können meistens nur wieder durch Planung aufgefangen werden[90].

---

[84] *Böhret:* Entscheidungshilfen, S. 11; *Ehmke:* Planung im Regierungsbereich, S. 2035; *Friauf:* Ziel- und Mittelplanung, S. 676; *König:* Planung und Koordination, S. 2; *Redeker:* Staatliche Planung im Rechtsstaat, S. 537; *Sozialdemokratische Perspektiven,* III L; *Theis:* Führungsinstrumentarium und politische Planung, S. 736; Ein überzeugendes Plädoyer für die Notwendigkeit staatlicher Planung findet sich bei *Blank:* Aufgabenplanung im Spannungsfeld, S. 10 ff.

[85] Vgl. *Scharpf:* Planung als politischer Prozeß, S. 25.

[86] Vgl. *Hesse:* Verfassungssystem, S. 83.

[87] *Böckenförde:* Planung zwischen Regierung und Parlament, S. 432.

[88] Vorwort zu Planung I, S. 7.

[89] *Böckenförde:* Planung zwischen Regierung und Parlament, S. 431 f.

[90] Vgl. hierzu *Tenbruck:* Artikel „Planung", Sp. 892; *derselbe:* Politik und Planung, S. 15, 19; *Wahl:* Notwendigkeit und Grenzen langfristiger Aufgabenplanung, S. 463.

Schließlich erweist sich staatliche Planung umso notwendiger, je mehr der Eingriffsstaat zu einem Leistungsstaat wird[91], der sich einer „Revolution steigender Ansprüche der Bürger an den Staat“[92] ausgesetzt sieht: „Unsere konsumorientierte Gesellschaft sieht im Staat ein Dienstleistungsunternehmen besonder Art[93].“ Die wachsenden Bedürfnisse des einzelnen und seine Unfähigkeit, für ihre Befriedigung selbst zu sorgen[94], haben dazu geführt, daß die Aktivität des Staates auf dem Gebiet der Daseinsvorsorge und Steigerung der Lebensqualität sprunghaft gestiegen ist. Obwohl die Staatsausgaben bereits heute etwa 30 % des Bruttosozialprodukts umfassen[95], werden die öffentlichen Mittel angesichts der steigenden Anforderungen immer knapper, so daß der Staat gezwungen ist, den Einsatz seiner Ressourcen nach zeitlichen und schwerpunktmäßigen Prioritäten vorzunehmen[96].

Das Setzen von Prioritäten kann allerdings nicht willkürlich erfolgen oder vom Augenblick her bestimmt sein, sondern erfordert zunächst eine sorgfältige Analyse heutiger und eine Vorausschau künftiger gesellschaftlicher Bedürfnisse. Eine derartige, in die Zukunft verlängerte Bestandsaufnahme bildet die Grundlage für die Entscheidung über Prioritäten beim Einsatz staatlicher Mittel, die ja im Verhältnis zu der Fülle gesellschaftlicher Bedürfnisse nur begrenzt verfügbar sind. Bevor aber über die Prioritäten eines staatlichen *Mittel*einsatzes entschieden werden kann, muß Klarheit darüber bestehen, welche Staats*aufgaben* zu welchem Zeitpunkt und mit welcher Intensität erfüllt werden sollen: Eine sinnvolle Ausgabenplanung ist ohne vorangehende Aufgabenplanung nicht möglich[97].

6.2. Die aktive Komponente

In der Aufgabenplanung nun gewinnt die staatliche Planung eine aktive Komponente: sie wird zur „politischen“ Planung. Die Aufgabenplanung versetzt die politische Führung eines Staates in die Lage, aktiv die künftige gesellschaftliche Umwelt und ihre Bedingungen zu gestalten. Sie hat damit die Möglichkeit, „erkennbare und unerwünschte

---

[91] *Kewenig:* Planung im Spannungsverhältnis, S. 27.

[92] *Jochimsen:* Planung des Staates, S. 1183; *Tenbruck:* Politik und Planung, S. 16 charakterisiert die Gegenwart als eine Zeit, die „nicht nur durch die Dynamik ihrer Veränderungen, sondern ebensosehr durch die Dynamisierung ihrer Erwartungen gekennzeichnet ist.“

[93] *Dorn:* Planung der Regierungsarbeit, S. 824.

[94] *Herzog:* Artikel „Planung“, Spalte 1521.

[95] Statistisches Jahrbuch 1972.

[96] *Schäfer:* Von der Verbundplanung zu den Gemeinschaftsaufgaben, S. 2.

[97] Vgl. *Böckenförde:* Planung zwischen Regierung und Parlament, S. 439; *Ehmke:* Planung im Regierungsbereich, S. 2032; *Jochimsen:* Planung im staatlichen Bereich, S. 1239; *Wahl:* Die politische Planung, S. 43.

Entwicklungen zu unterbinden, erkennbare und unvermeidliche Entwicklungen frühzeitig in den Griff zu bekommen, vor allem aber: wünschenswerte Entwicklungen zu erkennen, zu fördern und einzuleiten"[98]. Mit dieser aktiven, auf bewußte Steuerung der gesellschaftlichen Entwicklung gerichteten Politik maßt sich die politische Führung eines Staates keineswegs ein Handeln an, das ihr nicht zusteht. Vielmehr erfüllt sie eine von der Verfassung durch das Sozialstaatsgebot (Art. 20 Abs. 1; Art. 28 Abs. 1 GG) auferlegte Pflicht: „Der soziale Auftrag des Staates heißt weitgehend Gesellschaftsgestaltung",[99] und eben dies setzt heute ein gewisses Maß an zukunftsorientierter Planung voraus.

Die Forderung, daß ein sozialer Rechtsstaat zugleich ein planender Staat sein müsse, wenn er den Ansprüchen der Gesellschaft genügen wolle, folgt freilich nicht unmittelbar aus der Verfassung[100], sondern bezeichnet nur eine wirksame Methode zur Erfüllung des Verfassungsgebotes. Man wird *Jahn*[101] aber wohl zustimmen können, wenn er die Notwendigkeit staatlicher Planung aus dem Sozialstaatsprinzip als *politische* Schlußfolgerung herleitet.

6.3. Die Grenzen staatlicher Planung

Obwohl die Notwendigkeit staatlicher Planung heute allgemein anerkannt wird, stehen ihr selbst manche Befürworter mit einem gewissen Argwohn gegenüber. Dieses zwiespältige Verhältnis erhält seine Prägung von dem, was durch Planung erreicht werden kann, aber auch von ihr zu befürchten ist[102]. Mit Recht weist *Forsthoff*[103] darauf hin, daß staatliche Planungen zwar nicht unmittelbar in die Rechtssphäre des einzelnen eingreifen, aber ungleich einschneidender für die individuelle Freiheit sind als punktuelle Eingriffe, weil durch Planung „die Grenzen und Bedingungen der Möglichkeit individueller Freiheit festgelegt" werden. Diese Feststellung gilt sowohl für Planungen, die durch Normativakte realisiert werden, als auch für „interne" Planungen, die nur die Exekutive selbst binden[104]: auch sie haben Außenwirkungen, weil sie ein Anpassungsverhalten der Bevölkerung auslösen[105].

---

[98] So die Forderung in *Ehmke:* Perspektiven. Sozialdemokratische Politik im Übergang zu den siebziger Jahren, S. 33.

[99] *König:* Planung und Koordination im Regierungssystem, S. 7; ebenso *Hesse:* Grundzüge des Verfassungsrechts, S. 84; *derselbe:* Verfassungssystem, S. 78.

[100] So aber *Hesse* (= Anm. 99).

[101] Planende Demokratie, S. 25 f.

[102] *Habermehl:* Die Grundlagen der Planung, S. 251.

[103] Über Mittel und Methoden moderner Planung, S. 23.

[104] Z. B. „influenzierende" Pläne im Sinne der Unterscheidung bei *Scheuner:* Zentrale Planung, S. 83 f.

[105] *Arndt:* Political problems of planning, S. 593.

Planung soll den Entscheidungsspielraum nicht verengen sondern ihn erweitern[106], aber man hat unterdessen auch erkannt, daß vor allem langfristige Planungen — trotz aller Flexibilität und Offenheit — die Umwelt künftiger Generationen entscheidend vorprägen, spätere Entscheidungen präjudizieren und damit die Gestaltungsräume der dann politisch Verantwortlichen einengen können[107]. Deshalb wird auch nachdrücklich die Forderung erhoben, mit dem Instrument der Langfristplanung zurückhaltend umzugehen: Langfristige Planung sollte auf jene Ziele beschränkt sein, die schon heute einer langfristigen Steuerung bedürfen, sie sollte nicht flächendeckend sondern eher als Kernplanung konzipiert werden, und sie sollte nur dann erfolgen, wenn hinreichend zuverlässige Prognosen möglich sind[108].

Es ist hier nicht der Ort, auf die möglichen Gefahren staatlicher Planung näher einzugehen, aber die Kehrseite der Medaille sollte mit diesen Ausführungen doch kurz erwähnt werden. Politische Planung ist heute zur Notwendigkeit geworden. Wir müssen daher „mit der Antinomie leben, die darin besteht, daß Planung einerseits Bedingung unserer Freiheit ist", d. h. Freiheitsräume erhält oder auch erst schafft[109], andererseits aber auch „Element ihrer Zerstörung sein kann"[110].

7. Planungen auf Bundesebene

Auf Bundesebene lassen sich zahlreiche staatliche Aktivitäten feststellen, die von der Sache her oder auch nur dem Namen nach etwas mit Planung zu tun haben, z. B. Bundeshaushaltsplan, Grüner Plan, Blauer Plan, Bundesjugendplan, Finanzplanung, Bildungsplanung oder die Planung auf dem Gebiet der Bundesfernstraßen[111]. Nur die wenigsten dieser Planungsaktivitäten können jedoch — in ihrer gegenwärtigen Ausformung — zum Bereich der politischen Planung im vorher beschriebenen Sinne[112] gerechnet werden.

Beim Bundeshaushaltsplan etwa handelt es sich der Sache nach lediglich um eine jährliche Zuteilung von Mitteln für bestimmte Zwecke. Andere Pläne, z. B. der Bundesjugendplan (§ 25 JWG), der „Grüne Plan"

---

[106] *Kaiser:* Exposé einer pragmatischen Theorie der Planung, S. 19.

[107] Vgl. *Wittkämper:* Planungsideologie in der Politik, S. 60.

[108] Vgl. *Herzog:* Artikel „Planung", Spalte 1524; *Scharpf:* Planung als politischer Prozeß, S. 18 f.

[109] *Jahn:* Planende Demokratie, S. 23; vgl. hierzu auch *Wagener:* Öffentliche Planung, S. 586 f.

[110] *Wittkämper:* Planungsideologie in der Politik, S. 60.

[111] Einen ausführlichen Überblick über Pläne auf Bundesebene vermittelt *Kölble:* Pläne im Bundesmaßstab oder auf bundesrechtlicher Grundlage; Hinweise zu einzelnen Plan-Bereichen gibt *Herzog:* Gutachten, S. 7—26.

[112] Vgl. oben I. 4. und I. 5.

(§§ 4—6 LWG) oder der „Blaue Plan“[113] stellen im Grunde nichts anderes dar, als die Bestandsaufnahme und Lagebeurteilung sowie daraus gefolgerte Maßnahmen für einen Teilbereich der Gesamtgesellschaft. Diese in teilweise institutionalisierter Berichtsform aufbereiteten „Pläne“ dienen praktisch nur als Erläuterung und Begründung für die zu ihrer Verwirklichung im jährlichen Bundeshaushaltsplan bereitgestellten Mittel. Hinter derartigen Plänen steht keine umfassende, mit benachbarten Sachbereichen abgestimmte, längerfristige Konzeption und auch keine an den gesamten Staatsaufgaben orientierte sachliche, finanzielle oder zeitliche Prioritätensetzung. Diese „Pläne“ sind nicht das Ergebnis von politischer Planung. Erste Schritte in diese Richtung wurden hingegen mit der Finanzplanung, der Bildungsplanung wie auch der Bundesfernstraßen-Planung unternommen.

7.1. Mittelfristige Finanzplanung[114]

Nach dem geltenden Haushaltsrecht ist der jährliche Haushaltsplan des Bundes eingebettet in eine mehrjährige Finanzplanung (Art. 106 Abs. 3 Nr. 1 GG; § 9 StabG; § 50 HGrG). Diese Finanzplanung enthält erste Ansätze zu einer koordinierten mittelfristigen Planung nicht nur der Finanzmittel sondern — für einzelne Gebiete — auch eine Planung der Strukturen[115]. Das „Troeger-Gutachten“, auf dessen Vorschlag das Rechtsinstitut der mehrjährigen Finanzplanung zurückgeht[116], vergleicht den Finanzplan mit einer Regierungserklärung[117]. Tatsächlich jedoch geht die Finanzplanung in ihrer Aussagekraft und Präzision weiter als eine übliche Regierungserklärung: Sie ist vom Ansatz her „ein in Zahlen gekleidetes Regierungsprogramm, in dem die zeitlichen Prioritäten und die positiven und negativen Schwerpunkte nach den Vorstellungen der Regierung sichtbar gemacht werden“[118].

Am Beispiel der mittelfristigen Finanzplanung wird auch zum ersten Mal deutlich, daß Planung nicht etwa auf endgültige Verbindlichkeit ausgerichtet ist. Zwar setzt die auf einen fünfjährigen Zeitraum bezogene Finanzplanung Prioritäten in sachlicher und zeitlicher Hinsicht, aber sie verpflichtet die Regierung nicht auf die Einhaltung dieses Programms. Vielmehr wurde die mehrjährige Finanzplanung von vorn-

---

[113] Vgl. hierzu *Kölble* (= Anm. 111), S. 104 f.

[114] Eine ausführliche Übersicht des Verfahrens bei der Finanzplanung gibt *Badura:* Verfassungsfragen der Finanzplanung; vgl. ferner *Friauf:* Öffentlicher Haushalt und Wirtschaft; *Herzog:* Gutachten, S. 7 ff.; *Grund:* Die mehrjährige Finanzplanung des Bundes.

[115] Vgl. die am 11. 8. 1967 dem Bundestag vorgelegte Finanzplanung 1967 bis 1971, BT-Drucks. V/2065.

[116] *Troeger-Gutachten:* Textziffer 481—484; 499.

[117] *Troeger-Gutachten:* Textziffer 484.

[118] Finanzbericht 1968, S. 106.

herein als ein „bewegliches Instrument“[119] konzipiert, das laufend an die wirtschafts- und sozialpolitischen Entwicklungen angepaßt werden muß. Man wird *Seeger*[120] zustimmen können, wenn er die Finanzplanung ihrer Konzeption nach als einen politischen Plan ansieht, der „Elemente der politischen Richtlinien und der Koordinierung der Ressorts in sich vereinigt“.

7.2. Bildungsplanung[121]

Die Planung der Bildung in der BRD repräsentiert einen neuen Typ staatlicher Planungsvorhaben: Sie gehört, da sie die Bildungshoheit der Bundesländer berührt, zu den Gemeinschaftsaufgaben, die nach Art. 91 a GG ein Zusammenwirken von Bund und Ländern erfordern[122]. Sie gehört darüber hinaus auch zu den ausgesprochen langfristigen Planungen (Zeithorizont: 1985) und berührt ihrem Gegenstand nach Grundsatzfragen der Gesellschaftspolitik. Diese Merkmale tragen nicht gerade zu einer Erleichterung der Bildungsplanung bei, so daß man es unter diesen Umständen als recht positiv ansehen muß, daß sich Bund und Länder wenigstens über wesentliche Elemente eines gemeinsamen, langfristigen Konzepts haben einigen können[123]. Es wird nicht leicht sein, die im Rahmen der Bildungsplanung erarbeiteten Grundsätze auch praktisch durchzusetzen, aber der erste Schritt zu einer planvollen, aktiven, langfristig angelegten und weitgehend abgestimmten Bildungspolitik ist getan und läßt auf weitere hoffen. Da die Prognosetechniken heute noch keine sinnvolle Aussage über die Gesellschaftsstruktur in 15 oder 20 Jahren zulassen, wird gerade die Bildungsplanung besonders flexibel gestaltet werden müssen.

7.3. Planung der Bundesfernstraßen

Während die Bildungsplanung bisher ohne gesetzliche Rahmenregelung auskommt[124] und die Finanzplanung durch ein bloß formelles Planungsgesetz geregelt wird[125], beruht die Planung der Bundesfernstraßen

---

[119] *Troeger-Gutachten:* Textziffer 403.

[120] Gutachten, S. 17.

[121] Vgl. hierzu etwa *Scheuner:* Bildungsplanung, S. 543 ff.; *derselbe:* Zentrale Planung, S. 67 f.; 85 ff.; *Herzog:* Gutachten, S. 16 ff.; *Leussink:* Bildungspolitik zwischen Planung und Verwirklichung.

[122] Zum Bund-Länder-Verhältnis bei der Planung vgl. z. B. *Enquete-Kommission:* Zwischenbericht, S. 49 ff.

[123] *Leussink:* Bildungspolitik zwischen Planung und Verwirklichung, S. 1677 f.

[124] Ein Spezialgesetz stellt hingegen das Hochschulbau-Förderungsgesetz vom 1. September 1969, BGBl. I, S. 1556, dar.

[125] Gesetz zur Förderung der Stabilität und des Wachstums der Wirtschaft vom 8. Juni 1967, BGBl. I, S. 582.

auf einem materiellen Planungsgesetz[126]. Der Unterschied zwischen einem formellen und einem materiellen Planungsgesetz[127] besteht darin, daß im ersteren Fall der allgemeine Auftrag und die Ermächtigungsgrundlage planerischer Tätigkeit normiert werden, während im zweiten Fall die Verwirklichung der geplanten Maßnahmen der Regierung als gesetzliche Pflicht auferlegt ist.

Diese inhaltliche Festlegung langfristig geplanter Vorhaben durch ein Gesetz ist zumindest im Rahmen der politischen Planung höchst ungewöhnlich. Zur Begründung wird im Falle der Bundesfernstraßen-Planung darauf hingewiesen, daß eine Straßenplanung lange Fristen — etwa 5 bis 10 Jahre von der Idee bis zur Verkehrsübergabe — benötige[128], so daß Projekte lange Zeit vor ihrer Fertigstellung endgültig formuliert sein müßten. Auch sei eine Bedarfsermittlung über einen Zeitraum von 15 Jahren durchaus möglich, allerdings könnten gewisse Voraussetzungen für eine Verwirklichung — z. B. Finanzierung, Baukostenentwicklung — nicht sicher prognostiziert werden[129]. Zur Vermeidung einer bloß vorgetäuschten Präzision wird daher von einem mehrstufigen Planungskonzept ausgegangen, dessen Konkretheitsgrad mit jeder Stufe wächst[130]:

— Bedarfplan als erste, langfristige Planungsstufe; entspricht etwa der Zielplanung.

— Drei Fünfjahrespläne zur Verwirklichung der im Bedarfsplan enthaltenen Vorstellungen. Es handelt sich hierbei um mittelfristige Programme, die in erster Linie als Grundlage für die Finanzierung aufgestellt werden[131].

— Jährlicher Straßenbauplan, der als Bestandteil des Bundeshaushalts die verbindliche Verteilung der Haushaltsmittel enthält und die konkreten Baumaßnahmen bestimmt.

Die hier beispielhaft erwähnten Planungen auf Bundesebene weisen bereits Elemente der politischen Planung auf, z. B. langfristiger Zeithorizont (Bildung; Straßenbau), integrierte Planung (Bildung und Hochschulbau, z. T. auch Finanzplanung), Prozeßcharakter (Bildung; Finanzplanung), quersektoraler Ansatz (Finanzplanung). Sie stehen jedoch

---

[126] Gesetz über den Ausbau der Bundesfernstraßen in den Jahren 1971 bis 1985 vom 30. Juni 1971, BGBl. I, S. 873.

[127] Vgl. zu dieser Unterscheidung *Seeger:* Gutachten, S. 10.

[128] Vgl. *BMV:* Ausbau der Bundesfernstraßen 1971 bis 1985, S. 8.

[129] Vgl. Anm. 128.

[130] Vgl. zum Folgenden *BMV:* Ausbau der Bundesfernstraßen 1971—1985, S. 26.

[131] Man darf wohl annehmen, daß für dieses Planungsvorhaben die Gesetzesform nicht zuletzt auch deshalb gewählt wurde, um eine Finanzierung sicherzustellen.

— wie auch die übrigen Planungen und „Pläne" — zu beziehungslos nebeneinander, als daß von einem einheitlichen Planungskonzept gesprochen werden könnte.

7.4 Die Planung der Planung

Im Gefolge der Regierungsbildung von 1969 wurde dem Bundeskanzleramt die Aufgabe übertragen, die jeweiligen Fachplanungen und die dezentral in den einzelnen Ministerien aufzubauenden Planungsapparate von zentraler Stelle aus zu koordinieren[132]. Darüber hinaus sollte der Planungsstab des Kanzleramtes — später zu einer Abteilung ausgebaut — ein langfristiges, an den Aufgaben des Staates orientiertes Planungskonzept erarbeiten, das die sektoralen Planungen zeitlich, inhaltlich und finanziell integriert.

Dieser Auftrag war schon von der Sache her so anspruchsvoll formuliert, daß er auch ohne organisationspsychologisch bedingte Hindernisse in einer Legislaturperiode nicht zu bewältigen war. Nach der Neubildung der sozial-liberalen Regierung im Jahr 1972 ist die „Planung der Planung", wohl unter dem Eindruck früherer Mißerfolge, etwas in den Hintergrund gerückt. Sie wird jedoch — unabhängig von persönlichen Neigungen und politischer Wetterlage — der politischen Führung als Aufgabe gestellt bleiben und an Dringlichkeit zunehmen, je länger man sie vernachlässigt[133].

Bei der rein technischen Koordinierung der Regierungsplanung konnten hingegen beachtliche Erfolge erzielt werden:

— Die Informationsbasis der Planer in allen Ministerien und im Bundeskanzleramt konnte verbreitert und vereinheitlicht werden. Seit etwa Mitte des Jahres 1970 melden die Ressorts — mit zunehmender Präzision und Vollständigkeit — auf genormten Datenblättern alle wesentlichen Vorhaben. Diese Informationen werden unter Verwendung von DV-Verfahren gespeichert, ständig aktualisiert und können — nach den unterschiedlichsten Gesichtspunkten (z. B. Termine, Kosten) zusammengestellt — von allen Stellen im Regierungsapparat angefordert werden. Auf diese Weise werden Überschneidungen oder Verknüpfungsmöglichkeiten sichtbar gemacht, Anregungen vermittelt und Lücken erkennbar.

---

[132] Vgl. hierzu *Bebermeyer:* Das politische Planungssystem der Bundesregierung; *Ehmke:* Planung im Regierungsbereich; *derselbe:* Planung in der Bundesregierung; *Jochimsen:* Planung im staatlichen Bereich; *derselbe:* Wandel durch Planung; *derselbe:* Aufgabenplanungssystem; *Lompe:* Gesellschaftspolitik und Planung, S. 297 ff.

[133] Darauf weist *Scheuner:* Zur Entwicklung der politischen Planung, S. 373, 379, nachdrücklich hin.

— Ein zentrales Problem bei der Planung der Planung ist die Koordinierung der verschiedenen Planungsaktivitäten. Um spätere Konflikte zu vermeiden, muß sie die Ressortvorhaben bereits dann erfassen, wenn sie sich noch „in statu nascendi" befinden, d. h. „zu einem Zeitpunkt, in dem es noch möglich ist, in Alternativen zu denken"[134]. Dank einer weithin geglückten „Frühkoordination" können heute die Vorhaben der Ressorts untereinander wie auch mit den politischen Prioritätsentscheidungen der Bundesregierung besser abgestimmt werden, als dies früher möglich war[135].

Ein erstes sichtbares Arbeitsergebnis der Planungsabteilung im Bundeskanzleramt war die Koordinierung der Reformvorhaben der Bundesregierung in Form eines „Arbeitsprogramms"[136]. Etwas voreilig wurde seinerzeit behauptet, dieses Arbeitsprogramm stimme „alle Reformvorhaben zeitlich, inhaltlich und finanziell aufeinander ab" und sei damit „ein wichtiger Schritt zu einer koordinierten Aufgabenplanung"[137]. Tatsächlich haben sich die Ressorts bis heute nicht auf einen gemeinsamen inhaltlichen und finanziellen Rahmen einigen können, der Voraussetzung einer integrierten Aufgabenplanung des Staates wäre[138].

8. Die integrierte Aufgabenplanung[139]

Politische Planung, die zur Gesellschaftsgestaltung wirksam beitragen, dabei aber unerwünschte Auswirkungen vermeiden will, ist auf die Dauer nur in der Form einer integrierten Aufgabenplanung denk-

---

134 *Jochimsen:* Aufgabenplanungssystem, S. 953.

135 Ausführlicher hierzu: *Ehmke:* Planung im Regierungsbereich, S. 2031 f., der mit Recht auch die erfolgreiche Arbeit der Planungsbeauftragten hervorhebt.

136 Arbeitsprogramm der Bundesregierung zu den inneren Reformen. Antwort der Bundesregierung auf die Große Anfrage der Fraktion der CDU/CSU, Bulletin Nr. 151 vom 19. 10. 1971, S. 1601—1609; vorausgegangen war bereits eine Zusammenstellung innenpolitischer Vorhaben, vgl. Bulletin Nr. 38, vom 16. 3. 1971, S. 381—404.

137 *Ehmke:* Planung in der Bundesregierung, S. 62.

138 Einen kenntnisreichen Einblick in die Planungspraxis auf Bundesebene vermittelt *Schatz:* Planung auf Bundesebene, S. 9 ff.

139 Diese Bezeichnung verwendet die *Enquete-Kommission:* Zwischenbericht, S. 45 f., in der Formulierung ihrer zur Änderung des Grundgesetzes vorgeschlagenen Artikel x und y. Bisher wurde überwiegend von einer „integrierten Gesamtplanung" gesprochen, vgl. *Böckenförde:* Planung zwischen Regierung und Parlament, S. 439 f.; *Ehmke:* Planung im Regierungsbereich, S. 2031; *Ellwein:* Politik und Planung, S. 49; *Habermehl:* Die Grundlagen der Planung, S. 262. Mit dem Begriff „Gesamtplanung" verbindet sich jedoch allzusehr noch die ideal verstandene Vorstellung von einem allumfassenden Planungsgebäude, das nach heutigen Erkenntnissen Utopie bleiben muß. Anspruchsloser und doch aussagekräftiger erscheint demgegenüber die auch hier benutzte Bezeichnung *„integrierte Aufgabenplanung"*.

bar. Dies folgt aus der Erkenntnis, daß Teilpläne rasch ins Sinnlose geraten, wenn sie nicht in einem größeren Bezugssystem verortet sind[140], daß also jede planende Gestaltung eines bestimmten Lebensbereiches eine Abstimmung mit anderen Lebensbereichen und ihren geplanten wie ungeplanten Entwicklungen erforderlich macht[141]. Allerdings verhilft eine bloße Addition oder „negative", d. h. nachträgliche Koordination der Bereichs- und Fachplanungen noch nicht zu einem einheitlichen, in sich stimmigen Planungskonzept.

Ein solches Konzept setzt vielmehr voraus, daß aus Entscheidungen über Zielprioritäten *Vorgaben* für die Ressortplanungen gewonnen werden[142], an denen diese sich auszurichten haben. Diese Prioritäten sollen ebenfalls als Richtschnur für die ressortübergreifende Koordination und Integration der Aufgabenplanung untereinander sowie der Aufgabenplanung mit der Finanzplanung[143] dienen.

Auf die recht entscheidende Frage, wie die Mittel den Zwecken zugeordnet werden sollen, hat man bis heute noch keine einheitliche Antwort gefunden. Einig ist man sich nur in der Erkenntnis, daß Planungsziele nicht ohne Berücksichtigung der für ihre Verwirklichung benötigten Mittel diskutiert werden können, sondern daß beide Aspekte sich gegenseitig bedingen[144]. Trotz aller Verzahnung muß aber eine sachliche und organisatorische Unterscheidung gewährleistet sein, damit die notwendige Spannung und Wechselwirkung erhalten bleibt[145]. Die konkrete Ausgestaltung dieses Spannungsverhältnisses hängt dabei vor allem davon ab, ob man den Vorrang der Aufgaben- oder der Ressourcenplanung einräumt.

Einerseits wird die Forderung erhoben, die Finanzplanung — oder sogar den Haushaltsplan — als zentrales Planungsinstrument auszubauen[146], andererseits betonen die Vertreter der gegenteiligen Auffassung den Vorrang der Aufgabenplanung[147]. Ihre Meinung begründen

---

[140] Vgl. *Ellwein:* Politik und Planung, S. 48.

[141] *Leibfried/Quilisch:* Planung im Sozialstaat, S. 559.

[142] *Böckenförde:* Planung zwischen Regierung und Parlament, S. 456.

[143] Vgl. *Böckenförde* (= Anm. 142), S. 439 f.

[144] Vgl. *Herzog:* Gutachten, S. 6; *Hirsch:* Haushaltsplanung, S. 40, 42; *Jochimsen:* Planung im staatlichen Bereich, S. 1241 ff.; *Luhmann:* Politische Planung, S. 61.

[145] *Böckenförde:* Planung zwischen Regierung und Parlament, S. 439; *Projektgruppe RVR*, S. 192 ff., 196 ff.

[146] So z. B. *Hirsch:* Haushaltsplanung, S. 55; *Lompe:* Gesellschaftspolitik und Planung, S. 283; *Stern:* Totalrevision des Grundgesetzes?, S. 409; ähnlich auch *Friauf:* Öffentlicher Haushalt und Wirtschaft, S. 22 ff.

[147] Z. B. *Projektgruppe RVR*, S. 200; *Böckenförde:* Planung zwischen Regierung und Parlament, S. 438 f.; *Ehmke:* Planung im Regierungsbereich, S. 2032; *Wahl:* Die politische Planung, S. 43; wohl auch *Keller/Raupach:* Informationslücke des Parlaments, S. 59.

sie mit der einleuchtenden Überlegung, daß die Aufgabenplanung nicht zum Instrument der Ausgabenplanung werden darf, wenn die politische Planung zu einer aktiven Gestaltung der Zukunft verhelfen soll. Erst muß eine Entscheidung über die vom Staat zu erfüllenden Aufgaben gefällt werden, dann kann auf dieser Basis eine Ressourcenplanung erfolgen, die als regulierender Faktor gewissermaßen das „Nadelöhr"[148] bei der Verwirklichung der Aufgaben darstellt und zur Prioritätenbildung zwingt. Unter Beachtung dieser Rangfolge wird eine Integration von Aufgaben- und Ressourcenplanung — d. h. insbesondere Finanzplanung — angestrebt werden müssen[149].

Wer von einer integrierten Aufgabenplanung spricht, muß sich auch über ihre Grenzen im klaren sein. Man kann sich zwar eine im Ansatz universale und tendenziell flächendeckende sowie auch möglichst detailliert ausgearbeitete integrierte Aufgabenplanung vorstellen, aber man wird dieses Idealbild nie verwirklichen können. Solange der Bauplan des Ameisenstaates vermieden werden soll[150], wird man dieses Ziel auch besser gar nicht erst anstreben. Heute und für absehbare Zeit übersteigt jedenfalls eine langfristige, flächendeckende und detaillierte integrierte Aufgabenplanung bei weitem die praktischen und theoretischen Möglichkeiten der Problemverarbeitung[151]. Vor allem *Scharpf*[152] hat überzeugend dargelegt, daß eine absolut verstandene, auf positive Koordinierung aller Planungsbereiche gerichtete integrierte Aufgabenplanung schnell an die Schranke der Komplexität stößt: Die simultane planerische Verarbeitung aller relevanten Probleminterdependenzen überfordert in letzter Konsequenz jede denkbare Informationsverarbeitungskapazität.

Gegenwärtig kann und will die politische Planung daher nicht in einem riesigen Gesamtplan enden[153] „mit einem Kalendarium, aus dem auf die Mark und den Tag genau die in näherer oder fernerer Zukunft liegenden Realisierungsabläufe einzelner Vorhaben festgelegt" sind[154]. Statt dessen muß sich die politische Planung darauf beschränken, „Schneisen höherer Rationalität" in die staatlichen Entscheidungspro-

---

[148] So *Böckenförde* (=Anm. 147), S. 439.

[149] Mit Recht macht *Ehmke:* Planung im Regierungsbereich, S. 2034, auf die methodisch bedingten „Umsteigeschwierigkeiten" aufmerksam, die darin bestehen, daß die Finanzplanung am finanziellen Input, die Aufgabenplanung hingegen am Output der Ziele und Ergebnisse orientiert ist.

[150] *Habermehl:* Die Grundlagen der Planung, S. 262.

[151] Ausführlicher hierzu *Wahl:* Notwendigkeit und Grenzen langfristiger Aufgabenplanung, S. 476 f.; vgl. auch *Jochimsen/v. Peter:* Beteiligung des Parlaments, S. 756.

[152] Komplexität als Schranke der politischen Planung, insbesondere S. 90 ff.

[153] *Ellwein:* Politik und Planung, S. 56.

[154] *Jochimsen:* Wandel durch Planung, S. 468.

zesse zu schlagen[155], d. h. sich auf Teilbereiche zu konzentrieren und eine begrenzte Anzahl von Kernplanungsbereichen anzustreben[156]. Integrierte Aufgabenplanung muß daher im Sinne dieser Ausführungen als konzeptioneller Orientierungsrahmen verstanden werden, der nur diejenigen Bezüge und Details berücksichtigt, die für eine wirksame und möglichst widerspruchsfreie Staatstätigkeit unerläßlich sind.

Diese wünschenswerte Form der politischen Planung hat bisher freilich ihre praktische Eignung noch nicht beweisen können, da sie sich — nicht nur hierzulande — erst im Stadium der methodischen Diskussion bzw. experimentellen Erprobung befindet. Dennoch liegt die Zukunft der politischen Planung in Richtung einer optimalen — nicht etwa maximalen! — Integrierung der geplanten Aufgaben und Ausgaben, und die vorliegende Arbeit bezieht diese Entwicklungsmöglichkeiten in ihre Überlegungen mit ein.

---

155 *Jochimsen:* Zur Philosophie staatlicher Planung, S. 1310.

156 Vgl. *Scharpf:* Planung als politischer Prozeß, S. 18 f.

II. Die staatsrechtliche Natur der politischen Planung

Nachdem im vorangehenden Kapitel das Erscheinungsbild der politischen Planung sowie erste praktische Ansätze auf Bundesebene beschrieben worden sind, stellt sich die Frage nach der staatsrechtlichen Bedeutung der politischen Planung und ihrer Verortung im System der staatlichen Funktionen. In herkömmlicher Weise unterscheidet man die drei klassischen Staatsfunktionen „Gesetzgebung", „Verwaltung" und „Rechtsprechung"[1]. Es wird also zunächst untersucht werden müssen,

— ob sich die politische Planung einer — oder mehreren — dieser Funktionen zuordnen läßt,

— ob politische Planung möglicherweise eine ganz neuartige Funktion darstellt oder

— ob es sich vielleicht nur um ein aktuelles Modewort für längst Bekanntes handelt.

1. Die neue Qualität der staatlichen Planung

Ausführungen über das Wesen oder die staatsrechtliche Qualifizierung der politischen Planung werden gern mit der einleitenden Bemerkung versehen, daß die Planung staatlicher Aufgaben gar nicht „etwas an sich Neues"[2] sei. Schon immer habe sich der moderne Staat um ein planvolles Vorgehen, um eine gedankliche Vorwegnahme staatlicher Verhaltensweisen bemüht, weshalb die Politik sogar ganz allgemein als „planende Gestaltung der Zukunft" habe definiert werden können[3]. Im übrigen seien spezielle Techniken der staatlichen Planung insbesondere im Bereich des Finanzwesens (Haushaltsplan) und der Kriegsführung (Strategie) bereits frühzeitig entwickelt worden[4]. Es verwundert daher nicht, wenn vor allem von Seiten der Exekutive vorgetragen wird, Planung sei nur der sehr anspruchsvolle neue Name für ein sehr altes Phänomen[5].

---

[1] Vgl. für viele *Thoma:* Die Funktionen der Staatsgewalt, S. 108 f.

[2] *Enquete-Kommission:* Zwischenbericht, S. 46.

[3] So *Herzog:* Artikel „Planung", Spalte 1520.

[4] *Herzog* (= Anm. 3); einen kurzen Überblick über die historische Entwicklung staatlicher Planung gibt *Blank:* Aufgabenplanung im Spannungsfeld, S. 8 ff.

[5] Diese Äußerung zitiert *Kewenig:* Planung im Spannungsverhältnis, S. 28 und Fußnote 35.

Vordergründig gesehen, trifft die Darstellung gewiß zu. Als Argument verwendet hat aber der Satz: „Im Staat wurde schon immer geplant" etwa die gleiche Relevanz wie der Satz: „Im Staat wurde schon immer regiert[6]". Es geht nicht darum, daß irgendwie geplant wird, sondern es geht um Art und Ausmaß der Planung. Moderne politische Planung im hier zugrunde gelegten Sinne[7] unterscheidet sich prinzipiell von den herkömmlichen Formen planerischer Staatstätigkeit. Der Unterschied besteht nicht nur in einer quantitativen Ausdehnung staatlicher Planung[8], sondern vor allem in der Art und Weise, *wie* heute gegenüber früher geplant wird.

Bereits von der Methode her wird politische Planung im Vergleich zu traditionellen Formen staatlicher Planung qualitativ anders betrieben. Kennzeichnend sind

— die Anwendung objektivierter Verfahren (z. B. Systemanalyse), die eine große Menge exakter Daten voraussetzen und für Intuition wenig Spielraum lassen;

— die Berücksichtigung interdependenter Auswirkungen im gesamten gesellschaftlichen Bereich, was zu einem hohen Grad an Komplexität führt und den Einsatz moderner technischer Hilfsmittel (z. B. Computer) notwendig macht;

— der langfristige Zeithorizont, der Klarheit über die gesellschaftspolitischen Ziele erfordert und zur Prioritätenbildung in der Gegenwart zwingt;

— der Prozeßcharakter der politischen Planung, der auf kein endgültig fixiertes Planungsgebäude ausgerichtet ist sondern Planung flexibel erhält und als Durchgangsstadium erscheinen läßt.

Qualitative Unterschiede zwischen früheren und heutigen Planungsaktivitäten zeigen sich aber auch in ihrer inhaltlichen Ausrichtung. Die frühere Planungspraxis war begrenzt, ging eher punktuell vor und war mehr von konkreten aktuellen Nöten bestimmt[9]; es handelte sich also hauptsächlich um eine reagierende Anpassungsplanung[10].

Im Gegensatz dazu ist die politische Planung der Gegenwart durch eine deutlich aktive Komponente bestimmt, die mit den Begriffen „Zweckplanung", „konzeptionelle Planung", „Entwicklungsplanung", „Veränderungsplanung" charakterisiert werden kann[11]. Diese Art von

---

[6] In Anlehnung an *Arndt:* Der Plan als Organisationsfigur und die strategische Planung, S. 184.

[7] Vgl. dazu oben I. 4. und 5.

[8] So aber *Herzog:* Gutachten, S. 3.

[9] So *Scheuner:* Zentrale Planung, S. 75, im Hinblick auf staatliche Wirtschaftspolitik.

[10] In diesem Sinne *Ronge:* Stichwort „Planung", S. 386.

[11] Vgl. hierzu die Ausführungen oben I. 6. 2.

Planung bedeutet nicht eine Fortsetzung früherer Planungsaktivitäten mit anderen Mitteln, sondern stellt aufgrund ihres umfassenden konzeptionellen Ansatzes, der benutzten Techniken und Methoden sowie nach Intensität und Komplexität etwas Neues dar: Mit der politischen Planung gewinnt die planerische Staatstätigkeit eine neue Qualität[12].

2. Politische Planung und legislative Funktion

Es liegt auf der Hand, daß die rechtsprechende Funktion bei dem Versuch einer Zuordnung der politischen Planung auf die Staatsfunktionen als möglicher Bezugspunkt ausscheidet[13], weil Planung im Unterschied zum Plan zunächst eine außerjuristische Erscheinung[14] und daher schon ihrer Natur nach nicht justiziabel ist[15]. Deutliche Affinitäten hingegen weist die politische Planung zur gesetzgebenden Funktion in ihren modernen Erscheinungsformen auf. Dieses moderne Verständnis der Gesetzgebung unterscheidet sich beträchtlich von der traditionellen Auffassung, wonach das Gesetz als schrankensetzender Ordnungsfaktor „Spielregeln für eine Gesellschaft“ aufstellt, „die in ihrer Struktur statisch gedacht ist und sich selbst reguliert“[16].

Gesetzgebung dieser Art, die freilich auch heute noch auf zahlreichen Rechtsgebieten — z. B. im privaten Vertragsrecht — eine legitime Funktion erfüllt, wird nicht zu Unrecht als vergangenheitsorientiert und „im eigentlichen Sinn des Wortes konservativ“ bezeichnet, weil sie lediglich bestehende Zustände in Rechtsregeln umsetzt[17] und die Gültigkeit dieser Rechtsprinzipien in die Zukunft verlängert[18]. Zwischen einer derart verstandenen Gesetzgebung und politischer Planung finden sich keinerlei Bezüge. Demgegenüber hat insbesondere *Scheuner* oft und nachdrücklich auf die sich wandelnde Funktion der Gesetzgebung in unserer Zeit

---

[12] Vgl. *Böckenförde:* Planung zwischen Regierung und Parlament, S. 432 f.; *Enquete-Kommission:* Zwischenbericht, S. 46; *Tenbruck:* Zu einer Theorie der Planung, S. 112; *Wahl:* Die politische Planung, S. 43; *Becker:* Beteiligung der Parlamente, S. 183.

[13] So *Kewenig:* Planung im Spannungsverhältnis, S. 26; ebenso *Kölble:* Wirtschaftsplanung und Grundgesetz, S. 478.

[14] *Redeker:* Staatliche Planung im Rechtsstaat, S. 537.

[15] Gegenteiliger Ansicht — wenn auch mit gewissen Einschränkungen — neuerdings *Ossenbühl:* Gutachten, S. B 183, B 188; ferner *Schick:* Kontrolle der Planung durch die Verfassungsgerichtsbarkeit. Dieses Thema soll hier nicht vertieft werden. Im Sinne einer Anregung sei jedoch darauf hingewiesen, daß eine deutlichere Unterscheidung zwischen „Plan“ und „Planung“ die Diskussion erleichtern würde.

[16] *Harnischfeger:* Planung in der sozialstaatlichen Demokratie, S. 13.

[17] *Redeker:* Staatliche Planung im Rechtsstaat, S. 538.

[18] *Volk:* Rationalität und Herrschaft, S. 223, im Anschluß an *Quermonne:* Les effets de la planification.

hingewiesen[19]. Dieser Wandel wird nicht nur gekennzeichnet durch die dogmatisch bereits gesicherte Figur des Maßnahmegesetzes[20] sondern — in den Konsequenzen viel weitreichender — vor allem durch die erst in jüngster Zeit deutlicher erkannte „Rolle des Gesetzes als Mittel gesellschaftlicher Steuerung, als Werkzeug wechselnder politischer Intention"[21].

Mit dem Übergang vom Eingriffsstaat zum Leistungsstaat[22] hat sich die früher charakteristische Ordnungsfunktion des Gesetzes auf zahlreichen Gebieten zu einer gestaltenden Funktion gewandelt. Hier richtet sich Gesetzgebung nicht mehr vorwiegend auf das Aufstellen von dauerhaften, grundlegenden Ordnungen sondern wird zur „Umschlagstelle für die staatliche Wirtschafts- und Sozialpolitik"[23], „wird zum permanenten sozialen Reformprozeß"[24]. Dies hat zur Folge, daß die Gesetzgebung jedenfalls in den vom Sozialstaatsprinzip (Art. 20 Abs. 1; 28 Abs. 1 GG) erfaßten Bereichen keine bewahrende, die Verhältnisse stabilisierende und fixierende Funktion erfüllt sondern auf Veränderung ausgerichtet ist[25]. Da sich die Verhältnisse, Notwendigkeiten und Möglichkeiten — nicht zuletzt auch die politischen Intentionen — in diesen Bereichen oft rasch ändern, unterliegen die betreffenden Gesetze der ständigen Änderung und kommen nicht selten dem „Tatbestand einer vorübergehenden Anordnung" gleich[26]. Die Gesetzgebung des Sozialstaats hat also eine aktive, auf Veränderung der bestehenden Verhältnisse gerichtete und damit zukunftsorientierte Komponente; häufig bezieht sie sich auf konkrete Zwecke und strebt einen bestimmten Erfolg an; eine baldige Änderung gerade in Geltung gesetzter Normen nimmt sie bewußt in Kauf[27] und erhält dadurch den Charakter des Vorläufigen.

---

[19] Vgl. etwa *Scheuner:* Verantwortung und Kontrolle, S. 381; *derselbe:* Das Gesetz als Auftrag der Verwaltung; *derselbe:* Entwicklungslinien, S. 397; *derselbe:* Die Aufgabe der Gesetzgebung in unserer Zeit; *derselbe:* Das parlamentarische Regierungssystem, S. 636.

[20] Zu Begriff und Funktion des Maßnahmegesetzes vgl. z. B. *Scheuner:* Das Gesetz als Norm und Maßnahme; *Forsthoff:* Über Maßnahme-Gesetze.

[21] *Scheuner:* Das Gesetz als Auftrag der Verwaltung, S. 590.

[22] Vgl. dazu Kapitel I. 6.

[23] *Scheuner:* Entwicklungslinien, S. 397.

[24] *Grimm:* Aufteilung gesetzgeberischer Funktionen, S. 459; ähnlich *Harnischfeger:* Planung in der sozialstaatlichen Demokratie, S. 13.

[25] Die Zulässigkeit einer umgestaltenden Gesetzgebung betont *Scheuner:* Staatszielbestimmungen, S. 340, wenn er schreibt, der Gesetzgeber bleibe frei „auch Bestrebungen zu verfolgen, die auf strukturelle gesellschaftliche Änderungen hinwirken".

[26] *Scheuner:* Das parlamentarische Regierungssystem, S. 636.

[27] Bezeichnend etwa die amtliche Begründung zum „Entwurf eines Sozialgesetzbuchs (SGB) — Allgemeiner Teil" vom 27. 6. 1973, Bundestags-Drucksache 7/868, wo es auf Seite 20 heißt: das Sozialleistungssystem werde „immer wieder fortentwickelt und den sich wandelnden gesellschaftlichen Verhält-

Geht man von diesem modernen Verständnis der Gesetzgebung aus, versteht man sie also als „planende Festlegung der rechtlichen Ordnung“[28], billigt man dem Gesetz eine „in die Zukunft gerichtete, ordnende Funktion“ zu[29], betont man seine gestalterische Funktion als „Mittel politischer Selbstbestimmung des Ganzen und als demokratische Lösung wirtschaftlicher und sozialer Fragen“[30] und kalkuliert man schließlich bewußt seine notwendige Änderbarkeit ein, dann liegt es nahe, die „Planung als Sonderfall der Gesetzgebung“ aufzufassen[31].

In der Tat wird auch behauptet, Planung unterscheide sich qualitativ nicht von der staatlichen Norm- und Maßnahmegesetzgebung[32]. Diese Auffassung[33] verkennt jedoch, daß sich die politische Planung vielfach auf „Lebenssachverhalte“ bezieht, „die ihrer Natur nach ... einer gesetzlichen Regelung gar nicht oder nur partiell zugänglich sind“[34] und daß die politische Planung „zunächst eine außerjuristische Erscheinung“ ist[35]. Mit der Forschungs-oder Bildungsplanung etwa werden Sachbereiche erfaßt, die noch zu wenig in ihren Voraussetzungen analysiert sind und deren Bedingungen sich zu rasch ändern, als daß ihre Probleme allein im Wege der Normensetzung gelöst werden können[36]. Denn Gesetze tragen — trotz ihrer prinzipiellen Änderbarkeit — das Merkmal der Dauerhaftigkeit und sind nicht von vornherein auf Änderung hin konzipiert. Dies verlangt schon der Grundsatz der Rechtssicherheit — und das relativ schwerfällige Gesetzgebungsverfahren garantiert überdies, daß Gesetze auch nicht allzu häufig geändert werden. Durchaus begründet ist daher die Klage, daß Gesetze heute weit hinter dem planerischen und politischen Wollen hinterherhinken[37].

---

nissen angepaßt werden müssen; das Sozialgesetzbuch soll diesen Prozeß nicht hemmen ... sondern ... fördern und in sachgerechte Bahnen lenken.“

[28] *Wolff:* Verwaltungsrecht I, S. 69.

[29] *Schick:* Stichwort „Gesetz“, Sp. 1740.

[30] *Scheuner:* Verantwortung und Kontrolle, S. 381.

[31] Darauf weist *Kewenig:* Planung im Spannungsverhältnis, S. 27, warnend hin.

[32] *Herzog:* Gutachten, S. 3.

[33] Sie nimmt übrigens zum Ausgangspunkt ihrer Aussage einen bedenklich verkürzten Planungsbegriff, der den kleinsten gemeinsamen Nenner der zahlreichen in der Diskussion befindlichen Planungsbegriffe darstellen soll; eine Analyse oder Bewertung der verschiedenen Planungsbegriffe wird nicht vorgenommen.

[34] *Kölble:* Pläne im Bundesmaßstab oder auf bundesrechtlicher Grundlage, S. 120.

[35] *Redeker:* Staatliche Planung im Rechtsstaat, S. 537; ähnlich *Kölble* (= Anm. 34), S. 119.

[36] Dies gilt insbesondere auch für den Einsatz staatlicher Förderungsmaßnahmen, deren gesetzliche Verankerung nur allzu leicht zur Unwiderruflichkeit führen kann, obwohl die Maßnahme ursprünglich nur vorübergehender Art sein sollte. Darauf macht *Scheuner:* Das Gesetz als Auftrag der Verwaltung, S. 591, nachdrücklich aufmerksam.

[37] So *Wagener:* Von der Raumplanung zur Entwicklungsplanung, S. 97.

Die adäquaten Voraussetzungen für eine Problemanalyse und Problemlösung im Hinblick auf Sachbereiche, die eine komplexe Struktur besitzen, über die noch zu wenig gesicherte Erkenntnisse vorliegen, deren Bedingungen sich häufig wandeln und deren künftige Entwicklung daher nicht exakt vorausgesagt werden kann, bietet hingegen die politische Planung: Sie unterscheidet sich von der Gesetzgebung durch ihre spezifische Prozeßhaftigkeit[38], die ihr eine hohe Flexibilität verleiht und sie als geeignetes Mittel für die Gestaltung einer Materie empfiehlt, die ständig in Bewegung ist. Anders als das Gesetz gibt die politische Planung eine Steuerungsmöglichkeit, die starre, nur schwer zu revidierende Festlegungen vermeidet: Politische Planung ist „kein einmaliger, bindender und dann ‚fortzuschreibender' Akt"[39], sondern ein Steuerungsmittel des Staates, das den sich wandelnden Verhältnissen ständig angepaßt werden und diesen Wandel gestaltend beeinflussen kann.

Nicht zuletzt unterscheidet sich die Planung durch ihren „Ansatz breiter Vorausschau und Lenkung"[40] von den doch eher punktuellen oder sektoralen Lenkungsmöglichkeiten der Gesetzgebung. Gerade die „Zufälligkeiten und Ungereimtheiten isoliert erlassener Maßnahmegesetze" kann die politische Planung als ein „kohärentes Aktionsprogramm" beseitigen oder künftig vermeiden helfen[41]. Im Unterschied zur Gesetzgebung hat die politische Planung also eine konzeptionelle, übergreifende und koordinierende Funktion „im Rahmen und aus der Sicht des Gesamtstaates"[42].

Politische Planung spielt sich wesentlich im Vorfeld gesetzgeberischer[43] oder exekutiver Maßnahmen ab und dient der Entscheidungsvorbereitung[44], auch wenn — materiell gesehen — bereits in diesem Stadium zahlreiche Vor-Entscheidungen fallen. Gesetze können das Ergebnis von Planung sein und ihrer Verwirklichung dienen, sie können aber trotz aller Zukunftsbezogenheit, gestalterischen Intention, konkreten Zweckbestimmung und einkalkulierten Änderbarkeit die Funktion der politischen Planung nicht ersetzen. Gesetzgebung und politische Planung weisen zwar, das ist deutlich geworden, gewisse Ähnlichkeiten auf, sie sind aber nicht deckungsgleich.

---

[38] Vgl. oben I. 5.

[39] *Schäfer:* Von der Verbundplanung zu den Gemeinschaftsaufgaben, S. 6.

[40] *Scheuner:* Bildungsplanung, S. 543.

[41] *Harnischfeger:* Planung in der sozialstaatlichen Demokratie, S. 97.

[42] *Kölble:* Pläne im Bundesmaßstab oder auf bundesrechtlicher Grundlage, S. 119.

[43] *Böckenförde:* Stellungnahme, S. 8, bemerkt z. B. die politische Planung verbleibe „im Vorfeld rechtsnormativer Festlegung".

[44] Vgl. oben I. 3.

3. Politische Planung und exekutive Funktion

Deutlichere Bezüge lassen sich jedoch zwischen der politischen Planung und der exekutiven Staatsfunktion feststellen[45]. Nach Artikel 65 GG bestimmt der Bundeskanzler als oberster politischer Leiter der Exekutive die Richtlinien der Politik und trägt dafür die Verantwortung. Richtlinienbestimmung bedeutet, der Politik Richtung und Ziel zu geben, politische Intentionen zu einem Programm verdichten, bedeutet konzeptionelle Politik. Zwar hat sich die Exekutive bei ihrem Vorgehen im Rahmen der vorgegebenen Gesetze zu halten und deren Auftrag zu erfüllen[46], aber darin erschöpft sich ihre Funktion keineswegs. Auch in einem demokratisch verfaßten Staat ist nicht allein die Gesetzgebung für die Zielsetzung und die Maßstäbe des staatlichen Wirkens verantwortlich[47], vielmehr ist die Regierung frei, eigene Initiativen zu entwickeln, ohne erst auf parlamentarische Anregungen warten zu müssen[48] — mehr noch: unser parlamentarisches Regierungssystem *fordert* sogar eine Regierung mit einem Programm[49].

Von einem Programm darf man erwarten, daß es die Realitäten der Gegenwart zum Ausgangspunkt nimmt und die Zukunft einbezieht, daß es möglichst wirksam und möglichst widerspruchsfrei ist, daß es nicht zuletzt auch eine Konzeption aufweist und Aussagen über die Verwirklichung seiner Ziele enthält. Betrachtet man diese Elemente eines Regierungsprogramms, dann werden die Parallelen zur politischen Planung deutlich:

— Anfertigung einer Ist-Analyse auf der Basis von Fakten und Daten, die innerhalb der (Ministerial-)Verwaltung gesammelt, aufbereitet und unter Ausnutzung des vorhandenen Fachwissens wertend zu einem Gesamtbild zusammengestellt werden können.

— Zukunftsantizipierung unter Verwendung von Prognoseverfahren. Das Handeln der Exekutive spielt sich zwar in der Gegenwart ab, es ist aber „zu einem ansehnlichen Teil ausgerichtet auf die fernere Zukunft“[50].

— Richtungsbestimmung, Zieldefinition. Die Entfaltung politischer Initiativen zur Entwicklung einheitlicher Ziele, nach denen der Apparat der Staatsverwaltung gesteuert werden soll, ist eine wichtige

[45] Der Ausdruck „exekutive Funktion“ wird hier als Oberbegriff gebraucht für die politische „gubernative“ wie auch die verwaltungsbezogene exekutive Funktion im engeren Sinne; vgl. z. B. BVerfGE 1, 372 (394).

[46] Vgl. *Scheuner:* Das Gesetz als Auftrag der Verwaltung, S. 592.

[47] *Scheuner:* Politische Koordination, S. 921.

[48] *Scheuner:* Diskussionsbeitrag, S. 124 f.; ebenso *Holzamer:* Die Stellung der Regierung in der modernen Demokratie, S. 328.

[49] *Friesenhahn:* Parlament und Regierung, S. 48.

[50] *Eichenberger:* Die politische Verantwortlichkeit der Regierung, S. 112.

Funktion der Exekutiv-Spitze[51]. Die Verfassung weist diese Aufgabe „schöpferischer Entscheidung und politischer Initiative“[52] in Artikel 65 GG ausdrücklich dem Bundeskanzler zu.

— Koordinierung. Die Abstimmung der vielfältigen Staatsinitiativen wie auch der gesellschaftlichen Bedürfnisse ist eine typische Aufgabe leitender exekutiver Tätigkeiten[53]. Infolge der Komplexität und Interdependenz der wirtschaftlichen und sozialen Gegebenheiten im Staat kommt es auch bei den Ressorts der Administration zu einer „gegenseitigen Abhängigkeit und zur wechselseitigen Beeinflussung der ... zu treffenden Maßnahmen“[54]. Zur Gewährleistung eines nach Möglichkeit widerspruchsfreien und effizienten Verwaltungshandelns werden daher übergreifende Leitungs- und Koordinierungsmaßnahmen erforderlich, die das Handeln der Ressorts aufeinander abstimmen[55].

— Auch gegenüber den widerstreitenden gesellschaftlichen Gruppeninteressen muß die Administration einen auf Gerechtigkeit und Ausgleich bedachten Weg finden. Dies ist um so bedeutsamer, als in der modernen Massengesellschaft dem Staat die Pflicht zur „Vorsorge und Fürsorge im Zeichen der Gleichheit“ in steigendem Maße überbürdet wird[56]. Angesichts der vielfältigen, ständig wachsenden Forderungen der Gesellschaft an den Staat kann die Exekutive jedoch nicht mehr eine bloß reagierende Haltung einnehmen, wenn sie den an sie gestellten Ansprüchen genügen will. Vielmehr wird eine aktiv-konzeptionelle, auf Steuerung der Interessen und Gestaltung der Lebensbedingungen gerichtete Staatstätigkeit erforderlich[57]: „Der Staat erscheint (dabei) weniger als Ordnungsmacht der Gesellschaft gegenüber, denn als planender Gestalter der Voraussetzungen der gesellschaftlichen Entwicklung[58].“

— Schließlich gehört es zum Wesen der exekutiven Funktion, die Verwirklichung — den „Vollzug“ — der Staatsaufgaben sicherzustellen. Auch hier kann die Exekutive — bildlich gesprochen — nicht von der Hand in den Mund leben und ihre Aufgaben erfüllen, wie es der Zufall gerade will. Sie muß vielmehr im Rahmen ihrer Kompetenzen darüber entscheiden, welche Maßnahme zu welcher Zeit in wel-

---

[51] *Rietdorf:* Planung als Aufgabe von Parlament und Regierung, S. 2/3; ebenso *Scheuner:* Politische Koordination, S. 921.

[52] *Friauf:* Ziel- und Mittelplanung, S. 647.

[53] Vgl. *Scheuner:* Politische Koordination, S. 921.

[54] *Hüttl:* Koordinierungsprobleme der Bundesregierung, S. 11.

[55] Vgl. *Scheuner:* Politische Koordination, S. 914.

[56] *Weichmann:* Wandel der Staatsaufgaben im modernen Staat, S. 42.

[57] Vgl. oben I. 6.2.

[58] *Theis:* Führungsinstrumentarium und politische Planung, S. 735.

cher Intensität und mit welchen Mitteln durchgeführt werden soll. Das heißt, sie muß sich über die zeitlichen, sachlichen und finanziellen Prioritäten ihres Handelns im klaren sein, und dafür benötigt sie ein inhaltlich an den Staatszielen orientiertes Schwerpunktprogramm. Insgesamt wird also deutlich, daß die Exekutive heute ihre Aufgabenfülle nicht ohne planvolles Vorgehen bewältigen kann und daß Planung — zumindest auch — zum Bestandteil der exekutiven Funktion gehört[59]. Ebenso läßt sich umgekehrt sagen, daß „das Element des Programms, des Planes, der Vorausschau . . . ein exekutives Moment" enthält und dem eigentlichen Regierungshandeln nahesteht[60].

Folgt aus alledem nun, daß die politische Planung nur eine besondere Ausformung der exekutiven Funktion darstellt und ihr zugeordnet werden kann? Man wird diese Frage verneinen müssen, weil die politische Planung — wie bereits festgestellt[61] — ebenfalls deutliche Bezüge zur modernen Form der legislativen Funktion aufweist. Es zeigt sich vielmehr, daß die politische Planung weder ausschließlich der legislativen noch der exekutiven Funktion zugeordnet ist[62], sondern Affinitäten zu beiden Funktionen besitzt. Ein Vergleich macht allerdings deutlich, daß sich die politische Planung ohne Abstriche in das Erscheinungsbild der exekutiven Funktion einfügt, während gegenüber der legislativen Funktion trotz mancher Ähnlichkeiten auch deutliche Unterschiede bestehen. Politische Planung steht also der exekutiven Funktion näher als der legislativen.

4. Politische Planung als staatsleitende Aufgabe

Geht man von der Erkenntnis aus, daß die politische Planung sowohl Bezüge zur gesetzgebenden als auch zur vollziehenden Funktion aufweist, jedoch keiner Funktion ausschließlich zugeordnet werden kann, dann muß untersucht werden, ob sich die politische Planung in anderer Weise staatsrechtlich qualifizieren läßt.

4.1 Instrumentalcharakter der politischen Planung?

Diese Problemstellung erscheint freilich demjenigen als irrelevant, der in der politischen Planung lediglich ein wertneutrales, technisches Hilfsmittel sieht, das „den Politikern helfen (soll), eine zukunftsorien-

---

[59] Vgl. *Friauf:* Ziel und Mittelplanung, S. 648 m. w. Nachw.

[60] *Scheuner:* Diskussionsbeitrag, S. 125.

[61] Vgl. oben II. 2.

[62] In diesem Sinne auch *Kaiser:* Exposé einer pragmatischen Theorie der Planung, S. 25.

tierte Politik durchzusetzen"[63]. Zur Begründung dieser Auffassung wird — der Sache nach völlig zu Recht — darauf hingewiesen, daß es darum gehe, „Politik zu planen" und nicht „Planung an die Stelle von Politik (zu) setzen"[64], weshalb die Planung im Dienste der Politik zu stehen habe und nicht etwa Politik ersetzen könne[65].

Von diesem Grundsatz ausgehend, bestehen die Befürworter einer ausschließlich instrumental verstandenen Planung[66] auf der „scharfen Trennung von Planung und Entscheidung"[67]. Sie erwarten von den „Planern" eine „fachliche Präzisionsarbeit . . ., die unbeeinflußt von emotionalem Engagement oder politischen Wertvorstellungen sich an rationalen sachbezogenen Maßstäben orientiert"[68] und zur Entwicklung möglicher „Alternativen der Entscheidung" führt[69], über deren Auswahl dann „politisch entschieden werden (muß)"[70]. Es läßt sich nicht leugnen, daß diese Modellvorstellung von der politischen Planung als einem Instrument rationaler Politik unmittelbar einleuchtende Vorzüge aufweist, weil sie einerseits eine streng objektive Rationalität fordert und andererseits den „Primat der Politik" auch im Bereich der Planung hervorhebt[71]. Von Nachteil ist freilich, daß dieses Modell vor der Realität nicht bestehen kann.

Zu problematischen Konsequenzen führt eine rein instrumental aufgefaßte Planung bereits dann, wenn sie für eine komplexe Aufgabenstellung eingesetzt wird, bei der die anzustrebenden Ziele nicht exakt operationalisiert sind[72]. In diesem — nicht gerade seltenen — Fall nämlich müßte eine schon nicht mehr überschaubare Zahl alternativer Strategien ausgearbeitet und zur politischen Entscheidung gestellt werden. Überläßt man aber den Planern die Vorauswahl der geeignetsten Alternativen, dann überträgt man ihnen eben jene politische Entscheidungs-

---

[63] So z. B. *Ehmke:* Planung im Regierungsbereich, S. 2030.

[64] *Buchheim:* Außenpolitik und Planung, S. 167.

[65] *Ehmke:* Planung im Regierungsbereich, S. 2026.

[66] Vgl. außer den Genannten z. B. noch *Arndt:* Der Plan als Organisationsfigur und die strategische Planung, S. 188; *Fischer-Menshausen:* Mittelfristige Finanzplanung im Bundesstaat, S. 106 f. sowie Fußnote 25 auf S. 107; *Habermehl:* Die Grundlagen der Planung, S. 252; *Imboden:* Gewaltentrennung als Grundproblem unserer Zeit, S. 500 f.; *Schäfer:* Von der Verbundplanung zu den Gemeinschaftsaufgaben, S. 6.

[67] *Arndt* (= Anm. 66).

[68] *Fischer-Menshausen* (= Anm. 66), S. 106 f.

[69] *Ehmke:* Planung im Regierungsbereich, S. 2026.

[70] *Ehmke:* Aufgaben und Planung im Regierungsbereich, S. 31.

[71] *Lutz:* Organisationsprobleme, S. 21 ff., bezeichnet diese — von ihm abgelehnte — Modellvorstellung als „sozialtechnologische Konzeption", bei der die politische Planung lediglich „als Funktion sozialtechnologischer Beratung außerhalb des politischen Machtapparates" aufgefaßt wird.

[72] Diese Ausführungen folgen den von *Lutz:* Organisationsprobleme, S. 4 f., entwickelten Gedanken.

befugnis, die ihnen nach dem instrumentalen Planungsmodell gerade nicht zukommen soll.

Allenfalls bei präzise strukturierten Problemen und genauer Zieldefinition könnte die Zahl der möglichen Alternativlösungen begrenzt werden[73]. Dies setzt allerdings eine dezisionistische Zielvorgabe seitens der Politiker voraus, was freilich im Widerspruch zu den Erwartungen steht, die man mit der politischen Planung verbindet: durch Planung zu einer rationaleren Politik zu gelangen. Denn häufig können die Ziele der Politik erst im Wege der Planung erschlossen werden[74], und im übrigen fordert das Rationalprinzip, daß „auch die Ziele des Gesamtsystems Gegenstand der planerischen Reflexion"[75] sind.

Überdies geht das instrumentale Planungsmodell schon in seinem Ansatz insofern an der Realität vorbei, als es einen „objektiven", wertneutralen Sachverstand der „Planer" unterstellt. Bereits die politischen Zielvorgaben und Fragestellungen sind nicht ohne Einfluß auf die Ergebnisse, aber die „grundlegenden Werthaltungen und politischen Einstellungen" des Planungsexperten spielen eine nicht weniger bedeutsame Rolle[76]. Schon „jedes Auswählen von Informationen durch einen Berater ist von einer bewußten oder unbewußten Bewertung abhängig"[77], und auch bei den prognostischen Grundannahmen — z. B. Entwicklung des Bruttosozialprodukts, des Steueraufkommens, der Wirtschaft oder der Technologie — handelt es sich oft weniger um objektive Kriterien als um subjektiv geprägte Vorstellungen. Mit Recht stellt daher die Projektgruppe für Regierungs- und Verwaltungsreform in ihrem Ersten Bericht fest, daß „eine neutrale, das heißt bewertungsfreie Beratung ... nicht möglich" ist[78].

Angesichts dieser Sachlage erscheint die Forderung nach einer rein instrumental verstandenen Planung nicht nur wirklichkeitsfern sondern auch politisch bedenklich: Einerseits besteht die Gefahr, daß die politischen Instanzen — unter Verzicht auf eigene Initiativen — zum bloßen Ausführungsorgan der von Experten instrumental ermittelten, demnach ja „objektiv richtigen" Strategien werden. Andererseits könnten die verantwortlichen Politiker dazu neigen, Resultate ihres Instrumentes „Planung" nur dann zu berücksichtigen, wenn und soweit dies in ihr eigenes Konzept paßt. Intuitive Entscheidungen würden auf diese Weise nachträglich mit dem Etikett der Rationalität und objektiven Notwendigkeit versehen und damit der Kritik entzogen werden[79].

---

[73] *Lutz* (= Anm. 72).

[74] *Ellwein:* Politik und Planung, S. 33.

[75] *Lutz:* Organisationsprobleme, S. 13.

[76] *Harnischfeger:* Planung in der sozialstaatlichen Demokratie, S. 48.

[77] *Projektgruppe RVR*, S. 226.

[78] *Projektgruppe RVR*, S. 226.

4.2 Politische Planung als Entscheidungsstation

Realistischer — und wohl auch politisch ehrlicher — dürfte demgegenüber das Zugeständnis sein, daß „eine klare Trennung von politischer Entscheidung ... und sachlicher Planung ... nicht möglich" ist[80], sondern beide miteinander verzahnt sind und sich gegenseitig beeinflussen[81]. Man wird sogar noch einen Schritt weitergehen und sagen können, daß politische Planung notwendig politische Entscheidungen impliziert.

Solche Entscheidungen werden nicht erst in einem fortgeschrittenen Planungsstadium getroffen, auch die frühen Phasen — das wurde bereits angedeutet[82] — sind für die inhaltliche Ausrichtung der Planung von nicht zu unterschätzender Bedeutung[83]: Politisch relevante Entscheidungen fallen z. B. schon bei der Sammlung und Analyse der Daten, bei der Prognose künftiger Entwicklungen, bei der Ausarbeitung und Vorauswahl von Alternativen, und selbst die angewandten Planungstechniken sind nicht ohne Einfluß auf das Ergebnis[84]. Ebenso erfordert die Bestimmung planungsbedürftiger Materien eine politische Entscheidung, mag es sich dabei um akute Probleme handeln, für die eine rasche und zugleich auf ein umfassenderes Programm abgestimmte Lösung gefunden werden muß, oder seien es latente Probleme, die aufgegriffen und in ein längerfristiges politisches Konzept eingefügt werden.

Von zentraler Bedeutung für die Ausrichtung der politischen Planung ist jedoch die Frage, welche Ziele in welcher Rangordnung, unter Beachtung welcher Nebenbedingungen und mit welchen Mitteln angestrebt werden sollen[85]. Hier geht es um „durchweg fundamentale Weichenstellung für ein Gemeinwesen"[86], und diese „Grundentscheidungen" der politischen Planung „sind ausgesprochen politischer Natur"[87].

---

[79] Diese Befürchtungen äußert *Böhret:* Entscheidungshilfen, S. 272; ähnlich *Imboden:* Gewaltentrennung als Grundproblem unserer Zeit, S. 500.

[80] *Bracher:* Gegenwart und Zukunft der Parlamentsdemokratie in Europa, S. 84; ebenso *Bicanic:* Planer und Politiker, S. 29.

[81] Vgl. *Ellwein:* Politik und Planung, S. 37; *Herzog:* Artikel „Planung", Spalte 1523; sogar *Ehmke:* Planung im Regierungsbereich, S. 2032, fordert, die Planung müsse „auch zur Fortentwicklung der Programmatik beitragen" und widerspricht damit seiner instrumentalen Planungskonzeption.

[82] Vgl. oben II. 4.1.

[83] *Kewenig:* Planung im Spannungsverhältnis, S. 26.

[84] Vgl. *Kewenig* (= Anm. 83).

[85] Vgl. *Oberndörfer:* Politische Planung, Anm. 100 auf Seite 366; *Scheuner:* Bildungsplanung, S. 543.

[86] *Ossenbühl:* Gutachten, S. B 58.

[87] *Scheuner:* Zentrale Planung, S. 81; im Anschluß an ihn *Friauf:* Ziel- und Mittelplanung, S. 616; *Jahn:* Planende Demokratie; ebenso *Badura:* Diskussionsbeitrag, S. 213 f.; *Bicanic:* Planer und Politiker, S. 19; *Herzog:* Gesetz-

Im Rahmen dieser Untersuchung ist verschiedentlich darauf hingewiesen worden, daß die politische Planung der Entscheidungsvorbereitung dient[88]. Diese Qualifizierung bleibt auch weiterhin gültig, sie erfährt nur — auch das wurde seinerzeit schon angedeutet — eine Erweiterung. Es hat sich nämlich jetzt mit aller Deutlichkeit gezeigt, daß im Rahmen der politischen Planung eine Verlagerung der Entscheidungsstationen stattfindet[89]: Wesentliche Entscheidungen von politischer Relevanz fallen bereits im Planungsvorgang und nicht erst danach[90]. Politische Planung, das läßt sich zusammenfassend sagen, ist etwas anderes als eine wissenschaftliche Beratung der politischen Führung, ist mehr als ein bloßes „Instrument" im Dienste einer rationaleren Politik. Politische Planung „ist die erste Stufe des Entscheidungsprozesses, nicht seine Vorstufe"[91].

4.3. Der staatsleitende Charakter der politischen Planung

Geht man von der Erkenntnis aus, daß im Planungsprozeß politische Entscheidungen über den künftigen Kurs von Staat, Gesellschaft und Wirtschaft gefällt werden, so kann man nicht umhin, die politische Planung als eine „zentrale Funktion der politischen Führung"[92] und als „programmierende Leitung"[93] anzusehen. Diese politische Führungsfunktion der politischen Planung sowie ihr auf Lenkung und Gestaltung gerichteter konzeptioneller Charakter[94] erlauben die staatsrechtliche Feststellung, daß es sich bei der politischen Planung um eine „staatsleitende Aufgabe"[95], um einen „staatsleitenden Akt" handelt[96].

---

geber und Verwaltung, S. 243; *Kewenig:* Planung im Spannungsverhältnis, S. 24; *Ronge:* Stichwort „Planung", S. 387; *Achterberg:* Probleme parlamentarischer Kompetenzabgrenzung, S. 378.

[88] Vgl. oben I. 2.; I. 3.; I. 4.

[89] Hierzu stellt *Scheuner:* Das Grundgesetz in der Entwicklung zweier Jahrzehnte, S. 378, fest, Planung verschiebe Entscheidungen „in ein rechtlich nicht leicht faßbares Vorstadium".

[90] *Böckenförde:* Planung zwischen Regierung und Parlament, S. 434 f.

[91] *Lohmar:* Zielsetzung und Methodik politischer Planung, S. 431.

[92] *Jochimsen:* Aufgabenplanungssystem, S. 957.

[93] *Badura:* Verfassungsfragen der Finanzplanung, S. 17.

[94] Vgl. oben I. 6.2.

[95] *Scheuner:* Kooperation und Konflikt, S. 589.

[96] *Friauf:* Ziel- und Mittelplanung, S. 616; *Kewenig:* Planung im Spannungsverhältnis, S. 30; ebenso *Kölble:* Pläne im Bundesmaßstab, S. 99, der den von *Heckel* zur Charakterisierung der Rechtsnatur des Haushaltsplans geprägten Begriff des „staatsleitenden Gesamtakts" verwendet, vgl. *Heckel:* Einrichtung und rechtliche Bedeutung des Reichshaushaltsgesetzes, S. 392.

5. Planung als neue Staatsfunktion?

Wenn man bedenkt, daß die politische Planung eine staatsleitende Aufgabe ist, die sich weder der legislativen noch der exekutiven Funktion eindeutig zuordnen läßt[97], dann stellt sich die Frage, ob der politischen Planung vielleicht die Qualität einer neuen Staatsfunktion zukommt. An anderer Stelle wurde bereits deutlich gemacht, daß die planerische Staatstätigkeit in der politischen Planung eine neue Qualität gewinnt[98], daß sie gewissermaßen eine „neue Dimension" annimmt[99]. In diesen Formulierungen kommt freilich nichts anderes zum Ausdruck, als daß heute die staatliche Planung ein gegenüber früher nahezu total gewandeltes Erscheinungsbild aufweist und in ihrer konkreten Ausformung ein Novum darstellt. Insofern ist es auch berechtigt, die politische Planung als eine „qualitativ neue Aufgabe"[100] innerhalb der Staatstätigkeit zu bezeichnen.

Demgegenüber bedeutet es aber mehr als eine bloße Akzentverschiebung, wenn die politische Planung als „eigenständige Aufgabe" angesehen wird[101], denn von hier aus ist es nur ein kleiner Schritt, die politische Planung als „neue verfassungsrechtliche Kategorie"[102] zu qualifizieren oder sie als „eigener, nach Art und Charakter neuartiger Funktionsbereich"[103] zu begreifen. Es liegt gewiß verführerisch nahe, ein nicht nur rechtlich schwer dingfest zu machens Phänomen wie die politische Planung dadurch leichter in den Griff zu bekommen, daß man ihm einen noch freien Platz unter den Staatsfunktionen einräumt. Allerdings bestehen prinzipielle Bedenken gegenüber diesem Versuch, das herkömmliche Funktionensystem durch die Einführung einer neuen Staatsfunktion zu sprengen. Einerseits wäre dies mit Rücksicht auf die Sperrwirkung des Art. 79 Abs. 3 GG ohnehin problematisch und andererseits würden sich erhebliche, im voraus kaum abschätzbare Rückwirkungen auf den Inhalt und das Verhältnis der bisherigen drei staatlichen Funktionen ergeben. Daher ist Skepsis gegenüber einer Staatsfunktion „Planung" angebracht.

---

[97] Vgl. oben II. 3.

[98] Vgl. oben II. 1.

[99] So *Böckenförde:* Planung zwischen Regierung und Parlament, S. 432; *Enquete-Kommission:* Zwischenbericht, S. 46; *Tenbruck:* Zu einer Theorie der Planung, S. 112.

[100] *Wahl:* Die politische Planung, S. 43.

[101] Dies tut *Weichmann:* Wandel der Staatsaufgaben im modernen Staat, S. 44.

[102] *Kölble:* Pläne im Bundesmaßstab, S. 119.

[103] *Böckenförde:* Planung zwischen Regierung und Parlament, S. 443 f., der sogar auf Seite 444 oben von einer „eigenen Planungsgewalt" spricht, diese freilich nicht als neue vierte Gewalt verstanden wissen will, sondern sie in Parallele zur „auswärtigen Gewalt" oder „Finanzgewalt" setzt.

In der Tat hätte die Konstituierung der politischen Planung als eigenständige Staatsfunktion schwerwiegende Konsequenzen. Der Vergleich mit den legislativen und exekutiven Funktionen hat nämlich gezeigt, daß die politische Planung zahlreiche Elemente dieser Funktionen aufweist[104]. Wollte man also die Planung als selbständige Funktion konstituieren, so könnte das nur dadurch erfolgen, daß man der legislativen und exekutiven Funktion ihre planerischen Elemente entzieht. Abgesehen von den methodischen und praktischen Schwierigkeiten, mit denen eine Herauslösung der planerischen Elemente verbunden wäre, erhielte man eine Staatsfunktion „Planung" nur um den Preis der zum Torso gewordenen legislativen und exekutiven Funktion. Zu einer solchen Operation besteht kein Anlaß.

Im Gegenteil, gerade die in mancher Hinsicht enge Affinität zur gesetzgebenden wie zur vollziehenden Staatsfunktion spricht dafür, die politische Planung staatsrechtlich nicht künstlich zu isolieren sondern als einen Aspekt anzusehen, unter dem man legislative und exekutive Tätigkeit zusätzlich betrachten kann: „Ein Stück Planung (gehört) heute sowohl zur einen wie zur anderen Funktion"[105]. Politische Planung — diese Feststellung läßt sich treffen — ist keine neue, vierte Staatsfunktion[106] sondern „eine methodisch neue Form des staatlichen Handelns", eine „Funktion der Staatsführung"[107].

---

[104] Vgl. oben II. 2.; II. 3.

[105] *Kewenig:* Planung im Spannungsverhältnis, S. 28.

[106] So auch *Ossenbühl:* Gutachten, S. B 62, der mit Recht feststellt, daß „einer vierten Gewalt ein entsprechendes besonderes viertes Organ zugeordnet sein müßte". Ebenfalls ablehnend — wenn auch ohne nähere Begründung — *Enquete-Kommission:* Zwischenbericht, S. 46; *Kewenig:* Planung im Spannungsverhältnis, S. 28; *Rietdorf:* Die staatliche Planung, S. 40; *Busch:* Die Planung zwischen Regierung und Parlament, S. 29.

[107] *Busch* (= Anm. 106).

III. Zuordnung der politischen Planung auf die Träger der Staatsfunktionen

Nachdem die staatsrechtliche Natur der politischen Planung geklärt worden ist — es handelt sich um keine neue Staatsfunktion sondern um eine staatsleitende Aufgabe, die weder der legislativen noch der exekutiven Funktion eindeutig zugeordnet werden kann —, muß untersucht werden, welchem Staatsorgan die Wahrnehmung dieser Aufgabe zukommt. Die Rechtsprechung scheidet als möglicher Träger von Planungsfunktionen aus, weil zwischen ihr und der politischen Planung offenkundig keine funktionalen Beziehungen bestehen[1]. Von den verfassungsrechtlichen Organen des Art. 20 Abs. 2 GG kommen daher die Regierung und das Parlament als Planungsträger in Betracht.

1. Unmittelbare Zuordnung nach dem Grundgesetz?

Für die Aufgabenzuweisung und Zuständigkeitsverteilung im Verhältnis der Staatsorgane untereinander ist das Grundgesetz die zentrale Ausgangsnorm, so daß allererst zu prüfen ist, ob es spezielle Aussagen über die Zuständigkeiten im Hinblick auf die politische Planung enthält. In der Tat erwähnt das Grundgesetz die Planung an mehreren Stellen: Die Verteidigungsplanung (Art. 53 a Abs. 2 GG), die Rahmenplanung für Gemeinschaftsaufgaben (Art. 91 a Abs. 3 GG), die Bildungsplanung (Art. 91 b GG) und die mehrjährige Finanzplanung (Art. 106 Abs. 3 Nr. 1; 109 Abs. 3 GG). Es zeigt sich aber, daß das Grundgesetz den Begriff „Planung“ recht systemlos verwendet und seinen Inhalt nicht näher konkretisiert. So wird etwa mit „Planung“ teils das Bund-Länder-Verhältnis angesprochen (Art. 91 a Abs. 3; 91 b; 106 Abs. 3 Nr. 1; 109 Abs. 3 GG), teils ist eine gesetzliche Regelung vorgesehen (Art. 91 a Abs. 3; 109 Abs. 3 GG) und teils werden Planungen der Bundesregierung als gegeben vorausgesetzt (Art. 53 a Abs. 2 GG).

Aus diesen verstreuten und undeutlichen Hinweisen kann auf keinen die *politische Planung* betreffenden Willen des Grundgesetzes geschlossen werden. Vielmehr wird man mit *Becker*[2] feststellen müssen, daß die Väter des Grundgesetzes „an die Notwendigkeit langfristiger Planung“

---

[1] Vgl. auch oben II. 2.

[2] Vorwort zu *Harnischfeger:* Planung in der sozialstaatlichen Demokratie, S. 7.

als einer „Zentralfrage des modernen politischen Lebens" nicht gedacht haben[3]. Das Grundgesetz gibt also, soweit es die Planung ausdrücklich anspricht, keinen Aufschluß darüber, welchem Staatsorgan die politische Planung zugeordnet werden soll.

2. Staatsleitender Charakter als Zuordnungskriterium?

Da aus dem Grundgesetz eine Zuordnung der politischen Planung nicht unmittelbar ersichtlich ist, bietet es sich an, von der staatsrechtlichen Natur der politischen Planung als staatsleitender Aufgabe[4] auszugehen. Freilich beginnen hier auch gleich die Schwierigkeiten, denn das Grundgesetz kennt nicht den Begriff der „staatsleitenden Aufgabe" und weist die Staatsleitung folglich auch keinem bestimmten Staatsorgan zu. Statt dessen wird dem an der Regierungsspitze stehenden Bundeskanzler die Kompetenz und die Verantwortung für die politische Richtlinienbestimmung übertragen (Art. 65 GG), während die Gesetzgebung dem Bundestag als dem parlamentarischen Staatsorgan zufällt (Art. 77 Abs. 1 GG). Mit der Bestimmung der politischen Richtlinien wird nun nach einhelliger Meinung von Rechtsprechung[5] und Lehre[6] eine staatsleitende Aufgabe ausgeübt, auf der anderen Seite werden aber auch zahlreiche staatsleitende Entscheidungen durch Gesetze getroffen[7]. Daher umfaßt der „Begriff der Staatsleitung die Spitze der Exekutive" — d. h. die Regierung — „ebenso wie das Parlament, ... die beide in spezifischer Weise an den leitenden Entscheidungen teilhaben"[8].

Hinzu kommt, daß die staatsleitenden Tätigkeiten von Regierung und Parlament nicht isoliert nebeneinander herlaufen sondern aufeinander angewiesen sind und sich gegenseitig bedingen: An der Vorbereitung und inhaltlichen Ausgestaltung der Gesetze hat die Regierung als die „informierte Gewalt par excellence"[9] einen entscheidenden Anteil[10] und sie ist andererseits bei ihrer Regierungstätigkeit auf das Parlament angewiesen, weil „Regieren" heute weitgehend „Gesetze geben" bedeu-

---

[3] In diesem Sinne auch *Scheuner:* Verantwortung und Kontrolle, S. 394.

[4] Vgl. oben II. 4.3.

[5] Vgl. für viele BVerfGE 11, 77 (85).

[6] Vgl. für viele *Scheuner:* Der Bereich der Regierung, S. 278.

[7] Vgl. z. B. *Scheuner:* Probleme der staatlichen Entwicklung, S. 5; *Gehrig:* Parlament-Regierung-Opposition, S. 243.

[8] *Scheuner:* Probleme der staatlichen Entwicklung, S. 5; ebenso *derselbe:* Das Wesen des Staates, S. 260; *derselbe:* Das parlamentarische Regierungssystem, S. 634; *derselbe:* Das Gesetz als Auftrag der Verwaltung, S. 590; *Friesenhahn:* Parlament und Regierung, S. 37 ff.; *Schmid:* Zusammenspiel der staatlichen Machtverteilung, S. 33, der feststellt, daß diese Auffassung sich inzwischen durchgesetzt hat.

[9] *Leisner:* Regierung als Macht kombinierten Ermessens, S. 729.

[10] *Scheuner:* Verantwortung und Kontrolle, S. 381.

tet[11]. Diese wechselseitige Abhängigkeit von Regierung und Parlament bei der Wahrnehmung ihrer staatsleitenden Aufgaben hat *Friesenhahn* zu der pointierten Aussage veranlaßt, die Staatsleitung stehe „Regierung und Parlament gewissermaßen zur gesamten Hand zu"[12].

Folgt aus alledem nun, daß die staatsleitende Aufgabe „politische Planung" schon aus dogmatischen Gründen weder der Regierung noch dem Parlament zugeordnet werden kann, daß sie vielmehr beiden Organen ununterscheidbar „zur gesamten Hand" zusteht? Diese Frage ist zu verneinen. Zum einen wird man *Friesenhahn* nicht überinterpretieren dürfen, dessen Formulierung von der Staatsleitung „zur gesamten Hand" wohl eher als Illustration seiner These dient, daß das Parlament auch auf Regierungsakte Einfluß nehmen dürfe[13]. Zum anderen ist nach herrschender Meinung eine funktionale Einheit von Parlament und Regierung — und sei es auch nur hinsichtlich der Staatsleitung — grundgesetzlich ausgeschlossen, denn das geltende Verfassungsrecht fordert in Art. 20 Abs. 2 GG immerhin eine Aufteilung der Staatsfunktionen auf besondere Organe[14]. Nach geltendem Verfassungsrecht ist es nicht zulässig, unter Berufung auf die Rechtsfigur der „Staatsleitung zur gesamten Hand" aus dem Prinzip der Gewaltenteilung dessen Gegenprinzip herauszulesen[15].

Im Ergebnis läßt sich feststellen, daß der staatsleitende Charakter der politischen Planung kein Kriterium für eine Zuordnung der Planung bietet, denn die Staatsleitung wird sowohl von der Regierung als auch vom Parlament wahrgenommen. Andererseits bedeutet diese gemeinsame Teilhabe an der Staatsleitung aber auch kein prinzipielles Hindernis für eine Zuordnung, weil die Staatsleitung von verfassungsrechtlich gesonderten Organen *entsprechend ihren spezifischen Funktionen* ausgeübt wird[16].

---

[11] *Friesenhahn:* Parlament und Regierung, S. 48/49; ebenso *Leisner:* Die quantitative Gewaltenteilung, S. 409; ähnlich *Scheuner:* Die Aufgabe der Gesetzgebung in unserer Zeit, S. 601 ff.

[12] *Friesenhahn:* Parlament und Regierung, S. 38.

[13] Vgl. *Friesenhahn:* Parlament und Regierung, Leitsatz I/13, Satz 5 = S. 67/68; diese These ist nicht ohne Widerspruch geblieben, vgl. die Diskussionsbeiträge von *Scheuner* ebenda S. 124 f.; *Merk* ebenda S. 128 f.; *Münch* ebenda S. 135.

[14] So *Friauf:* Ziel- und Mittelplanung, S. 619, mit zahlreichen Nachweisen aus Rechtsprechung und Lehre; vgl. zusätzlich noch *Hesse:* Grundzüge des Verfassungsrechts, S. 198; *Loewenstein:* Die neue Dreiteilung der Staatsfunktionen, S. 281; *Peters:* Die Gewaltentrennung in moderner Sicht, S. 100; *Scheuner:* Stichwort „Regierung", S. 783; sogar *Leisner:* Die quantitative Gewaltenteilung, S. 411 a. E., der im übrigen meint, Regierung und Parlament träfen heute „ein und dieselbe Entscheidung gemeinsam" (ebd. S. 409).

[15] So mit Recht *Seeger:* Stellungnahme, S. 26.

[16] *Böckenförde:* Stellungnahme, S. 15, geht sogar so weit, *Friesenhahn* in eben diesem Sinne zu interpretieren: Es heiße ja „nicht ‚zu gleichen Teilen', sondern eben zur gesamten Hand: Regierung und Parlament haben je spezifische Funktionen bei der Staatsleitung".

3. Planung als Staatsleitung zur gesamten Hand?

Einer von Regierung und Parlament gemeinschaftlich betriebenen politischen Planung steht also von vornherein das Prinzip der Gewalteilung entgegen, — selbst dann, wenn man die klassische Gewaltenteilung nur noch als ein Prinzip der Zuständigkeitsverteilung ansieht[17].

Diese verfassungsrechtliche Schranke einer gemeinsamen politischen Planung versucht *Kewenig* dadurch zu überwinden, daß er die politische Planung überhaupt „aus dem Gewaltenteilungsschema, aus der strikten Funktionentrennung herausgenommen, dieser praktisch vorgeordnet und als solche Regierung und Parlament ‚quasi zur gesamten Hand' übertragen" wissen will[18]. Schon einige Zeit zuvor hatte *Grimm*[19] die etwas überraschende, nicht näher begründete Behauptung aufgestellt: „Einigkeit herrscht ... darüber, daß Planung nach ihrer Sachgesetzlichkeit und unserer Verfassungsstruktur jedenfalls nur (!) als ‚staatsleitender Gesamtakt', als Gemeinschaftsaufgabe von Parlament und Regierung denkbar ist." Die von *Grimm* unterstellte Einigkeit besteht keineswegs, vielmehr sieht es so aus, als ob hier die Formulierungen „staatsleitender Gesamtakt"[20] und „Staatsleitung zur gesamten Hand"[21] aus ihrem Zusammenhang isoliert, verselbständigt und derart zur Begründung einer These benutzt — oder mißbraucht — werden, daß dies einer petitio principii gleichkommt.

Bereits oben[22] wurde darauf hingewiesen, daß selbst die inhaltlich gar nicht so abstrakt und prinzipiell gemeinte, aber in ihren Auswirkungen weiterreichende Formulierung von *Friesenhahn*, wonach die Staatsleitung Regierung und Parlament „gewissermaßen (!) zur gesamten Hand" zustehe, nicht ohne Kritik geblieben ist. Ferner wurde klargestellt, daß an der Staatsleitung Regierung und Parlament insofern gleichermaßen beteiligt sind, als es in zahlreichen Fällen eines Zusammenwirkens beider Staatsorgane bedarf, damit ein verbindlicher Staatswille artikuliert werden, ein Staatsakt zustande kommen kann[23]. Das bedeutet aber keineswegs, daß sich die Staatsleitung etwa außerhalb

---

[17] Vgl. z. B. *Herzog:* Gutachten, S. 108; *Peters:* Die Gewaltentrennung in moderner Sicht, S. 100; *Scheuner:* Probleme der staatlichen Entwicklung, S. 5; *derselbe:* Der Bereich der Regierung, S. 395.

[18] *Kewenig:* Planung im Spannungsverhältnis, S. 29 sowie 32.

[19] Aufteilung gesetzgeberischer Funktionen, S. 454; in diesem Sinne aber auch *CDU-Fraktion/Berlin:* Planungskontrollgesetz, § 1.

[20] Der Ausdruck geht zurück auf *Heckel:* Einrichtung und rechtliche Bedeutung des Reichshaushaltsgesetzes, S. 392, der ihn zur Charakterisierung der Rechtsnatur des Haushaltsplans benutzt.

[21] Diesen Begriff hat *Friesenhahn:* Parlament und Regierung, S. 38, geprägt.

[22] Vgl. III. 2.

[23] Vgl. etwa Art. 59 Abs. 2 GG.

von Art. 20 Abs. 2 Satz 2 GG abspielt, der immerhin gesonderte Organe voraussetzt, denen unterschiedliche Funktionen zur Wahrnehmung zugewiesen sind[24]. Vielmehr wird man mit *Scheuner* feststellen müssen, daß bei der Staatsleitung das Parlament wie die Regierung „beide *in spezifischer* Weise an den leitenden Entscheidungen teilhaben“[25], daß beide „*in einer verfassungsrechtlichen Scheidung ihrer Aufgaben* an der eigentlichen Richtungsbestimmung des Staates“ mitwirken[26]. Auch im Rahmen der Staatsleitung bleibt also die Regierung exekutive Gewalt und das Parlament legislative Gewalt; beide wirken an der Staatsleitung *entsprechend ihren spezifischen Funktionen* mit.

Angesichts der klar formulierten Auffassung von *Scheuner* zur Frage der Staatsleitung ist Skepsis angebracht, wenn sich *Kewenig* zur Unterstützung seiner These, die politische Planung sei als staatsleitender Akt „aus dem Gewaltenteilungsschema herausgenommen“ und ihm „vorgeordnet“, ausgerechnet auf Scheuner beruft[27]. Das von Kewenig herangezogene Zitat lautet: „In der Funktion der Regierung“ — d. h. der Staatsleitung — „erscheint der Staat ... oberhalb des Prinzips der Gewalten*trennung* als *politische Einheit*. Die Notwendigkeit einer solchen Oberleitung des Staates in der täglichen Entscheidung besteht in der Demokratie ebensowohl wie in anderen Staatsformen. Der demokratische Staat beteiligt *vom Boden der Gewaltenteilung aus* zwei oberste Organe, Regierung (im engeren Sinne) und Parlament an dieser leitenden Aufgabe“[28].

Interpretiert man dieses Zitat aus dem Jahre 1951 zwanglos und nicht unter einem heute als Postulat vorangestellten anderen Vorzeichen, dann läßt sich folgendes analysieren:

— Erstens wird dem Prinzip der Gewalten*trennung* antithetisch der Begriff der *politischen* — nicht etwa staatsrechtlichen! — *Einheit* gegenübergestellt. Dadurch kommt zum Ausdruck, daß sich in dem „nach wie vor wesentlichen Organisationsprinzip ... der Gewaltenteilung ... nicht mehr reale politische Gegensätze echter politischer ‚Gewalten‘“ ausprägen[29], weil diese letzten Endes doch zum „Zusammenspiel“[30] gezwungen sind. „Der Trennung der Gewalten ent-

[24] Vgl. hierzu die Untersuchung der Funktionen von Parlament und Regierung: unten III. 5.1. und III. 5.2.

[25] *Scheuner:* Probleme der staatlichen Entwicklung, S. 5; Hervorhebung vom Verfasser der vorliegenden Arbeit.

[26] *Scheuner:* Das parlamentarische Regierungssystem, S. 634; Hervorhebung vom Verfasser der vorliegenden Arbeit.

[27] Dies tut *Kewenig:* Planung im Spannungsverhältnis, Fußnote 43 auf Seite 29.

[28] *Scheuner:* Grundfragen des modernen Staates, S. 146; Hervorhebungen vom Verfasser der vorliegenden Arbeit.

[29] *Scheuner:* Der Bereich der Regierung, S. 280/281.

spricht" — wie es *Bäumlin*[31] einmal ausgedrückt hat — „ihre Zuordnung als das Verbindende."

— Dieses Zusammenspiel — aber auch Gegeneinander[32] — der politisch verselbständigten Kräfte[33] erfolgt, zweitens, trotz ihrer organisatorischen Trennung oberhalb dieses Prinzips, nämlich in der *politischen Ebene* der Staatsleitung (oder „Oberleitung des Staates"). Damit wird die Erkenntnis ausgesprochen, daß dieses politische Kräftespiel sich nicht als Selbstzweck erschöpft sondern im Ergebnis — ob gewollt oder ungewollt — einem übergeordneten Zweck dient: der „Oberleitung des Staates".

— Drittens findet dieses Zusammenwirken der Staatsorgane Regierung und Parlament nicht im staatsrechtlichen Niemandsland statt, es spielt sich auch nicht in einer neuen staatsrechtlichen Dimension „Staatsleitung" ab — vielmehr: *„vom Boden der Gewaltenteilung aus"* tragen Regierung und Parlament — jeder auf seine Weise, jeder nach seinen Möglichkeiten — zur Staatsleitung bei.

Das von *Kewenig* herangezogene Zitat *Scheuners* ist also nicht geeignet, seine (Kewenigs) These zu stützen, daß die politische Planung als staatsleitender Akt aus dem Gewaltenteilungsschema herausgenommen, diesem vorgeordnet und als solcher Regierung und Parlament „quasi zur gesamten Hand" übertragen sei. Denn die Gemeinsamkeit der Staatsleitung ist ein *Resultat* der staatsleitenden Tätigkeiten von Regierung und Parlament, nicht aber deren Voraussetzung. Ergänzend mag hinzugefügt werden, daß gerade Scheuner „die Vorstellung einer fast substanzhaft gedachten Einheit des Staatswillens" ablehnt und demgegenüber fordert, „die im Verfassungsrecht sich vollziehenden Rechtsakte als *Ergebnisse eines Prozesses der Auseinandersetzung und der Gewinnung von Zielsetzungen und Entscheidung zu begreifen*"[34].

Die Forderung, die politische Planung sei als staatsleitender Akt aus dem Gewaltenteilungsschema herauszunehmen, diesem vorzuordnen und Regierung und Parlament zur gesamten Hand zu übertragen, findet weder im geltenden Verfassungsrecht noch in der Staatsrechtslehre eine Stütze. Das in Art. 20 Abs. 2 Satz 2 GG verbindlich normierte, der „Funktions- und Verantwortungsklarheit"[35] dienende Prinzip der Ge-

---

[30] *Scheuner:* Der Bereich der Regierung, S. 280; *derselbe:* Verantwortung und Kontrolle, S. 395.

[31] Die Kontrolle des Parlaments, S. 228.

[32] Vgl. *Scheuner:* Verantwortung und Kontrolle, S. 395.

[33] *Scheuner* (= Anm. 32).

[34] *Scheuner:* Politische Koordination, S. 899; ebenso *derselbe:* Verantwortung und Kontrolle, S. 380; Hervorhebung vom Verfasser der vorliegenden Arbeit.

[35] *Küster:* Das Gewaltenproblem im modernen Staat, S. 402.

waltenteilung läßt sich nicht durch die Propagierung eines ihm vorgeordneten „staatsleitenden Gesamtakts" überspielen. Dem von *Kewenig* unterbreiteten Vorschlag, die politische Planung unter dem Gesichtspunkt einer gemeinsamen Staatsleitung *außerhalb* des Gewaltenteilungsprinzips gemeinsam der Regierung und dem Parlament zuzuweisen, kann daher nicht zugestimmt werden[36].

Neuerdings hat nun *Ossenbühl*[37] in einer eingehenden Untersuchung einen neuen Ansatz gewählt, um die These zu begründen, daß die politische Planung Regierung und Parlament zur gesamten Hand zustehe. Im Unterschied zu *Kewenig* versucht Ossenbühl nicht, abstrakt die Existenz eines „staatsleitenden Gesamtaktes" von Regierung und Parlament nachzuweisen, unter den dann die politische Planung lediglich zu subsumieren wäre. Sein Ausgangspunkt ist vielmehr — und einleuchtender — die staatsrechtliche Natur der Planung.

Zunächst weist *Ossenbühl* zutreffend darauf hin, daß Planung eine Methode der Kompetenzausübung ist und die Befugnis zur Planung dementsprechend als „Annex der Sachkompetenz" aufgefaßt werden muß[38]. Unter Hervorhebung des sachübergreifenden Charakters der Planung stellt er sodann fest: „Die Planung ... überrollt das vorgegebene Zuständigkeitssystem, wirkt zuständigkeitsverklammernd, wenn nicht zuständigkeitsauflösend, so doch zuständigkeits- und damit gewaltenteilungsfeindlich ...[39]" Als komplexer Vorgang durchlaufe die Planung zeitlich und sachlich das herkömmliche Zuständigkeitssystem und setze sich aus einer Vielzahl von Einzelmaßnahmen und Einzelentscheidungen zusammen, die nach dem herkömmlichen Zuständigkeitssystem unterschiedlichen Organgruppen, namentlich in grundgesetzlich verteilter Weise Parlament und Regierung zustünden[40].

Ausgehend von dieser Beschreibung sowie von einem „allgemeinen Parlamentsvorbehalt für alle grundlegenden Entscheidungen des Gemeinwesens", zu denen auch die politische Planung zähle[41], kommt *Ossenbühl* zu dem Ergebnis: „Zentrale politische Planung ist eine Aufgabe, die Regierung und Parlament zur gesamten Hand zusteht und von beiden Organen in gemeinschaftlichem Zusammenwirken erfüllt werden muß[42]."

---

[36] Im Ergebnis ebenso *Blank:* Aufgabenplanung im Spannungsfeld, S. 70, 108.

[37] Gutachten, S. B 72 ff.

[38] *Ossenbühl:* Gutachten, S. B 72.

[39] *Ossenbühl:* Gutachten, S. B 73.

[40] *Ossenbühl:* Gutachten, S. B 73.

[41] *Ossenbühl:* Gutachten, S. B 75 sowie S. B 76—B 78.

[42] *Ossenbühl:* Gutachten, S. B 79. Sobald im Rahmen des Planungsverfahrens normative Festlegungen zu treffen sind, müssen Regierung und Parlament notwendig zusammenarbeiten. Insoweit stimmt der Verfasser *Ossenbühl* im Ergebnis zu. Ein genereller Geltungsanspruch der betr. Aussage stößt

Man wird den von *Ossenbühl* entwickelten Gedanken in ihrem analytischen Teil weitgehend folgen können. Bedeutsam erscheint vor allem, daß hier erstmals der — je nach Betrachtungsweise — kompetenzverklammernde bzw. kompetenzauflösende Effekt der Planung deutlich erkannt und herausgearbeitet worden ist. Politische Planung läßt sich in der Tat wegen ihres problembezogenen, übergreifenden Ansatzes nicht in ein Schema überkommener Zuständigkeitsverteilungen einpassen. Man mag aus dieser Tatsache den Schluß ziehen, daß Planung damit „zuständigkeits- und gewaltenteilungsfeindlich" sei[43]. Nicht weniger plausibel wäre aber auch die Feststellung, daß vorhandene Kompetenzabgrenzungen kein Planungskriterium darstellen, für die Planung also irrelevant sind und daß Planung daher ihrem Wesen nach kompetenz*neutral* ist. Folgerungen für das System der Gewaltenteilung ließen sich dann nicht mehr ziehen.

Auf alle Fälle erscheint es nicht zwingend, aus der *Tatsache* eines kompetenzverklammernden bzw. kompetenzauflösenden Effekts der politischen Planung auf eine *rechtliche* Planungskompetenz „zur gesamten Hand" von Regierung und Parlament zu schließen. Das bloße Faktum einer „zuständigkeitsfeindlichen" Planung vermag nach hier vertretener Meinung das System der Gewaltenteilung als geltendes Verfassungsprinzip nicht einfach zu „überrollen". Auf einem anderen Blatt steht freilich, ob de lege ferenda aus der besonderen Natur der politischen Planung verfassungsrechtliche Konsequenzen gezogen werden sollten. Dies hängt davon ab, welche Bedeutung man dem verfassungsrechtlichen Prinzip der Gewalten- oder Funktionenteilung im Verhältnis zur verfassungspolitischen Realität der Planung beimißt[44]. Nach geltendem Verfassungsrecht muß jedenfalls davon ausgegangen werden, daß Regierung und Parlament auch im Bereich der politischen Planung keine Staatsleitung „zur gesamten Hand" ausüben. An der staatsleitenden Aufgabe der politischen Planung partizipieren sie vielmehr anteilig entsprechend ihren spezifischen Funktionen als Staatsorgane[45].

4. Rückschluß von der Funktion auf den Funktionsträger?

Unter diesen Umständen liegt der Gedanke nahe, die politische Planung je nach ihrer funktionalen Nähe zur exekutiven oder legislativen Funktion dem einen oder anderen Funktionsträger zuzuweisen. Dieser

---

freilich, wie im weiteren Verlauf dieser Untersuchung noch zu zeigen sein wird, auf Bedenken.

[43] So *Ossenbühl:* Gutachten, S. B 73.

[44] Daß der Verfasser dem Gewaltenteilungsprinzip den Vorrang gibt, sei am Rande vermerkt.

[45] In diesem Sinn z. B. auch neuestens *Scheuner:* Zur Entwicklung der politischen Planung, S. 383; vgl. im übrigen die Ausführungen oben III. 3.

Weg bietet sich um so eher an, als bereits früher[46] die Affinität der politischen Planung zur legislativen wie exekutiven Funktion untersucht und eine besondere Nähe zur exekutiven Funktion festgestellt worden ist[47].

Ein solches Verfahren mag verlockend und vordergründig auch einleuchtend erscheinen, es stößt jedoch auf verfassungsrechtliche Bedenken. Das Grundgesetz unterscheidet in Art. 20 Abs. 2 zwar deutlich die *Organe* der Gesetzgebung und der vollziehenden Gewalt, es weist ihnen aber die jeweiligen *Funktionen* keineswegs mit der gleichen Deutlichkeit zu. Vielmehr läßt sich eine durch die Verfassung normierte, eigentümliche Vermischung von legislativen und exekutiven Funktionen beobachten[48]. In der Formulierung etwas zugespitzt, aber sicher nicht ganz zu Unrecht stellt *Leisner*[49] daher fest, „die Dogmatik der Trennung von Legislative und Exekutive (ist) heute weithin lediglich — die Lehre von deren Durchbrechungen“. Es zeigt sich also, daß unsere Verfassungsordnung bei organisatorischer Sonderung der Staatsorgane und unter Ausschluß einer funktionalen Identität von Regierung und Parlament kein „rigides System der Funktionentrennung“ kennt[50], sondern Elemente der exekutiven wie legislativen Funktion sowohl der Regierung als auch dem Parlament zuweist[51].

Angesichts der keineswegs streng funktional orientierten Aufteilung der exekutiven und legislativen Funktionen „wird man den einfachen Rückschluß von der Funktion auf den Funktionsträger als eindeutig unzulässig zu qualifizieren haben“[52]. Die jeweilige Affinität der politischen Planung zur exekutiven oder legislativen Funktion kann daher nicht als Kriterium für eine staatsrechtliche Zuordnung der politischen Planung auf Regierung oder Parlament dienen.

---

[46] Vgl. oben II. 2. und II. 3.

[47] Vgl. oben II. 3.

[48] Vgl. z. B. Art. 59 Abs. 2; 63; 67; 68; 76 Abs. 1; 80; 87 a Abs. 1; 110 Abs. 2; 111; 113; 115 GG. Im Falle des Gesetzgebungsnotstandes (Art. 81 GG) sowie im Spannungs- und Verteidigungsfall (Art. 80 a; 115 a—e GG) sind noch weitergehende Funktionsvermischungen zulässig.

[49] Die quantitative Gewaltenteilung, S. 406.

[50] *Scheuner:* Das parlamentarische Regierungssystem, S. 636.

[51] In diesem Sinne auch die wohl herrschende Meinung, vgl. z. B. BVerfGE 3, S. 225 (247); 9, 268 (279); *Friauf:* Ziel- und Mittelplanung, S. 619 f. m. w. Nachw.; *Kewenig:* Parlamentarische Mitregierung, S. 16 ff.; *Scheuner:* Der Bereich der Regierung, S. 267; *derselbe:* Das parlamentarische Regierungssystem, S. 636.

[52] *Kewenig:* Planung im Spannungsverhältnis, S. 28; ebenso *Friauf:* Der Staatshaushaltsplan im Spannungsfeld zwischen Regierung und Parlament, S. 282; *derselbe:* Ziel -und Mittelplanung, S. 617.

5. Die Funktionen von Parlament und Regierung

Um festzustellen, bei welchem der beiden Verfassungsorgane die politische Planung staatsrechtlich verortet ist, müssen also nunmehr die charakteristischen, strukturbestimmenden Funktionen von Bundestag und Bundesregierung[53] in ihrer konkreten Ausgestaltung untersucht werden, soweit sie für eine Zuordnung der politischen Planung erheblich sind. Dabei wird es weniger auf eine systematische Einteilung der Funktionen nach Rang, Reihenfolge oder Gesichtspunkten der Über- und Unterordnung ankommen, als vielmehr auf eine anschauliche Darstellung der einzelnen Funktionen in ihren vielfältigen Aspekten.

5.1 Die parlamentarischen Funktionen

Neben zahlreichen anderen Funktionen[54] kennzeichnen vor allem die klassischen Funktionen der Gesetzgebung (Art. 77 Abs. 1 GG) — unter gesonderter Hervorhebung der Haushaltsgesetzgebung (Art. 110 Abs. 2 GG) — und Kontrolle der Exekutive (angesprochen in den Art. 17, 43 Abs. 1, 44, 45, 45 a, 45 b GG) das herkömmliche Aufgabenspektrum des Deutschen Bundestages[55]. Diese zentralen Funktionen sind auch heute noch typisch für das äußere Erscheinungsbild der parlamentarischen Aufgaben, aber ihre Bedeutung, ihr Schwerpunkt und ihr Verhältnis zueinander haben sich geändert[56].

5.11 Gesetzgebung

Noch immer ist die Gesetzgebung allein dem Parlament vorbehalten (Art. 77 Abs. 1 GG), aber die Initiative hierzu geht weitaus häufiger von der Regierung aus, die überdies auch den Gesetzesinhalt in hohem Maße präformiert[57]. Auf der anderen Seite kommt heute der Gesetzgebung

---

[53] Diese institutionellen Namen werden gleichbedeutend mit den Begriffen „Parlament" und „Regierung" verwendet; auch die Bezeichnungen „Staatsorgan" oder „Funktionsträger" beziehen sich auf diese Institutionen des Grundgesetzes.

[54] Vgl. z. B. die Funktionen der Organwahl: Wahl des Bundespräsidenten gemäß Art. 54 Abs. 1 und 3 GG im Rahmen der Bundesversammlung; Wahl des Bundeskanzlers gemäß Art. 63 Abs. 1 und Art. 67 Abs. 1 GG; Wahl von Mitgliedern des Bundesverfassungsgerichts gemäß Art. 94 Abs. 1 GG. *Achterberg:* Grundzüge des Parlamentsrechts, S. 66 ff., hebt in diesem Zusammenhang noch die „Kreationsfunktion" hervor, d. h. der Bundestag wirkt durch die Wahl von Organwaltern oder die Entsendung von Abgeordneten an der Kreation zahlreicher nationaler, supranationaler und internationaler Organe mit. Von Bedeutung sind ferner die Feststellung des Verteidigungsfalles (Art. 115 a Abs. 1 GG) und die Erklärung seiner Beendigung (Art. 115 l Abs. 2 GG).

[55] Vgl. z. B. BVerfGE 10, S. 4 (17); *Leibholz:* Die Kontrollfunktion des Parlaments, S. 295; *Scheuner:* Verantwortung und Kontrolle, S. 397.

[56] Vgl. *Scheuner:* Entwicklungslinien, S. 396.

[57] Vgl. hierzu *Jaeggi:* Macht und Herrschaft in der Bundesrepublik, S. 103 f.

— und das in zunehmendem Maße — ein aktiver, gestaltender, auf die Zukunft gerichteter Charakter zu, so daß sich in mancher Hinsicht Parallelen zur politischen Planung beobachten lassen[58].

Die Haushaltsgewalt des Parlaments zählt zwar formell zur Gesetzgebung (Art. 110 Abs. 2 GG), sie verdient aber eine besondere Hervorhebung, weil der Bundestag über die Mittelzuweisung direkt auf die haushaltsabhängige Politik der Bundesregierung Einfluß nehmen kann[59]. Unter einem anderen Aspekt betrachtet, kann man die Prüfung und Verabschiedung des Haushaltsplans überdies als wesentliches Mittel einer effektiven Regierungskontrolle ansehen[60].

5.12 Kontrolle

Überhaupt wird die Kontrollfunktion des Parlaments immer stärker als die zentrale Funktion des Parlaments herausgestellt[61], bis hin zu der problematischen Behauptung, die parlamentarische Kontrolle sei „eine Staatsfunktion sui generis"[62]. Daß gegenüber „neuen" Staatsfunktionen prinzipielle Bedenken angebracht sind, ist schon an anderer Stelle näher begründet worden[63]. Sieht man von dieser überspitzten Auffassung einmal ab, so läßt sich in der Tat nicht von der Hand weisen, daß man einige — zudem noch wichtige — Funktionen des Parlaments unter dem Blickwinkel der Kontrollausübung betrachten kann.

Dies trifft nicht nur — wie schon erwähnt[64] — für die Haushaltsgesetzgebung zu, auch im Rahmen der allgemeinen Gesetzgebung kommt die Kontrollfunktion zum Tragen. Wenn nämlich das Parlament die Gesetzesvorlagen der Regierung behandelt, d. h. den bereits vorher erfolgten „Abwägungsprozeß praktisch-politischer Vernunft" kritisch nachvollzieht und „je nach den Ergebnissen dieser Prüfung" die Vorlage billigt, modifiziert, ergänzt oder insgesamt verwirft, dann übt es zugleich

[58] Vgl. oben II. 2.

[59] Die Einflußnahme kann bis ins Organisatorische hineinreichen, wie das Beispiel des Art. 87 a Abs. 1 GG zeigt.

[60] Vgl. *Ehmke:* Verfahren der parlamentarischen Untersuchungsausschüsse, S. E 33; *Keller-Raupach:* Informationslücke des Parlaments, S. 57; *Leibholz:* Die Kontrollfunktion des Parlaments, S. 296 f.; *Peters:* Verwaltung ohne gesetzliche Ermächtigung?, S. 209.

[61] Vgl. für zahlreiche andere *Eichenberger:* Die Problematik der parlamentarischen Kontrolle, S. 290; *Friesenhahn:* Parlament und Regierung, S. 39 f.; *Scheuner:* Entwicklungslinien, S. 399.

[62] *Eichenberger:* Die Problematik der parlamentarischen Kontrolle, S. 289; zustimmend *Schmid:* Zusammenspiel der staatlichen Machtverteilung, S. 24. Zweifel äußert hingegen *Bayer:* Die Aufhebung völkerrechtlicher Verträge, S. 129, und gibt zu erwägen, ob man die parlamentarische Kontrolle nicht eher als „einen Annex der gesetzgebenden Gewalt" ansehen müsse.

[63] Vgl. oben II. 5.

[64] Vgl. oben III. 5.11.

auch Kontrolle aus[65]. Dieser Ansatz läßt sich noch weiter entwickeln, wenn man bedenkt, daß jedenfalls die grundlegenden Gesetzesvorhaben kaum ohne vorherige Kontaktaufnahme — oder gar Zusammenarbeit — mit den Fraktionen im Parlament eingebracht werden. In solchen Fällen kann man wohl von „Vorwirkungen der gesetzgeberischen Entscheidung in die Vorbereitungsphase, mehr noch von Vorwirkungen einer a-posteriori-Kontrolle in eine a-priori-Mitarbeit sprechen“[66]. Anders ausgedrückt: Die Kontrollfunktion des Parlaments kann in bestimmten Fällen Vorwirkungen haben, die zu einer vorbereitenden Mitarbeit führen.

Einen anderen Sinngehalt hat freilich die — oberflächlich betrachtet — recht ähnliche Aussage, daß die Mitwirkung des Parlaments im Gesetzgebungsverfahren gleichzeitig ein besonders wirksames Mittel der Kontrolle der Exekutive sei[67]. Während nämlich im ersten Zitat die Mitwirkung nur als *Folge* der Kontrollfunktion aufgefaßt wird, erklärt sie das zweite zu ihrem *Bestandteil.* Hier zeigt sich eine inhaltliche Verschiebung, deren Problematik an anderer Stelle[68] noch ausführlich zu untersuchen sein wird. Im vorliegenden Zusammenhang soll lediglich darauf aufmerksam gemacht werden, mit welcher Leichtigkeit die Begriffe „Kontrolle“ und „Mitwirkung“ vertauscht werden können.

5.13 *Öffentlichkeitsfunktion*

Ein kontrollierendes Element enthält schließlich auch jene Funktion des Bundestages, die in Art. 42 Abs. 1 GG angesprochen ist: „Der Bundestag verhandelt öffentlich.“ Ausgerechnet von der Öffentlichkeit wird diese „öffentliche Funktion des Parlaments“[69] häufig unterschätzt und abgewertet: Im Plenum, so hört man sagen, werde doch nur „zum Fenster hinaus geredet“, es würden bloße Scheinkämpfe ausgetragen und im übrigen geschehe dort gar nichts. Gegen diese weithin populäre Ansicht wenden sich ernstzunehmende Stimmen aus Wissenschaft und Praxis. Die Funktion des Bundestages als politisches “Forum der Nation“ bezeichnet etwa der seinerzeitige Präsident des Deutschen Bundestages *von Hassel* als „die Hälfte dessen, was unser Parlament zu tun hat“[70], und *Hennis*[71] meint sogar, das Parlament als Institution sei „heute nur noch zu rechtfertigen aus dem, was es im Plenum tut“.

---

[65] *Bäumlin:* Die Kontrolle des Parlaments, S. 271; im Ergebnis ebenso z. B. *Achterberg:* Grundzüge des Parlamentsrechts, S. 57; *Herzog:* Gutachten, S. 69 f.

[66] *Leisner:* Die quantitative Gewaltenteilung, S. 409.

[67] *Kewenig:* Parlamentarische Mitregierung, S. 11 Fußnote 22.

[68] Unten V. 3.51.

[69] *Ellwein:* Gesetzgebung und politische Kontrolle, S. 257.

[70] *von Hassel:* Parlamentsreform, S. 361.

[71] Zur Rechtfertigung und Kritik der Bundestagsarbeit, S. 151; ihm folgend *Hirsch:* Haushaltsplanung, S. 181.

Gewiß, wer von Plenardebatten eine Bekehrung des politischen Gegners im Parlament erwartet, der wird enttäuscht, denn das Ergebnis der Debatte steht in der Regel von vornherein fest: Ein Abstimmungssieg der regierenden Mehrheit[72]. Dennoch erfüllt das Öffentlichkeitsprinzip eine Reihe wichtiger Funktionen:

— *Integration:* „Im politischen System der Bundesrepublik ist das Parlament der Ort, der Öffentlichkeit und Staat verbindet[73]." Hier kommen die unterschiedlichen politischen Auffassungen zum Ausdruck, hier werden auch die Interessen der Minderheits-Wähler vertreten[74], kurz: hier findet sich das Volk in seinen verschiedenartigsten Strömungen repräsentiert und unmittelbar politisch integriert[75].

— *Öffentliche Kontrolle:* Kontrolle bedeutet unter anderem das öffentliche Sichtbarmachen von Verantwortlichkeiten[76] — ja, „das Problem der Kontrolle wird weitgehend zu einem Problem der Evidenz"[77]. Vor allem die Opposition wird von dem Instrument der öffentlichen Kontrolle Gebrauch machen, indem sie die Regierung vor aller Öffentlichkeit zur Rechenschaftslegung ihrer Politik zwingt, Schwächen aufdeckt, Kritik übt und ihre eigenen Vorstellungen als Maßstab dagegen setzt[78].

— *Information:* Durch die Artikulation und Diskussion politischer Fragen, die Begründung und Kritik von Entscheidungen, wird die Öffentlichkeit — zumindest der interessierte Bürger — über die aktuellen politischen Probleme unterrichtet, wird politische Bildung vermittelt[79]. Nicht zuletzt werden durch die politische Diskussion auch die Leitlinien der künftigen Entwicklung herausgearbeitet, so daß sich jeder in seinem persönlichen oder wirtschaftlichen Verhalten darauf einrichten kann[80].

— *Einflußnahme:* Die politische Diskussion im Parlamentsplenum hat aber nicht nur einen schlicht informierenden Effekt sondern wirkt

---

72 *Hereth:* Die parlamentarische Opposition, S. 34.

73 *Grimm:* Aufteilung gesetzgeberischer Funktionen, S. 462.

74 *Herzog:* Gutachten, S. 52.

75 Vgl. z. B. *Ellwein:* Gesetzgebung und politische Kontrolle, S. 263; *derselbe:* Entmachtung des Parlaments, S. 203; *Friesenhahn:* Parlament und Regierung, S. 67 (Leitsatz I. 10); *Krüger:* Stichwort „Parlamentarismus", S. 216.

76 *Eichenberger:* Die Problematik der parlamentarischen Kontrolle, S. 271.

77 *Rausch-Oberreuter:* Parlamentsreform in der Dunkelkammer?, S. 152.

78 Vgl. z. B. *Friesenhahn:* Parlament und Regierung, S. 31; *Grube:* Die Stellung der Opposition im Strukturwandel des Parlamentarismus, S. 87 f.; *Steffani:* Stichwort: „Redeparlament", S. 419.

79 Vgl. *Hereth:* Die parlamentarische Opposition, S. 142; *Maier u. a.:* Zum Parlamentsverständnis, S. 11 (Teilziffer 2.14); *Steffani:* Stichwort „Redeparlament", S. 419.

80 Auf diesen Aspekt macht *Schäfer:* Der Bundestag, S. 297, im Zusammenhang mit der Finanzplanung aufmerksam.

auch prägend: Indem nämlich das Parlament „die öffentliche Meinung zu informieren, zu mobilisieren, zu erziehen und zu führen versucht, wirkt es selbst auf die öffentliche Meinung ein, ... formt und regiert sie, schafft sie um oder schafft sie neu“[81].

Angesichts dieser wichtigen Rolle der parlamentarischen Öffentlichkeitsfunktion auf der einen und ihrer im Volk weit verbreiteten Geringschätzung auf der anderen Seite wird daher mit Recht gefordert, die öffentliche Funktion des Bundestages ernst zu nehmen und die politische Diskussion aus den Massenmedien wieder bewußt in das Parlament zu verlagern[82]. Bereits hier soll darauf aufmerksam gemacht werden, daß die öffentliche Funktion des Parlaments für die Teilnahme des Bundestages an der politischen Planung von großer Bedeutung sein kann.

5.2 Die Regierungsfunktionen

5.21 Abgrenzung des Begriffs „Regierung“

Der Begriff „Regierung“ bedarf zunächst einer doppelten Abgrenzung: zum einen in inhaltlicher, zum anderen in organisatorischer Hinsicht.

Inhaltliche Abgrenzung: Die Frage nach Gehalt und Bedeutung des Begriffs „Regierung“ hat zuerst *Scheuner*[83] umfassend erörtert, fünfzehn Jahre später ist das Problem von *Kassimatis*[84] erneut ähnlich eingehend aufgegriffen worden. Beide Untersuchungen machen deutlich, daß sich hinter dem Begriff „Regierung“ eine vielschichtige Problematik verbirgt. Es ist hier jedoch nicht der Ort für eine nähere Auseinandersetzung mit diesem komplexen Thema[85], vielmehr soll nur darauf hingewiesen werden, daß man aufgrund dieser Untersuchungen und der darauf folgenden Diskussion den Begriff „Regierung“ heute inhaltlich in dreifacher Weise verstehen kann[86]:

— Regierung im funktionalen Sinne, d. h. die Oberleitung des Staates, die richtungsweisende politische Entscheidung, kurz „das Regieren“. Zur Vermeidung von Mißverständnissen verwendet diese Arbeit hierfür den Ausdruck *„Staatsleitung“*.

---

[81] *Morkel:* Das Parlament als öffentliches Forum, S. 9 f.

[82] Vgl. *Kölble:* Vorschläge zur Parlamentsreform, S. 189; *Scheuner:* Parlamentarisches Verfahren, S. 155 f.; *derselbe:* Entwicklungslinien, S. 399.

[83] Der Bereich der Regierung.

[84] Der Bereich der Regierung.

[85] Die Abgrenzungsproblematik behandelt demgegenüber ausführlich und mit zahlreichen Nachweisen *Blank:* Aufgabenplanung im Spannungsfeld, S. 34 ff.

[86] Vgl. hierzu *Friesenhahn:* Parlament und Regierung, S. 33, Fußnote 60; *Kassimatis:* Der Bereich der Regierung, S. 54 ff.; *Scheuner:* Der Bereich der Regierung, S. 276 f.; *derselbe:* Stichwort „Regierung“, S. 781; *von Wick:* Kompetenzwahrnehmung im Bereich der Bundesregierung, S. 21.

— Regierung im materiellen Sinne, d. h. die sachlich gegebene Aufgabe, die Regierungshandlungen selbst. Hierfür wird die Bezeichnung *„staatsleitende Aufgabe“* verwendet.

— Regierung im organisatorischen Sinne, d. h. die Spitze der Exekutive, Regierung als Organ, als institutioneller Teil der Staatsorganisation. Im Rahmen der vorliegenden Arbeit wird dieses Verständnis — Regierung als Organ — vorausgesetzt, wenn von *„Regierung“* oder „Bundesregierung“ die Rede ist.

Organisatorische Abgrenzung: Wie im allgemeinen Sprachgebrauch üblich, wird hier unter „Regierung/Bundesregierung“ das kollegial gebildete Verfassungsorgan verstanden[87]. Dieses seinerseits wieder aus relativ selbständigen Organen — dem Bundeskanzler, den Bundesministern (Art. 62 GG) sowie dem Bundeskabinett als Kollegium — zusammengesetzte Gesamtorgan[88] wird als organisatorische Einheit aufgefaßt, weil es für die funktionale Zuordnung der politischen Planung keine Rolle spielt, wie die Kompetenzen innerhalb eines Verfassungsorgans im einzelnen verteilt sind[89]. Ebenso werden die Koalitionspartner einer Regierung als politische Einheit betrachtet und es bleibt auch unberücksichtigt, daß Mitglieder der Regierung zugleich dem Parlament angehören können. Schließlich erfolgt auch keine Unterscheidung zwischen der politischen Spitze — der „Gubernative“ — und der Ministerialbürokratie als der „Exekutive“ im engeren Sinne, weil beide zur Verwirklichung ihrer Intentionen aufeinander angewiesen sind und gewissermaßen eine funktionale Symbiose eingehen[90].

5.22 Gesetzesinitiative

Zentralnorm für die Funktionen der Bundesregierung ist Art. 65 GG, der dem Bundeskanzler das Recht und die Verantwortung für die politische Richtlinienbestimmung überträgt. Von der Regierung wird also verlangt, der Staatstätigkeit eine bestimmte Richtung zu geben, und das erfordert zunächst einmal schöpferische Initiative[91].

Da die Regierung im Rechtsstaat zahlreiche Aufgaben nur auf gesetzlicher Grundlage verwirklichen kann, gesteht ihr Art. 76 Abs. 1 GG — neben Bundestag und Bundesrat — auch ausdrücklich (und an erster

[87] So auch BVerfGE 11, S. 77 (85).

[88] So *Böckenförde:* Die Organisationsgewalt im Bereich der Regierung, S. 138 sowie Fußnote 40 daselbst.

[89] Zur Frage der Kompetenzabgrenzung innerhalb der Regierung vgl. die eingehende Darstellung bei *von Wick:* Kompetenzwahrnehmung im Bereich der Bundesregierung.

[90] Darauf weist *Herzog:* Gutachten, S. 42 f., hin.

[91] Vgl. *Friauf:* Ziel- und Mittelplanung, S. 644; *Scheuner:* Der Bereich der Regierung, S. 278.

Stelle!) das Gesetzesinitiativrecht zu. Dieses Recht der Gesetzesinitiative übt die Bundesregierung eigenverantwortlich aus, denn sie braucht dabei auf eine parlamentarische Anregung nicht zu warten[92]. Für die eigenständige Entwicklung von Initiativen bringt die Regierung auch die besten Voraussetzungen mit, denn sie kann sich auf das „Apparatwissen“[93] der Ministerialbürokratie stützen, d. h. sie verfügt über eine große Menge von Informationen, von Sachverstand und Problembewußtsein und sie kann — das ist sehr wesentlich — die *ihr* relevant erscheinenden Informationen auswählen. Diese faktische Position als „informierte Gewalt par excellence“[94] verhilft denn auch der Regierung zu ihrer eindeutigen Führungsrolle bei der Gesetzesinitiative[95]. Mehr noch: vermöge ihres Fachwissens ist häufig allein die Regierung in der Lage, regelungsbedürftige Materien zu identifizieren und eine sachgerechte Lösung vorzubereiten[96]. Im Ergebnis bedeutet das oft nichts anderes, als daß die Regierung ein Gesetz, an das sie später gebunden sein wird (Art. 20 Abs. 3 GG), sich selbst auf den Leib schneidern kann.

5.23 Konzeptionelle Initiative

Wenn schon der Regierung das Recht zur Gesetzesinitiative ohne parlamentarischen Anstoß zusteht, dann hat sie — der Schluß a majore ad minus ist erlaubt — auch das Recht, in anderer Weise initiativ zu werden. Hier sind zum Beispiel jene Vorüberlegungen und vorbereitenden Maßnahmen zu erwähnen, die sich auf Probleme und Sachverhalte richten, die erst in der Zukunft Aktualität gewinnen. Diese vorbereitenden Initiativen spielen nicht zuletzt eine wichtige Rolle bei der Richtlinienbestimmung.

Sollen nämlich politische Richtlinien eine über den Tag hinausgehende Relevanz haben, dann muß bei ihrer Bestimmung auch schon die Dimension der Zukunft einbezogen werden. Entscheidungen im Rahmen der Richtlinienbestimmung werden daher mit Blick auf die Zukunft getroffen — eine Zukunft freilich, die keine bekannte und vor allem keine feste Größe darstellt sondern durch politische Entscheidungen der Gegenwart maßgeblich beeinflußt wird. Die Regierung muß sich deshalb schon heute über die Ziele im klaren sein, die sie künftig verwirklicht sehen will. Das erfordert nicht nur eine vorausschauende Analyse sondern auch eine zukunftsbezogene Konzeption. Richtlinien-

---

[92] *Scheuner:* Diskussionsbeitrag, S. 124 f.; ebenso *Holzamer:* Die Stellung der Regierung in der modernen Demokratie, S. 328.

[93] *Ellwein:* Gesetzgebung und politische Kontrolle, S. 250.

[94] *Leisner:* Regierung als Macht kombinierten Ermessens, S. 729.

[95] Vgl. *Jaeggi:* Macht und Herrschaft in der Bundesrepublik, S. 103 f.

[96] *Leisner:* Die quantitative Gewaltenteilung, S. 408, nennt in diesem Zusammenhang als Beispiele das Atomsicherungs- und das Lebensmittelgesetz.

entscheidungen enthalten daher wesensmäßig ein zukunftsorientiertes, schöpferisches, konzeptionelles Element.

5.24 Vollzug der Gesetze

Zum Aufgabenbereich der Regierung gehört auch ihre Rolle als „vollziehende Gewalt“ (Art. 20 Abs. 2 GG). In Ausübung der rein vollziehenden Funktion beschränkt sich das Regierungshandeln auf die gerechte und sachgemäße Anwendung der Bundesgesetze, sei es im Wege des Bundesvollzugs (Art. 86—90 GG) oder durch Einwirkungsmöglichkeiten auf den Landesvollzug (Art. 84 Abs. 2, 3 und 5; 85 Abs. 2—4 GG). Trotz ihrer prinzipiellen Gebundenheit an das Gesetz (Art. 20 Abs. 3 GG) bleibt der Exekutive allerdings auch beim schlichten Gesetzesvollzug ein gewisser Entscheidungsspielraum, da Gesetze zumeist generell-abstrakt formuliert sind und der Verwaltung noch manche Gestaltungsfreiheit lassen[97].

5.25 Gesetzesfreie Entscheidung

Das Handeln der Regierung beschränkt sich jedoch keineswegs auf eine bloße Ausführung der Gesetze sondern bedeutet „Aktivität in einem umfassenden und oft definitiv entscheidenden Sinn“[98]. Zum einen darf die Regierung — im Rahmen einer gesetzlichen Ermächtigung — selber Rechtsnomen setzen (Art. 80 GG) und zum anderen entfaltet sie etwa in bezug auf die Außen- und Wirtschaftspolitik (z. B. Kreditmaßnahmen) durchaus eigenständige Aktivitäten.

Dieses eigenständige Handeln der Regierung ist auch nicht von untergeordneter Bedeutung, nicht gleichsam der von den Gesetzen nicht oder noch nicht erfaßte Rest der Regierungstätigkeit, sondern eine spezifische Aufgabe der Regierung. Es geht dabei ebenso um „laufende Geschäfte“ wie um Staatsaufgaben, die besondere Erfahrung voraussetzen oder ein rasches, flexibles Handeln erfordern oder auch beides zusammen. Solche Aufgaben können wirksam nur von einem Staatsorgan wahrgenommen werden, das in der Routine der täglichen Entscheidung steht, das sich auf kontinuierlich gesammelte Erfahrungen stützen und das rasch entscheiden und jederzeit handeln kann[99]. Dieses Staatsorgan ist die Regierung, weil ihre Führungsspitze aus einem nur kleinen Personenkreis besteht, der schneller Entscheidungen fähig ist, und weil sich die Regierung das in der Ministerialverwaltung versammelte Wissen ebenso nutzbar machen kann wie die Routine des Verwaltungsapparates insgesamt.

---

[97] Vgl. *Scheuner:* Das Gesetz als Auftrag der Verwaltung, S. 589.

[98] *Drath:* Die Gewaltenteilung im heutigen Staatsrecht, S. 69.

[99] Auf diesen Aspekt weisen hin *Drath:* Die Gewaltenteilung im heutigen Staatsrecht, S. 69; *Kassimatis:* Der Bereich der Regierung, S. 55 f.

5.26 Koordinierende Leitung

Richtlinienkompetenz bedeutet einerseits, daß die Regierung jene politischen Leitlinien bestimmen darf, an denen sich das Staatsganze orientieren soll. Dem entspricht andererseits aber auch das Recht und die Pflicht, für die Einhaltung dieser Linie durch die untergeordneten Instanzen zu sorgen[100]. Damit wird eine Aufgabe der Regierung angesprochen, die sich mit den Begriffen „Koordinierung", „Leitung und Kontrolle" oder „dirigierende Kontrolle" umschreiben läßt[101].

Der Regierung obliegt es, die politische und die verwaltende Staatstätigkeit miteinander wie untereinander abzustimmen, auf eine gleichmäßige Anwendung der Gesetze und sonstigen Richtlinien durch die staatlichen Stellen zu achten, kurz: „dem Staatswesen auch in seinen administrativen Äußerungen eine Einheitlichkeit zu sichern"[102]. Zur Erfüllung dieser koordinierenden Aufgabe stellt das Grundgesetz der Regierung zahlreiche Mittel zur Verfügung — vom Erlaß von Rechtsverordnungen und Verwaltungsvorschriften bis hin zur Bundesaufsicht über die Länder[103] —, die sie den Erfordernissen entsprechend einsetzen kann. Hierzu gehört auch die Abstimmung von Sachaufgaben und finanziellen Ressourcen, was im Haushaltsplan-Entwurf der Regierung einen sichtbaren Ausdruck findet (Art. 110 GG), eine Haushaltsüberschreitung in besonderen Fällen erlaubt (Art. 112 GG) und der Regierung einen Zustimmungsvorbehalt gegenüber haushaltsändernden Gesetzen gibt (Art. 113 Abs. 1 GG). Es ist nicht zuletzt diese „Macht kombinierten Ermessens", die nach den Worten *Leisners*[104] eine eigentümliche „Einheit der Staatsgewalt" herstellt und jedenfalls der Sache nach zu einer „zusammenfassenden Leitung des Staatsganzen" führt[105].

5.27 Organisation der Staatsaufgaben

Es versteht sich fast von selbst, daß die Regierung ihre Arbeit auch organisieren darf, denn eine sachgerechte Erfüllung der vielfältigen, ständig zunehmenden Regierungsaufgaben im modernen Industrie- und Sozialstaat ist nur bei optimaler Organisation der staatlichen Aufgaben

---

[100] So z. B. BVerfGE 9, 268 (281) im Anschluß an *Erich Kaufmann:* Die Grenzen der Verfassungsgerichtsbarkeit, VVDStRL, Heft 9, 1952, S. 7.

[101] So *Scheuner:* Der Bereich der Regierung, S. 278; ebenso *derselbe:* Das parlamentarische Regierungssystem, S. 637; *Böhret:* Entscheidungshilfen, S. 14; *Friauf:* Ziel- und Mittelplanung, S. 644.

[102] *Scheuner:* Politische Koordination, S. 921.

[103] Vgl. z. B. Art. 80; 84 Abs. 2; 84 Abs. 3 und 5; 85 Abs. 2; 85 Abs. 5; 86; 109 Abs. 3 GG.

[104] Regierung als Macht kombinierten Ermessens, S. 729 f.

[105] *Scheuner:* Der Bereich der Regierung, S. 278; ebenso *derselbe:* Politische Koordination, S. 921; *derselbe:* Das parlamentarische Regierungssystem, S. 637; *Friauf:* Ziel- und Mittelplanung, S. 644; *Hirsch:* Haushaltsplanung, S. 49.

und Mittel möglich. Die Organisationszuständigkeit der Regierung folgt allerdings — abgesehen vom Fall des Art. 87 Abs. 3 GG — nicht unmittelbar aus der Verfassung, doch wird man der Regierung die Organisationsgewalt im Rahmen ihrer Zuständigkeiten als sachnotwendige Voraussetzung zubilligen müssen. Dies gilt um so mehr, als entgegenstehende Verfassungs- oder Gesetzesbestimmungen nicht ersichtlich sind[106].

6. Die Aspekte der Planung im Vergleich zu den Funktionen von Regierung und Parlament

Auf der Grundlage der vorangegangenen Funktionenbeschreibung von Parlament und Regierung sollen nun diese Funktionen mit den wesentlichen Merkmalen und Bedingungen der politischen Planung verglichen werden, wie sie in Kapitel I beschrieben wurden[107]. Dabei spielen sowohl inhaltliche als auch mehr technische Aspekte eine Rolle, denn das Wesen der politischen Planung bestimmt sich nicht allein nach ihrem Inhalt und ihrer Intention: was bedeutet politische Planung?, sondern ebenso nach ihren Voraussetzungen und ihrem Verfahren: wie kommt politische Planung zustande? Die Ausgangsfrage lautet also nicht: Welches Staatsorgan hat „eigentlich" das Recht, die staatsleitende Tätigkeit der politischen Planung zu betreiben?, denn bei dieser Fragestellung wäre einer begrifflichen Spekulation Tür und Tor geöffnet. Um ein realitätsfernes Argumentieren mit Begriffen zu vermeiden, muß die Frage viel konkreter gestellt werden, nämlich: Welchem Organ hat die Verfassung — da sie das faktische Auftreten der politischen Planung nicht hellsichtig vorausahnen konnte — jene Funktionen zugewiesen, die ihrer spezifischen Natur nach den Einsatz der politischen Planung erfordern aber auch ermöglichen?

Erst wenn diese Frage geklärt ist, können die weitergehenden Fragen aufgeworfen werden,

— ob auch ein anderes Staatsorgan politische Planung betreiben darf,

— ob und wie an der politischen Planung des einen auch ein anderes Staatsorgan zu beteiligen ist,

— ob die Ausübung der politischen Planung Restriktionen unterliegt, damit Rechte anderer Organe nicht beeinträchtigt werden oder

---

[106] So *Friauf:* Ziel- und Mittelplanung, S. 639 f.; in der Sache ebenso *Leisner:* Die quantitative Gewaltenteilung, S. 409. Eine andere Frage ist freilich, ob durch Bundesgesetze überhaupt die Organisation staatlicher Aufgaben geregelt werden könnte. Vgl. hierzu wie auch grundsätzlich zur Organisationsgewalt der Regierung *Böckenförde:* Die Organisationsgewalt im Bereich der Regierung; zu der speziellen Fragestellung vgl. *Böckenförde:* ebd. S. 291 ff.

[107] Vgl. oben I. 4. und I. 5.

— ob die politische Planung flankierende Maßnahmen erfordert, damit ein gewisses Gleichgewicht zwischen den Staatsorganen gewahrt bleibt.

Greift man die wesentlichen, strukturbestimmenden Aspekte der politischen Planung heraus und vergleicht sie mit den charakteristischen, gleichfalls strukturbestimmenden Funktionen von Parlament und Regierung, dann ergibt sich folgendes Bild:

6.1 Entscheidungsvorbereitung

Ihrem Ansatz und ihrer Intention nach dient die politische Planung einer rationalen Vorbereitung politischer Entscheidungen. Sie geht von einem längerfristigen Zeithorizont aus und bezieht die Dimension der Zukunft — unter Verwendung von Prognoseverfahren — bewußt in ihre Überlegungen ein. Zur Erweiterung des Entscheidungsspielraumes werden alternative Lösungsmöglichkeiten erarbeitet.

Es liegt auf der Hand, daß in einer immer komplexer werdenden Gesellschaft, die dem Staat ständig neue Aufgaben überbürdet, sowohl die gesetzgeberischen Entscheidungen des Parlaments als auch die gesetzesfreien Entscheidungen der Regierung einer zukunftsbezogenen, rationalen Vorbereitung bedürfen. Die Auswahlmöglichkeit zwischen alternativen Vorschlägen ist ebenso eine Erscheinung des parlamentarischen Gesetzgebungsverfahrens wie der regierungsinternen Entscheidung.

6.2 Vorentscheidung

Politische Planung bedeutet Entscheidungsvorbereitung, doch erschöpft sich ihre Bedeutung durchaus nicht in diesem mehr instrumentalen Aspekt. Es hat sich nämlich gezeigt, daß die politische Planung bereits zur Entscheidungsstation wird, weil zahlreiche Entscheidungen über den künftigen Kurs von Staat, Gesellschaft und Wirtschaft schon im Rahmen des Planungsprozesses getroffen werden und nicht erst danach[108].

Richtunggebende Entscheidungen fällen materiell sowohl das Parlament als auch die Regierung, jedoch lassen sich Unterschiede hinsichtlich der formalen Anforderungen beobachten: Entscheidungen, denen irgendwelche Außenwirkungen zukommen sollen, trifft das Parlament im Wege eines formalisierten, öffentlichen Verfahrens, mag es sich dabei um Gesetzesbeschlüsse oder schlichte Parlamentsbeschlüsse handeln[109].

---

[108] Vgl. oben II. 4.2.

[109] Vgl. hierzu *Klein:* Zur rechtlichen Verbindlichkeit von Bundestagsbeschlüssen, S. 183 ff.

Hingegen werden an die Richtlinienentscheidung des Bundeskanzlers wie auch die übrige gesetzesfreie Entscheidung der Regierung keine formalen Anforderungen gestellt. Hier zeigt sich ein strukturbedingter Unterschied, der darin besteht, daß das Parlament als vielköpfiges Beschlußorgan seinen Entscheidungswillen nur durch Beschlüsse artikulieren kann, während innerhalb der Regierung „einsame" Entscheidungen ebenso möglich sind wie „Entscheidungen", deren Urheber nicht dingfest zu machen ist, die sich vielmehr im Laufe der Diskussion formen und die schließlich als „richtig" erkannt und anerkannt werden. Die Tatsache also, daß im Rahmen der politischen Planung vorläufige oder auch endgültige politische Entscheidungen getroffen werden, läßt sich daher mit den verfassungsrechtlich gegebenen Entscheidungsmöglichkeiten der Regierung vereinbaren, nicht jedoch mit denen des Parlaments.

6.3 Gesellschaftsgestaltung

Politische Planung erleichtert eine auf Gesellschaftsgestaltung bedachte Politik. Man wird kurz feststellen dürfen, daß dieser Aspekt der politischen Planung in den Funktionen sowohl des Parlaments als auch der Regierung seine Entsprechung findet.

6.4 Konzeptionelle Koordinierung

Politische Planung verhilft zu einer besseren horizontalen wie vertikalen Koordinierung staatlicher Aufgaben und ermöglicht eine Integrierung der Sachaufgaben untereinander sowie deren Abstimmung mit den Ressourcen. Die Zusammenfassung geplanter Aufgaben in einem Zweck-Mittel-Schema erlaubt und fordert eine Bestimmung der Prioritäten.

Ehmke[110] hat vor einiger Zeit die Meinung vertreten, auch der Bundestag übe Koordinierungsfunktionen aus, und der Anschein könnte ihm recht geben. Als ein Beispiel aus jüngster Zeit mag der bereits in anderem Zusammenhang erwähnte „Entwurf eines Sozialgesetzbuchs (SGB) — Allgemeiner Teil —" dienen. Ziel dieses Gesetzes ist es, das geltende, überaus differenzierte Sozialrecht gleichsam überwölbend zusammenzufassen und durch eine Vereinheitlichung der Begriffe und Kriterien zu erreichen, daß die Regelungen der verschiedenen Bereiche möglichst nahtlos ineinandergreifen[111]. Hier wird in der Tat eine gesetzliche Koordinierung der zur Zeit noch reichlich uneinheitlichen Sozial-

---

[110] Staat und Gesellschaft als verfassungstheoretisches Problem, S. 49.

[111] Vgl. die amtliche Begründung zum SGB, Bundestags-Drucksache 7/868 vom 27. 6. 1973, S. 19 ff.

rechtsordnung angestrebt, und wenn der Bundestag dieses Gesetz beschließt, dann „koordiniert“ er im Rechtssinne das Gebiet des Sozialrechts.

An diesem Beispiel wird freilich auch deutlich, daß die eigentliche, inhaltliche Koordinierungsarbeit gar nicht vom Parlament geleistet worden ist — selbst dann, wenn es noch eine Reihe von Änderungen anbringen sollte. Die Initiative zur Schaffung eines modernen Ansprüchen genügenden Sozialgesetzbuchs ging von der Regierung aus, die auch das gesamte Koordinierungsverfahren in der Hand hatte — von der Ankündigung im Rahmen einer Regierungserklärung über die Konkretisierung dieses Vorhabens durch Kabinettbeschluß, die Einsetzung einer Sachverständigenkommission, den Entwurf einer Gesamtkonzeption bis hin zur Formulierung der Gesetzesvorlage[112]. Damit sind die Leitlinien der Diskussion gesetzt. Das Parlament kann allenfalls die von der Regierung faktisch getane Arbeit gedanklich nachvollziehen, Kritik üben und eigene Anregungen bringen, das Grundkonzept wird es schwerlich ändern können. Durch seinen Gesetzesbeschluß nimmt das Parlament daher die Koordinierungsarbeit der Regierung in seinen Willen auf, aber es koordiniert nicht selber.

Auch für den Fall, daß man im erwähnten Beispiel dem Parlament eine wenigstens mitwirkende Rolle zubilligen will, wird man dennoch nicht verkennen dürfen, daß eine gesetzlich normierte Koordinierung höchst selten vorkommt. Diese Feststellung hat ihre Berechtigung vor allem angesichts der Fülle staatlicher Koordinierungsaufgaben im Bereich der gesetzesfreien Staatstätigkeit, die der Regierung obliegt. Hier geht es einerseits darum, das Verwaltungshandeln widerspruchsfreier und effizienter zu gestalten sowie knappe personelle, finanzielle und sächliche Mittel optimal einzusetzen, damit die steigenden Ansprüche der Bürger an den sozialen Leistungsstaat befriedigt werden können. Andererseits geht es auch darum, der gesamten Staatstätigkeit eine bestimmte, einheitliche Richtung zu geben, d. h. die exekutive Aufgabenerfüllung nach den politischen Leitlinien auszurichten. Das setzt eine längerfristige Aufgabenkonzeption voraus, ein abgestimmtes Regierungsprogramm, hinter dem ein auf Steuerung und Gestaltung gerichteter Wille steht. Von einer gelegentlichen „Koordinierung“ in Gesetzesform unterscheidet sich die planerische Koordinierungsaufgabe der Regierung also durch ihren breiten, dynamischen und konzeptionellen Ansatz unter dem Gesichtspunkt einer zusammenfassenden Leitung des Staatsganzen.

Man wird daher feststellen können, daß im Rahmen der parlamentarischen Funktionen der zur politischen Planung gehörige Koordina-

---

[112] Vgl. die amtliche Begründung (= Anm. 111), S. 19.

tionsaspekt — wenn überhaupt — nur sehr begrenzt wahrgenommen werden kann. Hingegen stimmt das auf konzeptionelle Koordinierung gerichtete Planungselement in vollem Umfang mit der koordinierenden Leitungsfunktion der Regierung überein[113]. Mehr noch: zur Ausübung dieser Funktion muß die Regierung den Koordinierungseffekt der politischen Planung bewußt ausnutzen, wenn sie ihren Verfassungsauftrag unter den heutigen Gegebenheiten noch erfüllen will[114].

6.5 Verfahrenstechnische Aspekte

Politische Planung wird — methodisch betrachtet — im Wege eines recht komplexen Verfahrens entwickelt. Dabei werden nacheinander, zugleich oder auch unter ständiger Rückkoppelung zahlreiche Verfahrensschritte notwendig, zum Beispiel

— Identifizierung planungsbedürftiger Materien, was Sachwissen und Problembewußtsein erfordert;

— Bestandsaufnahme auf der Grundlage möglichst vielfältiger, möglichst genauer und möglichst vollständiger Daten; dies setzt außer der Verfügung über die Daten — oder ihrer Verfügbarmachung — eine hohe Verarbeitungskapazität voraus;

— Problemanalyse und Prognose; hierfür muß das nötige Expertenwissen organisiert werden;

— Bezeichnung der politisch wünschbaren und unerwünschten Ziele, Erarbeitung alternativer Lösungen, Entscheidung für ein bestimmtes Konzept sowie dessen Ausarbeitung; in dieser Planungsphase wird eine besonders enge Zusammenarbeit von Planungsexperten und Politikern erforderlich;

— Durchführung geplanter Maßnahmen, Erfolgskontrolle, Korrektur der Planung; diese Durchführungsphase, die freilich auch immer ein Stück Planungsentscheidung zum Inhalt hat[115], verlangt eine vollziehende, kontrollierende, auswertende und neuerlich planende Tätigkeit.

Schon dieser kurze Aufriß läßt erkennen, daß die politische Planung von der arbeitstechnischen Seite her einige Voraussetzungen erfordert, nämlich: umfassende Verfügung über planungsrelevante Daten[116], so-

[113] Daß „Planung und verfassungsrechtliche Koordination überhaupt" Aufgaben der Regierung sind, stellt auch *Scheuner:* Stichwort „Regierung", S. 782, heraus.

[114] In diesem Sinne auch *Friauf:* Ziel- und Mittelplanung, S. 653; *Rietdorf:* Planung als Aufgabe von Parlament und Regierung, S. 3.

[115] Darauf weist *Harnischfeger:* Planung in der sozialstaatlichen Demokratie, S. 110, mit einleuchtenden Argumenten hin.

[116] Die Relevanz steht nicht immer von vornherein fest, sondern wird oft erst im Planungsverfahren erkannt. Daher muß gewährleistet sein, daß erforderliche Daten möglichst schnell erhoben werden können.

wohl spezialisiertes Fachwissen und Problembewußtsein als auch generelle Übersicht, einen personell wie sachlich gut ausgestatteten Apparat und nicht zuletzt die praktische Möglichkeit, das Planungsverfahren zu organisieren.

Alle diese Voraussetzungen kann die Regierung im Rahmen ihrer Organisationszuständigkeit erfüllen. Als dokumentierte und informierte Gewalt[117] hat sie einen unmittelbaren Zugriff auf alle relevanten Informationen und Daten; in ihrem Verwaltungsapparat finden sich Spezialwissen und Gesamtschau, Problembewußtsein und Erfahrung; dieser Apparat verfügt auch über die personelle, sachliche und organisatorische Kapazität zur Durchführung des Planungsverfahrens; aufgrund ihrer Doppelfunktion als Gubernative und Exekutive kann die Regierung ein enges Zusammenwirken von Expertentum und politischer Entscheidung ebenso sicherstellen wie eine Rückkoppelung zwischen politischer Planung und ihrer Umsetzung in die Wirklichkeit.

Analysiert man diese Sachlage, so wird man feststellen können: Es ist das gleiche Instrumentarium, das die Regierung zur Ausübung ihrer staatsrechtlichen Funktionen benötigt — und das sie aufgrund ihrer Organisationszuständigkeit auch geschaffen hat —, welches die Voraussetzungen für eine effektive politische Planung bietet. Ein auch nur annähernd vergleichbares Instrumentarium steht dem Parlament nicht zur Verfügung — und das nicht zufällig sondern aus sachlichen Gründen, weil es zur Wahrnehmung seiner Funktionen jedenfalls bisher einer spiegelbildlichen Gegenbürokratie nicht bedurfte. Die Planungsarbeit als solche ist daher „sowohl in der Arbeitstechnik, der Datensammlung und Verarbeitung wie in der nicht normativ einzufangenden Vorberechnung eher ... eine Aufgabe der Exekutive“[118].

6.6 Prozeßcharakter

Schließlich muß noch hervorgehoben werden, daß politische Planung kein einmaliger, allenfalls fortzuschreibender Akt ist. Politische Planung ist vielmehr ein lebendiger Vorgang, ein ständiger Prozeß der Problemlösung, der sich durch eine hohe Flexibilität auszeichnet und zu keiner Zeit als abgeschlossen gelten kann sondern immer Durchgangsstadium bleibt. Politische Planung darf nicht gleichgesetzt werden mit einem Plan, sie ist kein fertiges Ergebnis sondern dessen Vorstufe.

Lassen sich von der *Intention* her noch gewisse Parallelen zwischen Gesetzgebung und politischer Planung beobachten — auch Gesetz-

[117] *Leisner:* Die quantitative Gewaltenteilung, S. 408.

[118] *Scheuner:* Verantwortung und Kontrolle, S. 399; ebenso *Herzog:* Gesetzgeber und Verwaltung, S. 202; *Scharpf:* Die planende Verwaltung in der Demokratie, S. 22.

gebung kann gestalterisch und zukunftsorientiert sein —, so gilt dies nur sehr bedingt für das jeweilige *Verfahren*[119]. Gewiß, auch das Gesetzgebungsverfahren kennt ein vorbereitendes Stadium, in dem Alternativen erörtert werden, aber alle Diskussion richtet sich auf den normativen Akt des Gesetzesbeschlusses und sein Resultat, das Gesetz. Im Gegensatz dazu strebt die politische Planung keinen normativen Akt an, und bei weitem nicht alle Planungsergebnisse finden ihren Niederschlag in einem Gesetz.

Vor allem der Prozeßcharakter der politischen Planung aber macht die Unterschiede zwischen dem Planungsvorgang und dem Gesetzgebungsverfahren besonders deutlich. Während im Gesetzgebungsverfahren das Ziel feststeht und es nur noch um das Wie der Regelung geht, stehen im Planungsverfahren auch das Ob, Wann oder gar das Was ständig zur Debatte. Anders ausgedrückt: im Rahmen der politischen Planung werden nicht etwa feste Ziele auf ihre optimale Realisierung hin untersucht, vielmehr unterliegen auch die Ziele der planerischen Reflexion[120] — häufig werden sie erst aufgrund der Planung erschlossen[121] —, und die permanente Rückkoppelung zwischen Planung und Planungsverwirklichung bleibt ebenfalls nicht ohne Einfluß auf die konkreten Zielsetzungen.

Politische Planung ist also nicht nur ein Entscheidungs- sondern auch ein Erkenntnisprozeß, in dessen Verlauf kein vorgefaßtes Konzept abschließend formuliert und fixiert, sondern überhaupt erst ein Konzept entwickelt und den sich ändernden Umständen jeweils flexibel angepaßt wird. Dieses Verfahren der politischen Planung unterscheidet sich sowohl in seinem Ansatz als auch in seiner Ausgestaltung grundlegend vom Gesetzgebungsverfahren. Hingegen bietet sich in der politischen Planung genau jenes Verfahren an, welches die Regierung benötigt, um ihre Initiativ- und Leitungsfunktion wahrzunehmen, d. h. Probleme zu erkennen, Lösungen zu suchen und umfassende, längerfristige Konzeptionen sowie die Strategien ihrer Verwirklichung zu entwickeln.

7. Politische Planung als Aufgabe der Regierung

Bewertet man diesen Vergleich zwischen der politischen Planung auf der einen und den Funktionen von Parlament und Regierung auf der anderen Seite, dann muß man feststellen, daß die Merkmale der politischen Planung wie auch ihre spezifischen Bedingungen mit den Regierungsfunktionen voll übereinstimmen, diese teilweise sogar voraus-

---

[119] Vgl. *Rietdorf:* Planung als Aufgabe von Parlament und Regierung, S. 2.
[120] *Lutz:* Organisationsprobleme, S. 13.
[121] Vgl. *Ellwein:* Politik und Planung, S. 33.

setzen. Hingegen lassen sich zwar einige Gemeinsamkeiten zwischen der politischen Planung und den parlamentarischen Funktionen erkennen, insgesamt jedoch handelt es sich um wesensmäßig differente Erscheinungen. Daher kann man *Scheuner* beipflichten, wenn er sagt, die politische Planung sei „eine staatsleitende Aufgabe, ... die in erster Linie in den Aufgabenbereich der Exekutive, der Regierung fällt"[122].

Wohlgemerkt, diese Zuordnung erfolgt nicht unter dem Gesichtspunkt der „Sachlogik", „kraft Sachzusammenhangs" oder „nach der Natur der Sache"[123] sondern *staatsrechtlich* aufgrund der verfassungsmäßigen Funktionen der Regierung. Nachdem staatsrechtlich abgesichert feststeht, daß die Regierung jedenfalls in erster Linie für die Wahrnehmung der politischen Planung zuständig ist[124], darf freilich auch geprüft werden, ob diese These vor der Realität bestehen kann.

---

[122] *Scheuner:* Kooperation und Konflikt, S. 589; ebenso *derselbe:* Bekenntnis des Grundgesetzes, S. 35; *derselbe:* Das Grundgesetz in der Entwicklung zweier Jahrzehnte, S. 378; *derselbe:* Entwicklungslinien, S. 397; *derselbe:* Politische Koordination, S. 914, 920 f.; *derselbe:* Diskussionsbeitrag, S. 125; zum gleichen Ergebnis gelangen ferner z. B. auch *Böckenförde:* Planung zwischen Regierung und Parlament, S. 444 f.; *derselbe:* Die Organisationsgewalt im Bereich der Regierung, S. 290; *Ellwein:* Regierung als politische Führung, S. 206; *Eschenburg:* Staat und Gesellschaft in Deutschland, S. 665 f.; *Friauf:* Ziel- und Mittelplanung, S. 648 m. w. Nachw.; *Grimm:* Aufteilung gesetzgeberischer Funktionen, S. 464; *Harnischfeger:* Planung in der sozialstaatlichen Demokratie, S. 114; *Herzog:* Gesetzgeber und Verwaltung, S. 202 f.; *Hug:* Die Regierungsfunktion als Problem der Entscheidungsgewalt, S. 252 f.; *Jahn:* Planende Demokratie, S. 26 f.; *Jochimsen:* Aufgabenplanungssystem, S. 957; *Kassimatis:* Der Bereich der Regierung, S. 38 f.; *Kewenig:* Parlamentarische Mitregierung, S. 8; *derselbe:* Planung im Spannungsverhältnis, S. 28; *Leisner:* Regierung als Macht kombinierten Ermessens, S. 728; *Redeker:* Staatliche Planung im Rechtsstaat, S. 538; *Ronge:* Stichwort „Planung", S. 387; *Steffani:* Gewaltenteilung im demokratisch-pluralistischen Rechtsstaat, S. 331; *Wahl:* Notwendigkeit und Grenzen langfristiger Aufgabenplanung, S. 482; wohl auch *SPD-Fraktion RhPf.:* Planungskontrollgesetz § 3.

[123] Dies lehnen *Leibfried/Quilisch:* Planung im Sozialstaat, S. 560, mit Recht ab, weil eine Zuordnung nach solchen Kriterien eine „unkontrollierte Verfassungsmanipulation" ermögliche. Bedenklich daher die Auffassung von *Fricke:* Zur Mitwirkung der Parlamente bei der Regierungsplanung, S. 408: „Gewaltträger ist schließlich der, der die personellen und sächlichen Mittel für die Planung beherrscht."

[124] Zu dem gleichen Ergebnis gelangt auch die bei Abfassung dieser Untersuchung dem Verfasser noch unbekannte Arbeit von *Blank:* Aufgabenplanung im Spannungsfeld, S. 68 ff. *Blank* führt den Beweis seiner — im Ergebnis zutreffenden — These, indem er die Regierungstätigkeit als „Leitung und Koordinierung des Staatsganzen und die Hervorbringung politischer Initiativen im Wege schöpferischen Entscheidens" qualifiziert. (S. 68). Sodann stellt er fest, daß für die Regierung heutzutage „komplizierte und ständig anpassungsbedürftige Ordnungs-, Lenkungs- und Gestaltungsaufgaben entstehen, die mit dem herkömmlichen Instrumentarium von Regierung und Verwaltung nicht mehr bewältigt werden können". (S. 68/69). Daraus zieht er die Schlußfolgerung: „Der Instrumentalcharakter der Planung und die dargelegten strukturbestimmenden Wesensmerkmale der Regierung ordnen so die Planung dem Bereich der Regierung zu." (S. 69). Und: „Die verfassungsrechtliche Kompetenz zur staatlichen Aufgabenplanung muß so allein der

Hier zeigt nun der rein tatsächliche Befund, daß eine auf Kontinuität angelegte, gut fundierte politische Planung, die von einem breiten Ansatz und einem längerfristigen Zeithorizont ausgeht und dabei die Gegenwart wie auch die Detailprobleme nicht aus dem Auge verliert, nur im Rahmen der Exekutive bewältigt werden kann. Planungsaufgabe und Planungstätigkeit lassen sich von der Regierung und ihrem Apparat nicht abtrennen[125].

Im Ergebnis läßt sich also feststellen, daß die politische Planung eine Aufgabe ist, deren Wahrnehmung von den Regierungsfunktionen gedeckt, ermöglicht oder sogar gefordert wird. Wenn die Regierung politische Planung betreibt, dann hält sie sich im Rahmen ihrer Verfassungsfunktionen: sie maßt sich weder eine neue Funktion an noch usurpiert sie Funktionen anderer Staatsorgane.

8. Konkurrierende Planung des Parlaments?

Die verfassungsrechtlich abgesicherte Qualifizierung der politischen Planung als Aufgabe der Regierung begründet allerdings *keine ausschließliche* sondern nur eine *eigenständige* Planungszuständigkeit. Eine andere, davon unabhängige Frage ist, ob auch das Parlament planen darf. Man wird diese Frage positiv beantworten können. Immerhin hat sich gezeigt, daß einige Aspekte der politischen Planung (Entscheidungsvorbereitung und Gesellschaftsgestaltung) auch Affinitäten zu parlamentarischen Funktionen aufweisen[126]. Soweit also das Parlament — von der praktischen Seite einmal abgesehen — im Rahmen seiner verfassungsmäßigen Funktionen ebenfalls politische Planung betreiben will, bestehen dagegen keine grundsätzlichen Bedenken. Man wird ihm vielmehr, ähnlich dem konkurrierenden Gesetzesinitiativrecht, eine

---

Regierung zustehen." (S. 71). Die vorliegende Untersuchung ist demgegenüber einen anderen Weg gegangen. Sie hat einen bloßen Instrumentalcharakter der politischen Planung verneint und diese vielmehr als staatsleitende Aufgabe qualifiziert. Da an der Staatsleitung sowohl die Regierung als auch das Parlament teilhaben, mußten zum Zwecke der Zuordnung die verfassungsmäßigen Funktionen der beiden Staatsorgane inhaltlich mit den wesentlichen Merkmalen und Bedingungen der politischen Planung verglichen werden. Damit wurden konkrete Zuordnungskriterien gewonnen. Dieser im einzelnen durchgeführte Vergleich ergab den oben genannten Befund. Auch unter Berücksichtigung der von *Blank* gewählten Beweisführung hält der Verfasser an seiner hier entwickelten Auffassung fest.

[125] *Böckenförde:* Planung zwischen Regierung und Parlament, S. 447 f.; *Wahl:* Notwendigkeit und Grenzen langfristiger Aufgabenplanung, S. 482; ebenso *Ellwein:* Gesetzgebung und politische Kontrolle, S. 41; *Friauf:* Ziel- und Mittelplanung, S. 649; *Redeker:* Staatliche Planung im Rechtsstaat, S. 538; *Scheuner:* Das Grundgesetz in der Entwicklung zweier Jahrzehnte, S. 378; *Enquete-Kommission:* Staatliche Aufgabenplanung, S. 19.

[126] Vgl. oben III. 6.1 und III. 6.3.

konkurrierende Planungsinitiative[127] ebenso zubilligen müssen wie eine konkurrierende Planungsbefugnis.

In der Tat ist auch schon die Forderung erhoben worden, „einer planenden Bundesregierung" müsse „ein planender Bundestag gegenüberstehen"[128]. Dieser an sich naheliegende Gedanke stößt jedoch auf praktische wie prinzipielle Schwierigkeiten. Bereits oben[129] wurde auf den tatsächlichen Befund hingewiesen, daß man die Planungsaufgabe nicht vom Regierungsapparat trennen kann, „daß längerfristige staatliche Planungen größeren Umfangs fachlich wohl nur im Schoße ... der Ministerialverwaltung konzipiert, über längere Zeit zusammengefügt, nach politischer Entscheidung durchgeführt, kontrolliert und fortgeschrieben werden können"[130]. Dem Parlament dagegen fehlen diese sachlichen Voraussetzungen für eine eigenständige politische Planung[131], es wäre darüber hinaus auch „nach Struktur und Arbeitsweise mit dieser Aufgabe weithin überfordert"[132].

Diese These von der strukturell bedingten Unfähigkeit des Parlaments, politische Planung selbst zu betreiben, zieht *Kewenig* in Zweifel und fordert statt dessen, „das parlamentarische Regierungssystem soweit nur irgendwie möglich den Bedürfnissen unserer Zeit anzupassen"[133]. Eine gewisse Anpassung wird im Rahmen der geltenden Verfassungsordnung durchaus möglich sein, aber sie stößt auch auf Grenzen. Sollte sich nämlich herausstellen, daß das Parlament letztlich doch zu einer eigenständigen Wahrnehmung seiner konkurrierenden Planungskompetenz außerstande ist, dann kann es diese Unfähigkeit nicht etwa dadurch überspielen, daß es sich die Herrschaft über den Planungsapparat der Regierung zu verschaffen sucht. Denn „die Regierung ist weder ein parlamentarischer Hilfsdienst noch ein ,Vollzugsausschuß des Parlament'"[134].

Einfache Gesetze, die eine Planungspflicht der Regierung im Auftrag und nach Weisung des Parlaments vorsehen[135], sind daher mit der gel-

[127] So *Rietdorf:* Planung als Aufgabe von Parlament und Regierung, S. 6.

[128] *Scholz:* Für die Zukunft planen!

[129] III. 7.

[130] *Friauf:* Ziel- und Mittelplanung, S. 649.

[131] Vgl. *Redeker:* Staatliche Planung im Rechtsstaat, S. 538.

[132] *Friauf:* Ziel- und Mittelplanung, S. 649; ebenso *Eichenberger:* Die Problematik der parlamentarischen Kontrolle, S. 290.

[133] *Kewenig:* Planung im Spannungsverhältnis, S. 31.

[134] *Ossenbühl:* Gutachten, S. B 84 unter Bezugnahme auf *Friesenhahn:* Parlament und Regierung, S. 137; ebenso z. B. auch *Scheuner:* Verantwortung und Kontrolle, S. 391 f.; *Linck:* Zulässigkeit und Grenzen der Einflußnahme des Bundestages auf Regierungsentscheidungen, S. 42.

[135] Vgl. z. B. *CDU-Fraktion/NRW:* Planungskontrollgesetz, § 4: „Der Landtag kann durch Beschluß die allgemeinen Ziele und Leitlinien für den jeweiligen Planbereich angeben." Ähnlich *SPD-Fraktion/RhPf.:* Planungskontrollgesetz, § 4 Abs. 1; *CDU-Fraktion/Berlin:* Planungskontrollgesetz, § 4.

tenden Verfassungsordnung unvereinbar: „Eine gegenüber dem Parlament begründete Planungspflicht der Regierung besteht entweder kraft Verfassungsrechts oder überhaupt nicht“[136]. Wenn also das Parlament planerisch in Konkurrenz zur Regierung treten will, dann muß es dies schon aus eigener Kraft tun. Die Voraussetzungen hierfür sind freilich nicht günstig.

Wollte nämlich das Parlament die politische Planung selbst in die Hand nehmen, dann müßte es den Planungsapparat der Regierung duplizieren, mithin eine Gegenbürokratie aufbauen. Abgesehen davon, ob auf diese Weise der Vorsprung der Verwaltung an Information, Erfahrung und Sachnähe überhaupt aufzuholen wäre, würde sich das Problem der Abhängigkeit von demokratisch nicht legitimiertem Expertentum nur erneut und schärfer stellen[137]. Statt auf die Ministerialbürokratie angewiesen zu sein, geriete das Parlament in ein Abhängigkeitsverhältnis zu seiner eigenen Bürokratie, aber es mangelte an eingespielten Kontrollmechanismen, wie sie gegenüber der Exekutive bestehen[138].

Die These, daß dem Parlament strukturell — nach Aufgabe, Arbeitsweise und Kapazität — wie sachlich die Voraussetzungen fehlen, um selbst „Herr der Planung“[139] zu sein, erweist sich daher als zutreffend[140]. Angesichts dieser Sachlage wird daher auch nirgends ernsthaft eine konkurrierende Parallel- oder Gegenplanung des Parlaments erwogen, denn diese an sich gegebene Befugnis läuft leer.

---

[136] *Ossenbühl:* Gutachten, S. B 85, der dies näher begründet.

[137] *Böckenförde:* Planung zwischen Regierung und Parlament, S. 448, der bildhaft auf die „Dialektik von Herr und Knecht“ verweist.

[138] *Böckenförde* (= Anm. 137).

[139] *Böckenförde* (= Anm. 137).

[140] Vgl. außer den Genannten auch noch *Enquete-Kommission:* Zwischenbericht, S. 47, die sich hier den Gedanken *Böckenfördes* in vollem Umfang anschließt. Auch *Ossenbühl:* Gutachten, S. B 56, spricht von der „offenkundigen Unfähigkeit des Parlaments, selbständig Entwicklungspläne aufzustellen...“

IV. Die Auswirkungen der Regierungsplanung auf parlamentarische Funktionen

Mit der funktionalen Zuordnung der politischen Planung auf das Staatsorgan Regierung ist die verfassungsrechtliche Problematik freilich nicht erschöpft. Ein weitergehendes Problem ergibt sich nämlich aus der Feststellung, daß die politische Planung als staatsleitende Aufgabe anzusehen ist[1], denn an der Staatsleitung nehmen in *gegenseitiger Abhängigkeit* sowohl die Regierung als auch das Parlament teil[2]. Daher wird untersucht werden müssen, ob staatsleitende Funktionen des Parlaments durch die Ausübung der Regierungsplanung in verfassungsrechtlich relevanter Weise betroffen sind.

1. Politische Planung als regierungsinterner Vorgang?

Nun hat *Seeger*[3] auf die an sich durchaus zutreffende Tatsache aufmerksam gemacht, daß grundsätzlich der Planende selbst darüber bestimmen könne, ob seine Konzeption eine unverbindliche Vorüberlegung und intern bleiben oder ob und in welchem Maße sie Außenwirkungen haben solle. Auch *Rietdorf*[4] greift diesen Gedanken auf und konstatiert: „Solange sich die Planung auf den regierungsinternen Bereich beschränkt, bleibt sie außerhalb des verfassungsrechtlichen Spannungsfeldes Parlament-Regierung.“ Er fügt freilich sogleich hinzu, daß „alle Planung auf die Verwirklichung ihrer Programme angelegt“ sei und bei der Realisierung zwangsläufig in den parlamentarischen Bereich der Gesetzgebungs- und Finanzgewalt hineinstoße. Dieser zusätzlichen Bemerkung kommt eine zentrale Bedeutung für die Frage zu, ob parlamentarische Funktionen von der Regierungsplanung betroffen werden.

Es ist richtig, daß die politische Planung, soweit sie sich nur auf eine interne Koordinierung und Effizienzsteigerung des Exekutivapparates beschränkt, die Interessen des Parlaments höchstens insofern berühren könnte, als das Parlament im Rahmen seiner Kontrollfunktionen auf eine möglichst wirksame Tätigkeit der Exekutive zu achten hat. *Wie* die

[1] Vgl. oben II. 4.3.

[2] Vgl. oben III. 2.

[3] Gutachten, S. 6; ebenso *Friauf:* Ziel- und Mittelplanung, S. 661.

[4] Planung als Aufgabe von Parlament und Regierung, S. 3.

Regierung das Handeln der Verwaltung im einzelnen organisiert, entscheidet sie selbständig aufgrund ihrer Organisationsgewalt[5]. Wesentlich ist nur, *daß* die Regierung für eine wirksame Verwaltungstätigkeit sorgt. Da die politische Planung jedenfalls auch der Effizienzsteigerung dient[6], kann es dem Parlament unter diesem Gesichtspunkt nur recht sein, wenn die Regierung sich dieses modernen Instrumentes bedient.

Allerdings muß man sehen, daß Organisation, Koordinierung und Effizienzsteigerung als solche nur Teilaspekte — man könnte fast sagen: gewollte Nebeneffekte — der politischen Planung sind. Denn die politische Planung hat darüber hinaus einen aktiven, konzeptionellen, auf bewußte Gesellschaftsgestaltung gerichteten Charakter[7]; dabei bereitet sie nicht nur entsprechende Entscheidungen vor sondern ist bereits Entscheidungsstation[8]. Die im Rahmen der politischen Planung getroffenen Entscheidungen sind auch ausgesprochen politischer Natur, weil sie den künftigen Kurs von Staat, Gesellschaft und Wirtschaft betreffen. Politische Planung ist daher weitaus mehr als ein bloßes Mittel zur Effizienzsteigerung staatlicher Tätigkeit, sie ist mit Recht als staatsleitende Aufgabe erkannt worden[9].

Dieser gesamte Entscheidungsvorgang von staatsleitender Relevanz spielt sich allein im Regierungsbereich ab und bleibt daher intern. Im Prinzip wird man es verfassungsrechtlich zunächst auch nicht beanstanden können, daß die Regierung ihre staatsleitenden Initiativen und Entscheidungen in aller Selbständigkeit erarbeitet. Zwar wirken Regierung und Parlament — wie schon dargelegt[10] — gemeinsam an der Staatsleitung mit, aber nicht im Wege eines ununterscheidbaren, einheitlichen Handelns, sondern jeder in spezifischer Weise entsprechend seinen jeweiligen Funktionen. Auf den ersten Blick erscheint es daher auch unbedenklich, daß die Regierung ihren Beitrag zur Staatsleitung mittels der politischen Planung erarbeitet oder auch durch politische Planung unmittelbar staatsleitend tätig wird, denn sie hält sich dabei ja im Rahmen ihrer Funktionen[11].

Bedenken gegen die Endgültigkeit dieser Feststellung ergeben sich allerdings, wenn man die Bedingungen näher betrachtet, unter denen Staatsleitung zustande kommt. Hier zeigt sich nämlich, daß die staatsleitenden Tätigkeiten von Regierung und Parlament nicht isoliert nebeneinander stehen, sondern aufeinander bezogen sind und sich

[5] Vgl. oben III. 5.27.

[6] Vgl. oben I. 6.1.

[7] Vgl. oben I. 6.2.

[8] Vgl. oben II. 4.2 und die dort genannten Quellen.

[9] Vgl. oben II. 4.3.

[10] Vgl. oben III. 2.

[11] Vgl. oben III. 7.

gegenseitig bedingen[12]. Ganz allgemein führt diese wechselseitige Bedingtheit dazu, daß jeder Beitrag des einen Organs zur Staatsleitung notwendige Rückwirkungen auf die Beiträge des anderen hat. Sollte sich herausstellen, daß die neue, der Regierung obliegende staatsleitende Aufgabe „politische Planung" oder die Wahrnehmung der bisherigen staatsleitenden Regierungstätigkeiten unter Einsatz der politischen Planung zu einer Beeinträchtigung der vom Parlament ausgeübten Staatsleitung führt, dann müßten daraus verfassungsrechtliche Konsequenzen gezogen werden.

2. Beeinträchtigung parlamentarischer Funktionen

2.1 Gesetzgebung

Seinen staatsleitenden Beitrag leistet das Parlament vor allem im Wege der Gesetzgebung[13]; Spezialfälle dieser staatsleitenden Tätigkeit werden in den Artikeln 59 Abs. 2 GG (völkerrechtliche Verträge), 79 GG (Verfassungsgesetzgebung), 110 Abs. 2 GG (Haushaltsplan) angesprochen, während Art. 77 Abs. 1 GG die Grundnorm darstellt. Bei der einfachen Gesetzgebung hängt es freilich von der jeweiligen Materie und Bedeutung der konkreten Regelung ab, ob eine staatsleitende Aufgabe vorliegt oder nicht.

Bereits an anderer Stelle[14] ist darauf aufmerksam gemacht worden, daß auf bestimmten Sachgebieten die vom Parlament beschlossenen Gesetze inhaltlich voll mit der Regierungsvorlage übereinstimmen, weil nur im Regierungsapparat das erforderliche Fachwissen für eine angemessene Regelung vorhanden ist. Damit triumphiert, wie *Bracher*[15] es ausdrückt, „letztlich der Wille der Experten über die parlamentarische Kunst ...". Diese Feststellung trifft nicht minder auf jene Bereiche zu, deren Rechtslage wegen der Flut gesetzlicher Bestimmungen nur noch von Spezialisten überschaut werden kann[16].

Hinzu kommt, daß auch auf anderen, durchaus überschaubaren Sachbereichen das Parlament präjudiziert wird, weil sich die Regierung hinsichtlich der Sachfragen — über das Parlament hinweg — schon direkt mit den Interessenvertretern geeinigt hat[17], so daß bereits vorab die

---

[12] Vgl. dazu die Ausführungen oben III. 2.

[13] Vgl. z. B. *Ellwein:* Gesetzgebung und politische Kontrolle, S. 268; *Harnischfeger:* Planung in der sozialstaatlichen Demokratie, S. 90; *Partsch:* Parlament und Regierung, S. 102.

[14] Oben III. 5.22.

[15] Gegenwart und Zukunft der Parlamentsdemokratie in Europa, S. 79.

[16] Darauf weist *Ellwein:* Entmachtung des Parlaments, S. 198, hin; vgl. auch *Scheuner:* Verantwortung und Kontrolle, S. 398.

[17] *Scheuner:* Entwicklungslinien, S. 398.

Alternativen ausgeschieden, die Kompromisse geschlossen und die Entscheidungen gefallen sind[18].

Dieses Geflecht von Vorentscheidungen kann das Parlament kaum mehr entwirren. Es muß der Regierungsvorlage entweder zustimmen oder, bei substantieller Änderung oder gar Ablehnung, sich dem Vorwurf aussetzen, den Regelungszweck zu gefährden. Es zeigt sich also, daß das Parlament — der formelle Herr der Gesetzgebung — diese materiell nicht mehr beherrscht[19], sondern weithin der bloßen Legalitätsvermittlung von Regierungsentscheidungen dient[20].

Läßt sich schon jetzt die verfassungsrechtlich nicht unbedenkliche Manipulierung einer zentralen parlamentarischen Funktion feststellen, so führt die Konfrontation des Parlaments mit einem ausgebildeten Planungssystem der Regierung zu einer drastischen Verstärkung dieser Tendenz[21]. Über alle bisherigen Präjudizierungen hinaus, hinter denen meist weniger Methode als vielmehr der berühmte „Sachzwang" steckt, werden dem Parlament nunmehr auch noch Gesetzesbeschlüsse zugemutet, deren Zielrichtung und weitergehender Zweck sich nur in einem größeren, jedoch nicht offenbarten Zusammenhang erkennen läßt[22]. Dieser Zusammenhang ist im Rahmen der politischen Planung erarbeitet, formuliert und politisch entschieden worden und er bleibt — sofern das Planungskonzept als regierungsintern deklariert wird — dem Parlament auch verborgen. Die einzelnen, der Planungsverwirklichung dienenden Maßnahmen erlauben keinen Rückschluß auf den dahinter stehenden konzeptionellen Rahmen. Einerseits brauchen nicht alle Maßnahmen eine gesetzliche Grundlage, sondern werden unerkannt rein tatsächlich realisiert, und andererseits können sich die Maßnahmen auf scheinbar zusammenhanglose Sachfragen beziehen oder werden — entsprechend dem längerfristigen Konzept — ohne zeitlich erkennbaren Zusammenhang verwirklicht.

Wenn nun das Parlament derartige, der Planungsrealisierung dienende Gesetze beschließt, so kan es — mangels Kenntnis des Gesamtkonzepts — nicht den ganzen, umfassenderen Gesetzeszweck in seinen Willen aufnehmen, weil es die Konsequenzen nicht voll überschaut. Das Ergebnis ist ein „Gesetz als Wille ohne Vorstellung — ist blinder

[18] Vgl. *Ellwein:* Entmachtung des Parlaments, S. 198; *Grimm:* Aufteilung gesetzgeberischer Funktionen, S. 455.

[19] *Grimm:* Aufteilung gesetzgeberischer Funktionen, S. 456.

[20] *Harnischfeger:* Planung in der sozialstaatlichen Demokratie, S. 74, 91; in diesem Sinne z. B. auch *Ellwein:* Gesetzgebung und politische Kontrolle, S. 20; *Friauf:* Ziel- und Mittelplanung, S. 666; *Scheuner:* Entwicklungslinien, S. 398.

[21] *Friauf:* Ziel- und Mittelplanung, S. 657.

[22] Auf dieses Problem weist *Jahn:* Planende Demokratie, S. 29, mit großem Nachdruck hin.

Wille", ist ein von *Quaritsch*[23] so bezeichnetes „parlamentsloses Parlamentsgesetz". Ein solches Vorgehen führt, zumal wenn es systematisch betrieben wird, zu einer faktischen Derogation der parlamentarischen Gesetzgebungsfunktion, denn „die Kenntnis des Gesetzesinhalts ist conditio sine qua non des Gesetzgebungsverfahrens"[24]. Angesichts dieser Sachlage muß man mit *Böckenförde*[25] zu der Schlußfolgerung gelangen, „daß es sich bei der Planung . . . um eine Vorverfügung über Entscheidungen des Gesetzgebers handelt."

2.2 Haushaltsrecht

Was vorstehend über die allgemeine Gesetzgebung gesagt worden ist, gilt sinngemäß auch für die Haushaltsgesetzgebung. Zwar beschließt das Parlament formell über den Haushaltsplan (Art. 110 Abs. 2 GG), aber seinen Inhalt wie seine Struktur hat die Regierung präformiert und damit die Richtung der Diskussion bestimmt[26]. Langfristig geplante haushaltsabhängige Regierungsvorhaben läßt der Haushaltsplan wegen seiner kurzen Zeitperspektive nicht erkennbar werden, zumal die Budgetplanung bisher ohnehin mit der Aufgabenplanung nicht systematisch verzahnt ist. Dies trifft auch für die mehrjährige Finanzplanung zu, obwohl sich aus dem Finanzplan künftige Bindungen, die aus Haushaltsansätzen und Gesetzesentwürfen resultieren, leichter ablesen lassen.

Selbst wenn in absehbarer Zeit eine Integrierung von Aufgaben- und Ausgabenplanung gelingt[27], wird das Parlament immer noch einem komplexen Planungssystem der Regierung gegenüberstehen, dessen Voraussetzungen ihm unbekannt sind und dessen Intentionen es nur insoweit erkennen kann, als sie sich auf der Ausgabenseite niederschlagen[28]. Die Gesamtkonzeption der politischen Planung in ihren Verzweigungen und Interdependenzen wird auch im mehrjährigen Finanzplan nicht sichtbar. Das Parlament ist also auch bei der Haushaltsgesetzgebung „an den Rand des Geschehens manövriert", weil es über ein Budget entscheiden muß, dessen übergeordnete Gesichtspunkte es nicht mehr durchschaut und dem gegenüber es nicht „ernstlich initiativ" werden kann[29].

---

[23] Das parlamentslose Parlamentsgesetz, S. 41.

[24] *Quaritsch* (= Anm. 23), S. 40.

[25] Stellungnahme, S. 13.

[26] *Scheuner:* Entwicklungslinien, S. 397/398, bemerkt hierzu, daß „die eigentliche Aufgabe der Sparsamkeit, des Ausgleichs der Mittel weithin auf den Finanzminister und den Haushaltsausschuß übergegangen" sei.

[27] Vgl. dazu oben I. 8.

[28] Vgl. hierzu auch *Liesegang:* Beteiligung der Parlamente, S. 165.

[29] *Ellwein:* Entmachtung des Parlaments, S. 196.

2.3 Kontrolle

Folgt man der Auffassung *Ellweins*[30], wonach das Parlament auch „durch Anregung, Kritik und Auseinandersetzung" an der politischen Führung des Staates teilnimmt, dann wird man diese „mittelbare Kontrollfunktion"[31] gleichfalls als eine der Staatsleitung dienende Aufgabe ansehen können[32]. Diese Aufgabe kann das Parlament freilich nur dann wirksam wahrnehmen, wenn es über nicht weniger Informationen verfügt als die Regierung[33].

Es hilft dem Parlament dabei wenig, daß es die gewünschten Informationen ja von der Regierung erfragen könnte, denn „es ist schon ein großer und nötiger Beweis der Klugheit oder Einsicht, zu wissen, was man vernünftigerweise fragen solle"[34]. Anders ausgedrückt: Eine sinnvolle Frage läßt sich oft nur dann stellen, wenn man die Antwort zur Hälfte schon weiß. Wenn aber das Parlament die Entscheidungsprämissen des politischen Planungssystems nicht kennt — weder die Kriterien, nach denen Alternativen ausgeschieden wurden, noch die Gründe für gesetzte Prioritäten und ebensowenig die langfristigen politischen Zielsetzungen —, dann kann es keine der Sache angemessenen Anregungen geben und keine fundierte Kritik üben. Setzt es sich dennoch mit irgendwelchen Mosaiksteinchen der Planungskonzeption auseinander, dann könnte die Regierung jede abweichende Auffassung mit dem Hinweis auf ihre höhere Einsicht in den Gesamtzusammenhang zurückweisen.

2.4 Die neue Qualität der Beeinträchtigung

Gewiß, die Informationsunterlegenheit des Parlaments und seine faktische Präjudizierung sind keine ausgesprochen neuen Tatsachen, aber diese verfassungsrechtlich nicht unbedenkliche Erscheinung erfährt durch die politische Planung eine entscheidende Verstärkung und Verfestigung. Die bisher eher zufällige Beeinträchtigung staatsleitender Funktionen des Parlaments wird durch eine intern gehaltene Regierungsplanung zur Methode und gewinnt dadurch eine neue Qualität[35].

---

[30] Gesetzgebung und politische Kontrolle, S. 268.

[31] *Ellwein* (= Anm. 30).

[32] Die Bedeutung der parlamentarischen Kontrolle insbesondere in ihrer „öffentlichen" Funktion ist schon oben III. 5.13 hervorgehoben worden.

[33] *Friauf:* Ziel- und Mittelplanung, S. 656 f. im Anschluß an *Simitis:* Internationales Recht und Datenverarbeitung, Frankfurter Allgemeine Zeitung vom 29. 7. 1969.

[34] *Kant:* Kritik der reinen Vernunft, zitiert nach *Pfeiffer:* Kant-Brevier, S. 45.

[35] In diesem Sinne hat sich auch *Böckenförde* bei den Beratungen der „Enquete-Kommission für Fragen der Verfassungsreform" geäußert.

3. Einwand der formellen Integrität parlamentarischer Funktionen

Vom rein formal verfassungs*rechtlichen* Standpunkt aus läßt sich freilich keine Beeinträchtigung parlamentarischer Funktionen erkennen[36]. Das Parlament kann weiterhin Gesetze beschließen, abändern oder ablehnen und es kann immer noch nach Belieben kontrollieren, kritisieren und anregen. Bei näherer Betrachtung erweist sich dies jedoch als ein sehr formales Argument, denn die — abstrakt gesehen — unbeschränkt vorhandene Entschließungsfreiheit des Parlaments wäre materiell ausgehöhlt und „im Extremfall zu einem bloßen Formalrecht entwertet"[37].

Wenn nämlich die politische Planung ein Stadium erreicht hat, in dem Vollzugsakte notwendig werden, dann besitzt sie aufgrund der inzwischen erbrachten Koordinations- und Integrationsleistung sowie des eingebrachten politischen Konsenses[38] ein Eigengewicht, das nachträgliche Änderungen überaus erschwert[39]. Man wird zwar *Böckenförde*[40] nicht vorbehaltlos zustimmen können, wenn er meint, in aller Regel stelle sich für das Parlament nur die „Alternative zwischen pauschaler Annahme der Planung oder Planungslosigkeit", aber die Regierung könnte unwiderlegbar auf den inneren Zusammenhang der Gesamtkonzeption verweisen, der nicht zerstört werden dürfe.

Selbstverständlich kann prinzipiell jede Planungskonzeption „umgeplant" werden — wenn auch mit hohem Aufwand —, und im übrigen führt nicht jede Detailänderung zum Einsturz des gesamten Planungsgebäudes. Gerade das aber kann das Parlament nicht wissen, wenn ihm die Gesamtkonzeption und ihre Voraussetzungen vorenthalten werden. Nur insofern befindet sich das Parlament in einer Zwangslage: Einerseits kann es ein der Planungsverwirklichung dienendes Gesetz nicht pauschal ablehnen, wenn es die — vielleicht doch schwerwiegenden —

---

[36] Auf diesen Gesichtspunkt weisen hin *Friauf:* Ziel- und Mittelplanung, S. 670; *Lemke:* Planungszuständigkeit zwischen Parlament und Regierung, S. 2; *Rietdorf:* Planung als Aufgabe von Parlament und Regierung, S. 3.

[37] *Lemke:* Planungszuständigkeit zwischen Parlament und Regierung, S. 2.

[38] Die im Rahmen des Planungsverfahrens getroffenen politischen Entscheidungen sind das Ergebnis einer Konsensbildung innerhalb der Regierung und daher nicht leicht abzuändern. Diese Erkenntnis, deren praktische Konsequenzen hoch zu veranschlagen sind, wird in der bisherigen Planungsdiskussion vernachlässigt. *v. Peter:* Zur Beteiligung des Parlaments an der Planung auf Bundesebene, S. 339, schneidet das Problem in anderem Zusammenhang an.

[39] Darauf weist *Böckenförde:* Planung zwischen Regierung und Parlament, S. 435, 442, nachdrücklich hin.

[40] Planung zwischen Regierung und Parlament, S. 442, im Anschluß an *Herzog:* Gesetzgeber und Verwaltung, S. 203; ebenso *Enquete-Kommission:* Zwischenbericht, S. 46, die hier *Böckenförde* folgt.

Konsequenzen der Ablehnung nicht verantworten will. Andererseits ist es auch nicht in der Lage, Alternativen vorzuschlagen oder sachliche Änderungen im Detail vorzunehmen, weil ihm außer der Gesamteinsicht auch das nötige Planungsinstrumentarium fehlt.

Obwohl nach außen hin die staatsleitenden Parlamentsfunktionen der Gesetzgebung — einschließlich Budgetbewilligung — sowie die auf Anregung, Kritik und Auseinandersetzung gerichtete mittelbare Kontrollfunktion unangetastet bleiben, werden sie inhaltlich ausgehöhlt. Denn zur gesetzgebenden Funktion gehört nicht „lediglich das nackte Recht der Beschlußfassung . . . sondern auch die Chance, im Rahmen dieser Beschlußfassung eine autonome politische Entscheidung zu treffen"[41]. Und nur wer informiert ist, kann wirksam Kritik üben oder Anregungen geben. Die gravierende inhaltliche Beeinträchtigung parlamentarischer Funktionen läßt daher den Einwand ihrer formalen Integrität zum Scheinargument werden.

[41] *Friauf:* Ziel -und Mittelplanung, S. 675.

V. Die Beteiligung des Parlaments an der politischen Planung

1. Notwendigkeit parlamentarischer Planungsteilnahme

Vergegenwärtigt man sich, in welchem Ausmaß staatsleitende Funktionen des Parlaments durch eine regierungsinterne politische Planung beeinträchtigt werden — oder zumindest werden können —, und berücksichtigt man dabei, daß Regierung wie Parlament gleichermaßen zur wirksamen Teilnahme an der Staatsleitung aufgerufen sind, dann erscheint das Verfassungsziel gefährdet. Denn ein Parlament, das die staatsleitenden Entscheidungen der Regierung ohne eigene Einflußmöglichkeit weitgehend nur noch zu legalisieren hätte, nähme nicht mehr an der Staatsleitung teil, sondern wäre lediglich instrumental in die Staatsleitung der Regierung eingebaut. Eine solche Situation könnte verfassungsrechtlich nicht hingenommen werden. Zur Vermeidung einer derartigen unerwünschten Entwicklung wird man daher folgende grundsätzlichen Forderungen aufstellen müssen:

— Die politische Planung der Regierung darf nicht zur regierungsinternen Konzeption erklärt werden, vielmehr ist das Parlament in geeigneter Weise an ihr zu beteiligen. Dies folgt zum einen aus der Erkenntnis, daß Planungsentscheidungen nach Sachgehalt und Wirkung eine systematische Vorverfügung über Entscheidungsbefugnisse des Parlaments darstellen[1]. Zum anderen erfordert der staatsleitende Charakter der politischen Planung, daß die Regierung diese Aufgabe nicht isoliert wahrnimmt, denn die staatsleitenden Beiträge von Regierung und Parlament sind aufeinander bezogen und bedingen sich gegenseitig[2].

— An der politischen Planung der Regierung ist das Parlament schon in einem möglichst frühen Stadium zu beteiligen. Diese Forderung ergibt sich aus der für die politische Planung wesensmäßigen Tatsache, daß die relevanten Entscheidungen nicht erst in einem späten Planungsstadium gefällt werden sondern im Verlauf des gesamten Planungsprozesses[3].

---

[1] Vgl. *Böckenförde:* Planung zwischen Regierung und Parlament, S. 442.
[2] Vgl. oben III. 2.
[3] Vgl. oben I. 5.; II. 4.1 und 4.2.

— Die Beteiligung des Parlaments darf weder rechtlich noch faktisch zu einer unangemessenen Behinderung oder sogar Blockierung der Planungsinitiative und Planungstätigkeit der Regierung führen[4]. Dies folgt aus der Erkenntnis, daß der moderne Sozialstaat der staatlichen Planung bedarf[5] sowie aus der Tatsache, daß die Aufgabe der politischen Planung von der Regierung eigenständig aufgrund ihrer verfassungsmäßigen Funktionen ausgeübt werden kann[6].

Es ist daher zu untersuchen, in welcher Weise diese grundlegenden Forderungen optimal verwirklicht werden können. „Optimal" bedeutet hier, daß die Verwirklichung der einen Forderung nicht zu Lasten der anderen erfolgen darf. Es bedeutet ferner, daß der Grundsatz der Verhältnismäßigkeit beachtet wird. Bevor also tiefgreifende Umgestaltungen staatsrechtlicher Prinzipien oder der Verfassung erwogen werden können, ist allererst zu prüfen, ob sich die oben genannten Forderungen nicht auch im Rahmen der geltenden Staatsrechtsordnung erfüllen lassen.

2. Denkbare Formen parlamentarischer Planungsteilnahme

Im Laufe der staatsrechtlich geführten Planungsdiskussion sind mehrere konkrete Vorschläge gemacht worden, die das Verfahren einer parlamentarischen Beteiligung an der Regierungsplanung betreffen. Obwohl es sich nur um eine begrenzte Anzahl vorgeschlagener Modelle handelt, enthalten sie doch eine derartige Fülle verschiedenster Kombinationen und Variationen, daß ihre gesonderte Darstellung den Rahmen dieser Arbeit sprengen würde[7]. Letzten Endes lassen sich jedoch die Modelle auf jene drei Grundelemente zurückführen, welche die parlamentarische Interessenlage gegenüber der Regierungsplanung kennzeichnen: *Information, Mitwirkung, Entscheidung.*

Im Rahmen der verschiedenen Modelle wird diesen Elementen aus praktischen oder taktischen Erwägungen ein durchaus unterschiedlicher Stellenwert beigemessen, teilweise zweifelt man auch, ob das eine oder andere Element überhaupt notwendig sei. Die folgende Übersicht geht diesen Differenzierungen nicht nach und berücksichtigt auch nicht, daß die einzelnen Elemente in mancher Hinsicht voneinander abhängen. Vielmehr soll lediglich gezeigt werden, welche möglichen Beteiligungsformen — allein oder auch miteinander kombiniert — vorstellbar sind.

[4] So auch die Forderung von *Böckenförde:* Planung zwischen Regierung und Parlament, S. 445.

[5] Vgl. oben I. 6.

[6] Vgl. oben III. 7.

[7] Eine instruktive, zusammenfassende Übersicht gibt *Böckenförde:* Planung zwischen Regierung und Parlament, S. 445 ff.

2.1 Planungsinformation

Es ist allgemein bekannt und anerkannt, daß in der Verfassungswirklichkeit ein Informationsübergewicht der Regierung gegenüber dem Parlament besteht[8] Dieses Übergewicht zeigt sich nicht nur darin, daß die Regierung einfach mehr und besser Bescheid weiß, sondern auch insofern, als sie über ihre Informationen nach Gutdünken verfügen kann: Sie kann Informationen auswählen und hervorheben oder beiseite schieben und unterdrücken, d. h. sie kann „wenigstens teilweise den Informationsfluß kanalisieren"[9].

Bedenkt man, daß die Regierung gerade im Bereich der politischen Planung ihr weithin technisch bedingtes Entwurfsmonopol mit einem faktischen Informationsmonopol verbindet[10], dann ist das Problem parlamentarischer Planungsbeteiligung zunächst eine Frage zureichender Information[11]. Die Forderung nach einem besseren Informationsstand des Parlaments verfolgt dabei keineswegs das Ziel, die Regierungsinitiative zurückzudrängen oder gar zu ersetzen sondern richtet sich darauf, das Parlament in seiner Meinungsbildung unabhängiger zu machen[12].

Den speziellen Informationsbedarf des Parlaments gegenüber der Regierungsplanung konkretisieren vier Gesetzentwürfe zur Planungskontrolle übereinstimmend wie folgt[13]:

— Bestandsaufnahme des Planungsbereichs

— Prognose über den Entwicklungsverlauf ohne Beeinflussung

— Bezeichnung der Planungsziele

— Einzusetzende Mittel sowie weitere finanzielle Auswirkungen

— Vorgesehene Maßnahmen sowie voraussehbare Nebenwirkungen

— Aufzeigen von alternativen Lösungsmöglichkeiten

— Zeitplan für die Verwirklichung

— Angaben über das Ob und Wie einer Verbindlichkeit.

Die Unterrichtung des Parlaments hat möglichst frühzeitig zu erfolgen, jedenfalls schon während des Planungsprozesses[14]. Als Form der Unterrichtung werden genannt[15]:

---

[8] Vgl. für viele *Böckstiegel:* Neue Aspekte der Gewaltenteilung seit Inkrafttreten des Grundgesetzes, S. 1714; *Kamlah:* Informationsanspruch des Parlaments, S. 35 ff.; *Leisner:* Regierung als Macht kombinierten Ermessens, S. 729.

[9] *Ellwein:* Gesetzgebung und politische Kontrolle, S. 270.

[10] Darauf weist *Ellwein:* ebd., S. 250, unter allg. Vorzeichen hin.

[11] So z. B. *Hirsch:* Haushaltsplanung, S. 104, betr. Haushaltsplan.

[12] *Scheuner:* Das parlamentarische Regierungssystem, S. 637.

[13] Vgl. *IPA:* Kontrollsicherungsgesetz, § 2; *CDU-Fraktion/NRW:* Planungskontrollgesetz, § 3 Abs. 1 und 2; *CDU-Fraktion/Berlin:* Planungskontrollgesetz, § 6 Abs. 1 und 2; *SPD-Fraktion/RhPf.:* Planungskontrollgesetz, § 8 Abs. 1 und 2.

[14] *IPA:* Kontrollsicherungsgesetz, § 1.

— Vorbereitende Besprechungen zwischen Vertretern von Regierung und Parlament
— Unterrichtung der Fachausschüsse oder eines besonderen Planungsausschusses
— Regierungserklärung, evtl. besondere Sitzung des Plenums
— Vorlage eines schriftlichen Berichts
— Laufende Unterrichtung über Zwischenergebnisse.

Man wird feststellen dürfen, daß dieser Katalog praktisch keine Wünsche mehr offenläßt.

2.2 Mitwirkung an der politischen Planung

Da man in Abwandlung eines Ausspruchs wohl sagen kann, daß Planungsfragen auch Machtfragen sind, geht das Interesse des Parlaments an der politischen Planung verständlicherweise über ein bloßes Informiertwerden hinaus. Angestrebt wird daher eine inhaltliche Mitwirkungsmöglichkeit, die schon in einem recht frühen Stadium des Planungsprozesses einsetzt.

2.21 Indirekte Mitwirkung

Als indirekte Mitwirkung könnte man eine auf Einwirkung durch Kritik und Anregung beschränkte Form parlamentarischer Planungsteilhabe bezeichnen: Nachdem die Regierung das Parlament über ihre Planungsvorhaben unterrichtet hat, nehmen die Abgeordneten dazu Stellung und fordern die Berücksichtigung ihrer Auffassungen. Ideal wäre es, wenn das Parlament seine politische Willensbildung dann umfassend in die planerische Gesamtkonzeption der Regierung eingearbeitet finden würde[16].

2.22 Gemeinsames Planungsgremium?

Man wird freilich sehen müssen, daß eine substantielle, auf aktive Gestaltung gerichtete Mitwirkung an der politischen Planung den parlamentarischen (Macht-)Interessen am ehesten entgegenkäme. Wegen des ständig rückgekoppelten Planungsverfahrens und der Entscheidungserheblichkeit fast aller seiner Phasen müßte das Parlament dabei allerdings von Anfang an und ständig in den Planungsprozeß eingeschaltet sein, wenn es die Richtung der Planung wirksam beeinflussen will.

---

[15] Vgl. *IPA:* Kontrollsicherungsgesetz, §§ 3, 4; *CDU-Fraktion/NRW:* Planungskontrollgesetz, §§ 5, 6; *CDU-Fraktion/Berlin:* Planungskontrollgesetz, §§ 8, 9; *SPD-Fraktion/RhPf.:* Planungskontrollgesetz, §§ 5, 6.

[16] So die Vorstellung von *Friauf:* Ziel- und Mittelplanung, S. 680; ähnlich *Seeger:* Stellungnahme, S. 29.

Als ideale Lösung bietet sich daher ein aus Vertretern der Regierung und des Parlaments gemischt besetztes, gemeinsames Planungsgremium an, das mit der Projektierung und Erarbeitung der politischen Planung beauftragt wird. Auf diese Weise könnte das Parlament die Regierungsplanung maßgeblich beeinflussen, seine eigenen Planungsvorstellungen verfolgen und sich bei allem auf den Planungsapparat der Regierung stützen.

Zu Beginn der staatsrechtlich geführten Planungsdiskussion hat die Einrichtung eines gemeinsamen Planungsgremiums auch tatsächlich zur Debatte gestanden. Der Gedanke wurde freilich bald fallengelassen, weil man erkannte, daß ein derartiges Gremium das genaue Gegenteil der in Art. 20 Abs. 2 Satz 2 GG verankerten Grundsätze bedeuten würde[17].

2.23 Echtes Zweikammersystem?

Elemente der Mitwirkung wie der Entscheidung enthält das von *Herzog*[18] erörterte Modell eines echten Zweikammersystems. Nach diesem Modell käme ein Planungskonzept — unabhängig von seiner rechtlichen Ausformung — erst dann zustande, wenn hierüber vollständige Einigkeit zwischen Regierung und Parlament hergestellt wäre. Unter Gewährleistung eines beiderseitigen Initiativrechtes hätten beide Seiten das Recht, Planungsentwürfe des anderen Organs sowohl abzulehnen als auch abzuändern. Dieses Wechselspiel würde so lange fortgesetzt, bis beide Staatsorgane sich auf ein einheitliches, gemeinsames Planungskonzept geeinigt haben.

In der Verfassung findet dieses Modell freilich keine Stütze. Mit Recht hält *Herzog*[19] auch wenig von seiner *praktischen* Brauchbarkeit, weil sich ein Planungsverfahren auf diese Weise unangemessen lang hinzöge, was nicht zuletzt wegen des Prinzips der parlamentarischen Diskontinuität problematisch erscheint[20].

2.3 Entscheidung über politische Planung

Die bisherige Darstellung macht deutlich, daß einer unmittelbaren parlamentarischen Mitwirkung an der Regierungsplanung verfassungsrechtliche Grenzen gesetzt sind, und der verbleibende Rest das Parla-

---

[17] *Herzog:* Gutachten, S. 108; *derselbe:* Gesetzgeber und Verwaltung, S. 204; *Rietdorf:* Planung als Aufgabe von Parlament und Regierung, S. 13; im Ergebnis ebenso *Jahn:* Planende Demokratie, S. 31 f.; vgl. ferner die Ausführungen oben, III. 3.

[18] Gutachten, S. 109 f.

[19] Gutachten, S. 110.

[20] Vgl. hierzu z. B. *Maunz* in Maunz/Dürig/Herzog: Grundgesetz. Kommentar, Art. 39, Rdnr. 14 ff.

ment jedenfalls nicht zum Herrn der Planung werden läßt. Nachdem eine parlamentarische Beherrschung der Regierungsplanung in allen ihren Einzelheiten mit verfassungsrechtlichen — und wohl auch praktischen — Schwierigkeiten verbunden ist, wird daher gefordert, das Parlament solle wenigstens die Umrisse der politischen Planung bestimmen können. Dies stellt auch durchaus kein untaugliches Mittel dar, um die politische Planung in den Griff zu bekommen, denn „wer über die grundlegenden Ziele entscheidet, legt zugleich den Rahmen fest, innerhalb dessen andere mit Erfolg ... planen können"[21]. Angesichts dieser Erkenntnis wird daher die Auffassung vertreten, daß „zumindest die politischen Grundsatzentscheidungen und Prioritätensetzungen bei der Planung ... eindeutig in die Verantwortung des Parlaments" gehörten[22]. So einig sich die Befürworter eines Parlamentsentscheides in Sachen Planung dem Grundsatz nach sind, so verschieden fallen ihre Vorstellungen über das zweckmäßigerweise anzuwendende Verfahren aus. Folgende Modelle wurden oder werden diskutiert:

2.31 Modelle parlamentarischer Planungsentscheidung

— *Planungsgesetz.* Hier hätte das Parlament die volle Verfügungsgewalt über den Inhalt der Planung und die Regierung bliebe auf das Initiativrecht nach Art. 76 Abs. 1 GG beschränkt. Allerdings wäre das Parlament in den Sachfragen dem gleichen faktischen Übergewicht der Regierung ausgesetzt wie bisher[23]. Der Gedanke eines einfachen Planungsgesetzes wird daher heute — soweit ersichtlich — nicht mehr erwogen, weil er dem realen Kräfteverhältnis der beiden Staatsorgane nicht gerecht würde[24].

— *Ratifikation analog Art. 59 Abs. 2 GG*[25]

Ähnlich dem im Grundgesetz vorgesehenen Verfahren zur Ratifizierung politischer Verträge, hätte das Parlament die von der Regierung vorgelegte Planungskonzeption entweder als Ganzes zu billigen oder insgesamt abzulehnen. Bei Änderungswünschen des Parlaments

---

[21] *Ellwein:* Politik und Planung, S. 46.

[22] *Leibfried/Quilisch:* Planung im Sozialstaat, S. 615; ebenso z. B. *Grimm:* Aufteilung gesetzgeberischer Funktionen, S. 454; *Harnischfeger:* Planung in der sozialstaatlichen Demokratie, S. 148 und passim; *Herzog:* Gutachten, S. 116.

[23] Vgl. oben IV. 2.1.

[24] Vgl. *Herzog:* Gutachten, S. 111.

[25] Den Gedanken einer „Planratifikation" hat zuerst *Herzog:* Gesetzgeber und Verwaltung, S. 205, vertreten, der jedoch heute Zweifel gegen eine allzu strikte Analogie anmeldet, vgl. *Herzog:* Gutachten, S. 115; ausdrücklich befürwortet *Jahn:* Planende Demokratie, S. 32 ff., dieses Modell; in der Sache ebenso *Harnischfeger:* Planung in der sozialstaatlichen Demokratie, S. 118, 124, obwohl er auf Seite 115 von einer „Analogie zum Gesetzgebungsverfahren" spricht; im Anschluß an ihn *Grimm:* Aufteilung gesetzgeberischer Funktionen, S. 464.

wird die Regierung aufgefordert, ihren Entwurf entsprechend zu überarbeiten und erneut vorzulegen.

— *Verfahren analog Art. 113 GG*[26]

Nach diesem Modell hätte die Regierung die Planungskonzeption auszuarbeiten und dem Parlament vorzulegen. Dieses könnte Änderungen vornehmen, die aber nur dann Gültigkeit erlangen, wenn die Regierung zustimmt oder innerhalb einer bestimmten Frist nicht ausdrücklich widerspricht. Gegenüber dem Ratifikationsmodell zeichnet sich dieses Verfahren durch eine größere Flexibilität aus.

— *Verfahren analog Art. 110 GG*[27]

Wenn man als zutreffend unterstellt, der Haushaltsplan sei ein Regierungsprogramm in Zahlen, dann liegt es nahe, die programmatisch konzipierte Regierungsplanung einem ähnlichen Verfahren zu unterwerfen wie die Haushaltsplanung. Gegen diese Analogie spricht freilich — außer zahlreichen anderen Gründen — vor allem die anerkannte Tatsache, daß die Regierung durch den Haushaltsplan nicht zu einer bestimmten Ausgabe verpflichtet sondern nur ermächtigt wird[28].

— *Schlichter Parlamentsbeschluß*

Im Wege eines solchen, rechtlich unverbindlichen Beschlusses könnte das Parlament der Regierung politisch relevante Empfehlungen bezüglich ihrer Planungskonzeption erteilen[29] oder auch das Planungskonzept billigen bzw. ablehnen. Eine derartige politische Einflußnahme des Parlaments ist verfassungs*rechtlich* unbedenklich. Vom verfassungs*politischen* Standpunkt aus wird man freilich fragen dürfen, ob eine parlamentarische Billigung der Regierungsplanung nicht zur Verwischung der Verantwortung führt[30].

2.32 Parlamentarischer Planungsvorbehalt?

Mit Ausnahme des zuletzt genannten schlichten Parlamentsbeschlusses richten sich alle übrigen Modelle auf einen Entscheidungs- oder Zustimmungsvorbehalt des Parlaments gegenüber der politischen Planung

---

[26] Der Vorschlag stammt von *Herzog:* Gutachten, S. 115 f.

[27] So der Vorschlag von *Dürig:* Diskussionsbeitrag, S. 241.

[28] Vgl. *Herzog:* Gutachten, S. 120 m. w. Nachw.

[29] In diesem Sinne z. B. *Liesegang:* Möglichkeiten parlamentarischer Einflußnahme, S. 849; ebenso § 2 des von der CDU-Fraktion im Berliner Abgeordnetenhaus am 18. 6. 1971 vorgelegten Entwurfs eines „Gesetzes über die Unterrichtung des Abgeordnetenhauses bei den Regierungsplanungen des Senats und den Vereinbarungen des Senats mit dem Bund und den Ländern" (Drucksache 6/102), mitgeteilt bei *R. Schäfer:* Berliner Ansätze einer Beteiligung des Parlaments an der Regierungsplanung, S. 187 f.

[30] Vgl. dazu unten V. 3.56.

— jedenfalls soweit es um die „Zielprioritäten", die „Leitlinien der Planung" oder die „großen Optionen" geht. Diese Entscheidungen, so meint man, seien „notwendig ein Parlamentsakt"[31], sie gehörten „eindeutig in die Verantwortung des Parlaments"[32]. Zur Begründung dieser Ansicht wird die Behauptung aufgestellt, unser parlamentarisches Regierungssystem fordere, „daß das Parlament die Aufgabe hat, die großen politischen Entscheidungen zu fällen und die Einzelheiten bzw. die Durchführung der Regierung zu übertragen"[33].

Wie schon die benutzten Wendungen „eindeutig" und „notwendig" signalisieren, handelt es sich bei dieser Ableitung eher um eine petitio principii als um eine Begründung. Es ist zwar richtig, daß dem Parlament „die richtungweisende Gesetzgebung" zufällt[34], nicht richtig ist aber, daß „alle staatsleitenden Akte zur Zuständigkeit des Parlaments gehören", wie *Harnischfeger*[35] meint. An der Staatsleitung nehmen vielmehr entsprechend ihren jeweiligen Funktionen sowohl das Parlament als auch die Regierung teil[36]. Die politische Planung ist dabei eine staatsleitende Aufgabe, die dem Funktionenbild der Regierung, nicht aber dem des Parlaments entspricht[37]. Ist aber die politische Planung eine Aufgabe, deren Wahrnehmung von den Regierungsfunktionen ermöglicht und sogar gefordert wird[38], dann handelt es sich — zumindest! — nicht um einen typischen parlamentarischen Beitrag zur Staatsleitung. Gewiß werden im Rahmen der politischen Planung Entscheidungen von staatsleitender Bedeutung getroffen[39], aber selbst die Zielannahmen stehen — dem Wesen der Planung entsprechend[40] — unter dem Vorbehalt ständiger Revisibilität[41].

Planerische Entscheidungen haben daher eine bewegliche Natur und entsprechen eher dem typischen Regierungshandeln. Nicht zuletzt unter diesem Gesichtspunkt[42] wurde die politische Planung materiell

---

[31] *Harnischfeger:* Planung in der sozialstaatlichen Demokratie, S. 148.

[32] *Leibfried/Quilisch:* Planung im Sozialstaat, S. 615.

[33] *Harnischfeger:* Planung in der sozialstaatlichen Demokratie, S. 80, unter Berufung auf *Friesenhahn:* Parlament und Regierung, S. 72; ebenso *Kewenig:* Parlamentarische Mitregierung, S. 24.

[34] *Scheuner:* Das repräsentative Prinzip, S. 232.

[35] Planung in der sozialstaatlichen Demokratie, S. 90.

[36] Vgl. oben III. 2.

[37] Vgl. oben III. 6.

[38] Vgl. oben III. 7.

[39] Vgl. oben II. 4.2.

[40] Vgl. oben I. 5.

[41] Vgl. auch *Seeger:* Gutachten, S. 11: „Der Vorbehalt der Anpassung ist ein immanenter Bestandteil der Regierungspläne." Selbst *Harnischfeger:* Planung in der sozialstaatlichen Demokratie, S. 102, muß einräumen, daß parlamentarische Planungsakte zur Gewährleistung der planerischen Flexibilität „nur unter der Voraussetzung der clausula rebus sic stantibus" ergehen könnten.

[42] Vgl. oben III. 6.6.

als Regierungsaufgabe qualifiziert. Daraus folgt zwar nicht, daß die Regierungsplanung nun prinzipiell gesetzesfest wäre, aber sie muß jedenfalls im Verantwortungsbereich der Regierung bleiben. Wollte das Parlament die planerischen Richtlinienentscheidungen treffen, dann würde es im Rechtssinne selber planen[43] und die Regierung zu einem unselbständigen Planungsvollzugsorgan degradieren[44]. Damit wäre der Regierung eine Aufgabe entzogen, ohne die sie heute viele ihrer Funktionen nicht mehr angemessen erfüllen kann. Dies läßt sich weder unter verfassungsrechtlichen noch sachlichen Gesichtspunkten rechtfertigen.

Wohlgemerkt, hier wird nicht der Versuch unternommen, die politische Planung einem undefinierbaren „Kernbereich" der Regierung zuzuweisen, um sie damit dem parlamentarischen Zugriff zu entziehen[45]. Die Kernbereichslehre ist mit Recht als „reine Leerformel" abgelehnt worden[46]. Vielmehr soll klargestellt werden, daß planerische Entscheidungen — die oft bloße Zielvorstellungen zum Inhalt haben und Durchgangsstation zu erneuter Entscheidung sind — sich ihrer Natur nach nicht für eine gesetzliche Fixierung eignen[47]. Hingegen eignen sie sich sehr wohl für ein situationsbezogenes, bewegliches, auf Steuerung und Richtunggebung bedachtes Handeln und lassen sich daher zwanglos unter die Regierungsfunktionen subsumieren. Erfordern diese Entscheidungen zu ihrer Realisierung eine gesetzliche Grundlage, dann — und erst dann! — müssen sie in den parlamentarischen Bereich verlagert und dem Einfluß des Parlaments unterworfen werden.

Das Fazit dieser Untersuchung deckt sich mit jenem Ergebnis, zu dem *Herzog*[48] auf anderem Wege gelangt: „Es gibt nach gegenwärtig geltendem Verfassungsrecht und insbesondere auch nach gegenwärtig herrschender Verfassungslehre keine Verfassungsbestimmung, aus der sich ein globaler Vorbehalt des Gesetzes oder auch nur einer sonstigen parlamentarischen Zustimmung im Bereich der staatlichen Planung herleiten ließe."

---

[43] So *Rietdorf:* Planung als Aufgabe von Parlament und Regierung, S. 5.

[44] Vgl. hierzu auch *Seeger:* Stellungnahme, S. 28: „Eine Regierung, die nicht mehr selbständig planen dürfte, wäre keine verantwortliche Regierung mehr. Spitze der Exekutive wäre dann das Parlament."

[45] So aber z. B. *Friauf:* Ziel- und Mittelplanung, S. 653, 681; *Seeger:* Gutachten, S. 9; im Anschluß an beide *Liesegang:* Zum Entwurf eines Gesetzes über die parlamentarische Kontrolle der Regierung, S. 260; ferner *Rietdorf:* Planung als Aufgabe von Parlament und Regierung, S. 3.

[46] *Kewenig:* Parlamentarische Mitregierung, S. 19; ablehnend z. B. auch *Hesse:* Grundzüge des Verfassungsrechts, S. 193; *Leisner:* Die quantitative Gewaltenteilung, S. 406 f.

[47] Vgl. *Scheuner:* Die Lage des parlamentarischen Regierungssystems, S. 438; *derselbe:* Zur Entwicklung der politischen Planung, S. 384; *Liesegang:* Beteiligung der Parlamente, S. 171; *Seeger:* Gutachten, S. 11.

[48] Gutachten, S. 125 und — in wörtlicher Wiederholung — S. 169.

Von der Interessenlage des Parlaments aus gesehen, mag dies ein enttäuschendes Ergebnis sein. Es wirkt sich aber in der Praxis nicht so negativ aus, wie es auf den ersten Blick scheinen könnte. Denn die meisten „planbaren" Materien sind bereits durch förmliches Gesetz geregelt, so daß eine auf Änderung der bestehenden Zustände gerichtete Planung nicht ohne Änderung der geltenden Gesetze effektiv werden kann. Insofern wirkt der Vorrang des Gesetzes zugunsten des Parlaments *faktisch* wie ein Gesetzesvorbehalt gegenüber der politischen Planung[49].

2.33 Eigengeartete Planbindung?

In letzter Zeit gewinnt zunehmend der Vorschlag an Boden, an die Stelle irgendeiner gesetzlich normierten Planungsfestlegung eine besonders geartete „Planbindung" treten zu lassen[50]. Sie richtet sich auf eine „Bindung und Selbstbindung von Regierung und Parlament bei den weiteren konkretisierenden Planungen und bei der Budgetaufstellung und Gesetzgebung"[51] und soll rechtlich einer „Richtlinien- oder Rahmenbindung vergleichbar" sein[52]. Angestrebt wird also eine Bindungswirkung, die weder die Verbindlichkeit des formellen Gesetzes noch die rechtliche Unverbindlichkeit einer Resolution aufweist sondern irgendwo dazwischen angesiedelt ist und zur gegenseitigen „Plantreue" verpflichten soll.

Da nach herrschender Auffassung[53] schlichte Parlamentsbeschlüsse die Regierung rechtlich nicht binden können und eine gesetzliche Normierung vermieden werden soll, müßte wohl ein neues verfassungsrechtliches Institut „Planbindung" geschaffen werden. Die folgenden Ausführungen befassen sich mit einigen Problemen, die dieser Vorschlag aufwirft.

Zur Begründung wird angeführt, daß eine Planung, die nur politisches Programm bleibe und eine Realisierung der Einzelgesetzgebung

---

[49] Darauf macht *Herzog:* Gutachten, S. 126 f., mit Recht aufmerksam.

[50] So vor allem *Böckenförde:* Planung zwischen Regierung und Parlament, S. 449 f.; ihm folgend *Enquete-Kommission:* Zwischenbericht, S. 47; ähnlich wohl auch die Vorstellungen von *Rietdorf:* Planung als Aufgabe von Parlament und Regierung, S. 10; *Wahl:* Notwendigkeit und Grenzen langfristiger Aufgabenplanung, S. 482; *CDU-Fraktion/NRW:* Planungskontrollgesetz, § 7 Abs. 2; *SPD-Fraktion/RhPf.:* Planungskontrollgesetz, § 7 Abs. 2; ebenso *CDU-Fraktion/Berlin:* Planungskontrollgesetz, § 5 Abs. 2, freilich mit dem Unterschied, daß ausdrücklich nur die Exekutive einer Planbindung unterliegen soll.

[51] *Wahl* (= Anm. 50).

[52] *Böckenförde* (= Anm. 50); ebenso die in Anm. 50 genannten Planungskontrollgesetze.

[53] Vgl. *Klein:* Zur rechtlichen Verbindlichkeit von Bundestagsbeschlüssen m. w. Nachw.; *Seeger:* Stellungnahme, S. 29; die abweichende Meinung von *Friesenhahn:* Parlament und Regierung, S. 70 (Leitsatz II/2, Satz 1) hat sich nicht durchsetzen können.

überlasse, zu stark den Zufälligkeiten von Einzelentscheidungen ausgesetzt sei[54]. Diese Befürchtungen sind jedoch unbegründet, wenn das Parlament — wie noch auszuführen sein wird — bei der Einzelgesetzgebung das umfassende Planungskonzept kennt und die Einbettung der Einzelgesetze in den größeren Rahmen berücksichtigen kann.

Die politische Planung müsse verbindlich sein, damit die Beteiligten für die Zukunft klar sehen könnten[55]. Verbindlichkeit sei auch deshalb erforderlich, „weil der seinerseits planende Staatsbürger die Willensbekundungen der Regierung in seine Dispositionen einstellt und dann einen gewissen Vertrauensschutz genießt“[56]. Diese Auffassung beruht auf einem grundlegenden Mißverständnis dessen, was politische Planung ist und was sie anstrebt. Politische Planung „ist kein einmaliger, bindender und dann fortzuschreibender Akt“[57] sondern ein anpassungsfähiger Entscheidungsprozeß, dessen Stärke gerade in seiner Beweglichkeit liegt[58]. Es heißt Planung gründlich mißzuverstehen, wenn man von ihr schon heute die Entscheidungen von übermorgen erwartet. Es heißt „Planung“ mit „Plan“ verwechseln, wenn man die Zukunft fixiert und einen Vertrauensschutz garantiert sehen will.

Auch jede „Plantreue“ müßte unter dem Vorbehalt der clausula rebus sic stantibus eingegangen werden, wenn die Intentionen der politischen Planung nicht ins Gegenteil verkehrt werden sollen. Wo aber die Änderung zum Prinzip gehört, da ist es mit der Treue nicht weit her. Die notwendige Flexibilität der politischen Planung spricht daher insgesamt gegen eine wie auch immer geartete „Planbindung“.

Bedenken gegenüber einer „Planbindung“ von Regierung und Parlament bestehen auch deshalb, weil beide Staatsorgane in ihrem politischen Führungsauftrag durch das Prinzip der Herrschaft auf Zeit begrenzt sind[59]. Eine „Plantreue“ wäre im Rahmen der langfristigen Planung jedoch nur für größere Zeitspannen als eine vierjährige Legislaturperiode sinnvoll. Wenn daher mit der „Plantreue“ das Ziel verfolgt werden sollte, dem Planungskonzept eine über die jeweilige Legislaturperiode hinausreichende Verbindlichkeit zu verschaffen, dann verstieße das gegen den demokratischen Grundsatz der Herrschaft auf Zeit. Die vorweggenommene Bindung eines neugewählten Gesetzgebers oder einer neuen Regierung im Sinne einer „Plantreue“ ist nicht zulässig, weil beide frei sein müssen, auch ganz andere Zielvorstellungen zu

---

[54] So *Jahn:* Planende Demokratie, S. 30, dessen Überlegungen zur Planratifikation auch in diesen Zusammenhang passen.

[55] *Jahn:* Planende Demokratie, S. 29.

[56] *Zeh:* Perspektiven für eine Grundgesetzreform, S. 172.

[57] *Schäfer:* Von der Verbundplanung zu den Gemeinschaftsaufgaben, S. 6.

[58] Vgl. dazu oben I. 5.

[59] Vgl. z. B. *Scheuner:* Das parlamentarische Regierungssystem, S. 635.

entwickeln. Im übrigen dürfte dies auch ein Problem des Art. 38 GG sein.

Auf einem ganz anderen Blatt steht dabei die Tatsache, daß sich auch heute schon auf Teilgebieten — z. B. Beschaffung neuer Waffensysteme — eine faktische Bindung späterer Gesetzgeber und Regierungen beobachten läßt. Rein tatsächliche Bindungen werden auch von der politischen Planung ausgehen, aber diese *Folge*erscheinung kann nicht zur Begründung einer verfassungsrechtlich wirksamen Präjudizierung künftiger Regierungen und Gesetzgeber herangezogen werden. Damit würden in unzulässiger Weise Ursache und Wirkung vertauscht.

Problematisch erscheint eine Selbstbindung des Parlaments aber auch dann, wenn sie nur für die Dauer seiner Amtszeit eingegangen wird. Nach Art. 20 Abs. 3 GG ist der Gesetzgeber nur an die verfassungsmäßige Ordnung gebunden, so daß eine Bindung des Parlaments an das Planungskonzept der Regierung bei künftigen gesetzgeberischen Entscheidungen auf Bedenken stößt[60].

Einwände gegen eine „Planbindung" lassen sich ferner vom verfassungs*politischen* Standpunkte daraus herleiten, daß bei der Einigung von Parlament und Regierung auf eine gemeinsame Konzeption eine ständige Konfrontation von Regierungsmehrheit und Opposition zu befürchten ist. Immerhin geht es bei der politischen Planung um gesellschaftspolitische Fragen großen Stils, und es kann nicht unterstellt werden, daß hier eine einheitliche Meinungsbildung des Parlaments möglich wäre. Durch seine Billigung übernimmt aber das Parlament als Ganzes eine Mitverantwortung für das Planungskonzept[61] und trägt damit nicht gerade zur Verantwortungsklarheit bei[62]. Zwar zählt der Mehrheitsentscheid zu den demokratischen Prinzipien, ebenso aber auch die Chance des Machtwechsels. Jede rechtliche oder nur politische Festschreibung der Planungsgrundsätze erschwert jedoch die Handlungs- und Gestaltungsfreiheit einer anderen politischen Führung.

Abschließend soll darauf hingewiesen werden, daß jedenfalls bis heute noch keine methodisch gesicherten Erkenntnisse vorliegen, die eine klare Abgrenzung zwischen „großen Optionen" und konkreten Planungsstufen erlauben[63]. Auch organisatorische Fragen oder zuvor als untergeordnet angesehene Detailprobleme können unverhofft eine grundlegende planungspolitische Bedeutung erlangen. Ob angesichts der komplexen, auf Interdependenz und Rückkoppelung angelegten Natur

---

[60] Bedenken äußert z. B. *Liesegang:* Beteiligung der Parlamente, S. 171; *derselbe:* Möglichkeiten parlamentarischer Einflußnahme, S. 849.

[61] Vgl. *Loewenstein:* Die neue Dreiteilung der Staatsfunktionen, S. 276 f.

[62] *Seeger:* Stellungnahme, S. 32, spricht in diesem Zusammenhang von einer unzulässigen „Mischverantwortung".

[63] In diesem Sinne *Jochimsen:* Stellungnahme, S. 59.

des Planungsprozesses überhaupt jemals sichere formale Kriterien für eine einwandfreie Identifizierung der tragenden Planungsgrundsätze gefunden werden können, steht dahin.

Insgesamt läßt sich also feststellen, daß eine gegenseitige „Planbindung" von Parlament und Regierung unter verfassungsrechtlichen, verfassungspolitischen wie auch methodischen Aspekten sehr problematisch erscheint. Unter diesen Umständen dürfte es das Vernünftigste sein, die Einhaltung einer sogenannten „Plantreue" dem freien politischen Kräftespiel der beiden Staatsorgane zu überlassen.

3. Planungsbeteiligung durch Kontrolle

Nachdem ein gesetzlicher Vorbehalt zugunsten des Parlaments gegenüber der politischen Planung nicht besteht und die Einführung einer besonderen „Planbindung" auf Bedenken stößt, wird man prüfen müssen, ob andere parlamentarische Funktionen eine Planungsbeteiligung des Parlaments ermöglichen. Als gegebener Ansatzpunkt kommt die Kontrollfunktion in Betracht[64].

3.1 Grundbedeutung von Kontrolle

Nach herkömmlichem Verständnis bedeutet Kontrolle „zunächst ein Nachvollziehen"[65]. „Wer kontrolliert, handelt nicht selbst, sondern bewertet das, was ein anderer getan hat, macht Verantwortung geltend[66]." Kontrolle darf daher nicht mit „Aufsicht" verwechselt werden: „Wer die Aufsicht hat, trägt die Verantwortung für das Tun des Untergebenen und kann die Entscheidung an sich ziehen. Kontrollrecht des einen setzt dagegen Entscheidungsfreiheit und Rechenschaftspflicht des anderen voraus[67]." Die Kontrollfunktion gewährt dem Parlament also eine Befugnis, „die zumindest vom Ansatz her kein Mitwirkungs- und Mitgestaltungsrecht, sondern nur ein Prüfungs- und Überwachungsrecht zur Verfügung stellt"[68], und die „das verantwortliche Handeln und die Initiative von Regierung und Administration nicht ersetzen" kann[69].

---

[64] Vgl. hierzu die Darstellung oben III. 5.12.

[65] *Eichenberger:* Die Problematik der parlamentarischen Kontrolle, S. 269.

[66] *Kewenig:* Parlamentarische Mitregierung, S. 29 m. w. Nachw., der diese Auffassung jedoch für überholt hält.

[67] *Ellwein:* Gesetzgebung und politische Kontrolle, S. 265; ähnlich *Bäumlin:* Die Kontrolle des Parlaments, S. 231 f.

[68] *Kewenig:* Planung im Spannungsverhältnis, S. 25.

[69] *Eichenberger:* Die Problematik der parlamentarischen Kontrolle, S. 289.

3.2 Erweiterter Kontrollbegriff

Untersucht man eine derart verstandene parlamentarische Kontrollfunktion auf ihre Brauchbarkeit für eine angemessene und frühzeitige Beteiligung des Parlaments an der Regierungsplanung, so fällt das Ergebnis negativ aus. Ein Blick auf das Wesen und die Auswirkungen der politischen Planung genügt um festzustellen, daß „die nachträgliche Prüfung" der Regierungsplanung für das Parlament „ohne Sinn" ist[70]. Damit steht freilich noch nicht fest, daß die Kontrollfunktion für eine Planungsbeteiligung des Parlaments überhaupt unbrauchbar wäre. Wenn „neue Formen staatlichen Handelns aufkommen", dann wird man nämlich mit *Jahn*[71] die Forderung stellen können, dabei auch „die Rolle des Parlaments (zu) sehen, seinen Einfluß (zu) wahren und seine Wirksamkeit so stark wie möglich (zu) sichern". Bedient sich daher die Regierung neuer Methoden bei der Wahrnehmung ihrer Funktionen und führt dies zu negativen Auswirkungen auf die Funktionen des Parlaments, dann sind die parlamentarischen Funktionen — in verfassungskonformer Weise — so zu interpretieren, daß diese Beeinträchtigungen kompensiert werden. Gerade bei der parlamentarischen Kontrolle kommt es „nicht nur auf die rechtlichen Formen an, sondern vor allem auch darauf, daß die Kontrolle effektiv sei"[72]; man wird sie also „weit und elastisch aufzufassen" haben[73].

Im Einklang mit der oben[74] vorgetragenen Forderung nach einer möglichst frühzeitigen parlamentarischen Teilnahme an der politischen Planung wird daher verlangt, die parlamentarische Kontrolle bereits in der Vorbereitungsphase der politischen Planung wirksam werden zu lassen[75]. Es geht also um die Vorverlegung parlamentarischer Kontrolltätigkeit mit dem Ziel, das spätere Handeln der Regierung zu einem Zeitpunkt transparent zu machen, der ein Durchschauen noch erlaubt. Gemeint ist daher zunächst eine *vorgängige informative Kontrolle.*

Wenn es zutrifft, daß die politische Planung zu einer wirksameren Erfüllung staatlicher Pflichten und Befugnisse verhilft — die Machtausübung also effektiver gestaltet[76] —, dann wird man den weitergehen-

---

[70] *Scheuner:* Verantwortung und Kontrolle, S. 399; ebenso *Böckenförde:* Planung zwischen Regierung und Parlament, S. 444.

[71] Planende Demokratie, S. 30.

[72] *Drath:* Die Gewaltenteilung im heutigen deutschen Staatsrecht, S. 70.

[73] *Scheuner:* Verantwortung und Kontrolle, S. 390.

[74] V. 1.

[75] Vgl. z. B. *Böckenförde:* Planung zwischen Regierung und Parlament, S. 444; *Friauf:* Ziel- und Mittelplanung, S. 679; *Herzog:* Gutachten, S. 81; *Leibfried/Quilisch:* Planung im Sozialstaat, S. 617; im Grundsatz ebenso *Dehler:* Das Parlament im Wandel der Staatsidee, S. 26; *IPA:* Kontrollsicherungsgesetz, § 1.

den Wunsch des Parlaments verstehen können, stärker als bloß im Wege des Informiertwerdens an der Regierungsplanung zu partizipieren. Nachdem ein gemeinsames Planungsgremium auf verfassungsrechtliche Schranken stößt[77] und eine konkurrierende parlamentarische Planung aus strukturellen Gründen ausscheidet[78], käme es den Interessen des Parlaments sehr entgegen, wenn es einen *gestaltenden* Einfluß auf die Regierungsplanung gewissermaßen durch die Hintertür seiner Kontrollrechte gewinnen könnte.

Ob das Parlament mit der ihm zur Verfügung stehenden begrenzten Arbeitskapazität zu einer problemorientierten Mitarbeit an der politischen Planung in der Lage wäre, kann dahingestellt bleiben. Denn es geht hier nicht so sehr um die einzelnen Sachfragen sondern um die übergeordnete Frage der Machtteilhabe, es geht letzten Endes um den Anspruch auf parlamentarische Mitregierung in Sachen Planung. Dieser Aspekt spielt eine entscheidende Rolle bei der Forderung nach einer *dirigierenden, mitwirkenden Kontrolle* des Parlaments[79].

Betrachtet man diese im Rahmen der parlamentarischen Kontrollfunktion erhobenen Forderungen nach einer Planungsbeteiligung des Parlaments, dann wird die darin enthaltene Neuinterpretation des Kontrollbegriffs evident: An die Stelle der bisher wesensbestimmenden Elemente der Kontrolle — nachträgliche, passive Prüfung und Beurteilung — werden die Elemente der Vorgängigkeit und Mitwirkung oder gar Mitentscheidung gesetzt. Im Folgenden soll daher untersucht werden, inwieweit eine derartige Umfunktionierung der parlamentarischen Kontrollfunktion verfassungsrechtlich zulässig ist oder sogar geboten erscheint.

3.3 Informative Kontrolle

Schon an anderer Stelle[80] wurde darauf hingewiesen, daß die bereits vorhandene Informationsunterlegenheit des Parlaments gegenüber der Regierung durch die politische Planung eine neue Größenordnung gewinnt[81]. Die parlamentarische Unkenntnis der Regierungsplanung wird dabei in zweifacher Weise bedeutsam:

---

[76] Diese Auffassung vertritt z. B. auch *Bicanic:* Planer und Politiker, S. 20, wenn er feststellt: „Die Planung erhöht den Wert der politischen Tätigkeit."

[77] Vgl. oben V. 2.22.

[78] Vgl. oben III. 8.

[79] Vgl. z. B. *Bäumlin:* Die Kontrolle des Parlaments, S. 244; *Kewenig:* Parlamentarische Mitregierung, S. 42.

[80] Oben IV. 2.4.

[81] *Friauf:* Ziel- und Mittelplanung, S. 662, charakterisiert die durch Regierungsplanung verursachte Informationslücke als „eine neue qualitative Dimension".

— Da die volle Breite der Lösungsmöglichkeiten — wenn überhaupt — regelmäßig nur im Entwurfsstadium überschaubar ist[82], kennt das Parlament nicht die zugrunde liegenden sachlichen Kriterien und politischen Überlegungen, die zu einer bestimmten Planungsentscheidung geführt haben, mit der es sich nun auseinandersetzen soll. Ihm fehlen also ganz einfach die Informationen, um die Gründe einer planerischen Entscheidung überprüfen zu können; es kann sich lediglich auf die mitgelieferte Begründung stützen, die freilich allein auf den konkreten Entwurf zugeschnitten sein wird.

— Dem Parlament fehlen aber zugleich auch die wichtigsten Maßstäbe zur Beurteilung von Planungsentscheidungen, wenn ihm die einzelnen, der Planungsrealisierung dienenden Akte isoliert unterbreitet werden, ihm das planerische Gesamtkonzept jedoch vorenthalten bleibt[83]. Weder kann es das Konzept der Regierung auf seine Übereinstimmung mit den eigenen Vorstellungen überprüfen, noch kann es kontrollieren, ob das Handeln der Regierung überhaupt im Einklang mit ihren eigenen Vorsätzen steht.

Diese Beeinträchtigungen der parlamentarischen Kontrollfunktion können nur dadurch behoben werden, daß

— die Regierung das Parlament über den Stand der politischen Planung sowie ihr angestrebtes Planungskonzept unterrichtet und

— diese Unterrichtung bereits zu einem Zeitpunkt erfolgt, in dem das Planungsverfahren noch durchschaubar ist. Das Parlament muß also schon informiert werden, *bevor* die Regierung irgendwelche der Planungsverwirklichung dienende Einzelakte zur Normierung vorlegt.

Es wird daher notwendig sein, dem Parlament einen Anspruch auf frühzeitige Vorlage des planerischen Gesamtkonzepts der Regierung einzuräumen.

3.4 Parlamentarischer Planungsinformationsanspruch

Sachlich erscheint ein besonderer Anspruch des Parlaments auf Vorlage des Gesamtkonzepts der Regierungsplanung deshalb geboten, weil es dieses Ziel nicht im Rahmen seiner bisherigen Informations- und Kontrollrechte verwirklichen kann. Weder das Interpellationsrecht des Art. 43 Abs. 1 GG — konkretisiert durch §§ 105—111 GeschOBT — noch die Einsetzung eines Untersuchungsausschusses (Art. 44 GG) oder einer Enquete-Kommission (§ 74 a GeschOBT) sind unmittelbar geeignete Mittel, mit deren Hilfe das Parlament sich Aufschluß über ein Planungs-

---

[82] *Ellwein:* Gesetzgebung und politische Kontrolle, S. 250.

[83] Vgl. dazu oben IV. 2.1.

konzept verschaffen könnte. Denn es ist „kaum möglich, relevante Fragen in Gegenstandsbereichen zu formulieren, über die der Frager nur mangelhaft informiert ist“[84]. Daher dürfte es ein hoffnungsloses Unterfangen sein, ein Planungskonzept aus der Regierung gewissermaßen herausfragen zu wollen, wenn nicht wenigstens seine Umrisse bekannt sind.

Wenig hilfreich wird auch eine Entschließung des Parlaments sein, mit der es die Vorlage der Planungskonzeption anfordert. Für die Regierung besteht keine rechtliche, vielmehr nur eine politische Verpflichtung, derartigen Ersuchen nachzukommen, und die entsprechenden konkreten Bestimmungen der Geschäftsordnung (§§ 115, 116 GeschOBT) laufen insoweit rechtlich leer[85]. Der Regierung steht es frei, nur so viel oder so wenig ihres Planungskonzepts preiszugeben, wie es ihr opportun erscheint. Die Regierung muß daher *rechtlich verpflichtet* werden, das Gesamtkonzept ihrer politischen Planung dem Parlament vorzulegen.

3.41 Verletzung des Machtgleichgewichts?

Diese Vorlagepflicht der Regierung ist auch verfassungsrechtlich begründet, weil die Regierungsplanung zu einer tiefgreifenden Beeinträchtigung parlamentarischer Funktionen — insbesondere der Kontrollfunktion — über das bisher übliche Maß hinaus führt[86]. Obwohl diese Beeinträchtigung des Parlaments zweifellos einen entsprechenden Machtzuwachs der Regierung und damit eine Verschiebung der Machtbalance zur Folge hat, soll dennoch nicht das Argument des Gewaltengleichgewichts herangezogen werden. Denn einerseits kann die eindeutige, „richtige“ Gewichtsverteilung zwischen Parlament und Regierung aus dem Grundgesetz nicht konkret hergeleitet werden, und andererseits läßt sich auch in der Verfassungstheorie keine übereinstimmende Auffassung in dieser Frage erkennen[87]. Mit Recht fordert daher *Leisner*[88], die Balancevorstellung „nur in äußersten, ärgsten Fällen“ zu bemühen: „Wer schon das Gewicht nicht kennt, sollte nicht das Gleichgewicht definieren.“

3.42 Die blockierte Kontrollfunktion

Die verfassungsrechtlich einleuchtende Begründung eines parlamentarischen Planungsinformationsanspruchs sowie einer korrespondierenden Informationspflicht der Regierung ergibt sich vielmehr ganz kon-

---

[84] *Oberndörfer:* Politische Planung, S. 333.

[85] Vgl. *Achterberg:* Grundzüge des Parlamentsrechts, S. 63; a. A. wohl *Herzog:* Gutachten, S. 78 und Fußnote 1.

[86] Vgl. oben IV. 2.

[87] *Herzog:* Gutachten, S. 35.

[88] Die quantitative Gewaltenteilung, S. 411.

kret aus der materiellen Blockierung der parlamentarischen Kontrollfunktion durch die Regierungsplanung[89]. Wenn nämlich die parlamentarische Kontrolle infolge eines intern gehaltenen Planungskonzepts der Regierung gleichsam blind und zufällig erfolgt, die Hintergründe nicht aufzuklären[90] und die Maßstäbe des Regierungshandelns nicht erkennbar zu machen vermag, dann läuft diese Funktion insoweit leer. Im parlamentarischen System gehört aber die wirksame politische Kontrolle der Regierung durch das Parlament zu den tragenden Prinzipien[91]; sie ist mittelbar mit der Verantwortlichkeit des Bundeskanzlers für die politische Richtliniengebung in Art. 65 GG angesprochen[92]. Die an sich gegebene Planungskompetenz der Regierung darf daher nicht so wahrgenommen werden, daß hierdurch eine effektive Ausübung der parlamentarischen Kontrolle verhindert wird[93].

Freilich hieße es einen zu einfachen Ausweg aus dem Dilemma wählen, wenn man um der Integrität der parlamentarischen Kontrollfunktion willen die Regierungsplanung überhaupt als unzulässig ansehen wollte[94]. Denn zum einen besteht kein Zweifel darüber, daß der moderne Industrie- und Sozialstaat eine staatliche Planung braucht[95], und zum anderen hält sich die Regierung ja im Rahmen ihrer verfassungsmäßigen Funktionen, wenn sie politische Planung betreibt[96]. Es darf nicht unterstellt werden, wie *Friauf*[97] zutreffend bemerkt, „das Grundgesetz gewähre der Bundesregierung eine bestimmte Zuständigkeit nur unter der Voraussetzung, daß ihre effektive Ausübung auf das Maß beschränkt sei, das sich aus den Regierungstechniken des 19. Jahrhunderts oder auch des Jahres 1949 ergibt".

Anstatt die Regierungsplanung zu untersagen oder ihr irgendwelche Restriktionen aufzuerlegen, muß vielmehr ein Weg gefunden werden, der eben diejenigen Beeinträchtigungen des Parlaments, die infolge der politischen Planung drohen, abmildert oder vermeidet. Dabei wird man von der Erkenntnis auszugehen haben, daß die parlamentarische Kontrollfunktion im Grunde nicht durch die Regierungsplanung als solche beeinträchtigt wird, sondern durch den Mangel an diesbezüglichen Informationen[97a]. Abhilfe könnte hier ein parlamentarischer Planungs-

[89] Vgl. dazu oben IV. 2.3.

[90] *Kewenig:* Parlamentarische Mitregierung, S. 29.

[91] Vgl. für viele *Scheuner:* Politische Koordination, S. 916 f.

[92] Vgl. *Scheuner:* Verantwortung und Kontrolle, S. 379.

[93] In diesem Sinne *Friauf:* Ziel- und Mittelplanung, S. 673; ebenso im Ergebnis *Böckstiegel:* Neue Aspekte der Gewaltenteilung seit Inkrafttreten des Grundgesetzes, S. 1718.

[94] Vgl. *Friauf:* Ziel- und Mittelplanung, S. 676.

[95] Vgl. oben I. 6.

[96] Vgl. oben III. 7.

[97] Ziel- und Mittelplanung, S. 639.

[97a] Vgl. oben IV. 2.3.

informationsanspruch schaffen, dessen verfassungsrechtlicher Ausgangspunkt Art. 43 Abs. 1 GG ist.

3.43 Allgemeine Informationspflicht der Regierung

Vordergründig betrachtet, gibt Art. 43 Abs. 1 GG dem Parlament lediglich das Recht, die Anwesenheit jedes Mitgliedes der Bundesregierung zu verlangen. Darüber hinaus begründet aber das parlamentarische Herbeirufungsrecht nach übereinstimmender Auffassung in Rechtsprechung[98] und Lehre[99] gewohnheitsrechtlich eine Pflicht des jeweiligen Regierungsmitgliedes, nicht nur zu erscheinen sondern auf Fragen auch Rede und Antwort zu stehen. Nicht zu Unrecht bezeichnet *Herzog*[100] daher Art. 43 GG insgesamt als die „Kardinalnorm des parlamentarischen Kontaktes". Im parlamentarischen Regierungssystem des Grundgesetzes, das die Organe Regierung und Parlament zum Zusammenwirken bei der Staatsleitung zwingt[101], ist diese ständige Kontaktmöglichkeit besonders wichtig, weil sie dem Zusammenspiel der Staatsorgane dient[102].

Nun muß man freilich feststellen, daß Art. 43 Abs. 1 GG dem Parlament zwar die *Möglichkeit* eröffnet, sich durch Ausübung des Fragerechts[103] über die laufenden Regierungsgeschäfte zu unterrichten, daß aber keine dahingehende *Verpflichtung* der Regierung besteht. Eine derartige Pflicht normiert hingegen Art. 53 Satz 3 GG für das Verhältnis von Bundesregierung und Bundesrat. Das Fehlen der entsprechenden Verpflichtung in Art. 43 GG wird man jedoch mit *Herzog*[104] nicht „als beredte Verneinung" einer laufenden Informationspflicht von Regierung und Parlament aufzufassen haben. Vielmehr dürfte die Ansicht zutreffen, daß die allgemeine Pflicht der obersten Verfassungsorgane zur gegenseitigen Information im Verhältnis Bundesregierung—Bundesrat bloß einseitig zu Lasten der Regierung intensiviert worden ist[105], daß der Grundgedanke des Art. 53 Satz 3 GG aber auch generell Geltung für das Verhältnis der Staatsorgane untereinander beanspruchen kann[106].

---

[98] Vgl. z. B. BVerfGE 13, 123 (125).

[99] Vgl. z. B. *Maunz* in Maunz/Dürig/Herzog: Grundgesetz. Kommentar, Art. 43 Rdnr. 8.

[100] Gutachten, S. 88, unter Berufung auf *Scupin:* Bonner Kommentar, Art. 53 II 1.

[101] Vgl. dazu oben III. 2.

[102] Vgl. *Maunz* in Maunz/Dürig/Herzog: Grundgesetz. Kommentar, Art. 43 Rdnr. 1.

[103] Das in den §§ 105—111 GeschOBT sowie den Richtlinien für die Fragestunde im einzelnen geregelt wird.

[104] Gutachten, S. 90.

[105] So *Herzog:* Gutachten, S. 90 f. m. w. Nachw.

[106] *Herzog:* (= Anm. 105), S. 91; ebenso *Ossenbühl:* Gutachten, S. B 88 ff. (B 90).

Dies folgt letztlich aus dem Grundsatz eines „interorganfreundlichen Verhaltens“[107], der zwar nirgends geschrieben steht, sich aber aus dem notwendigen Zusammenwirken der Staatsorgane Regierung und Parlament im Rahmen der Staatsleitung ergibt[108].

3.44 Spezielle Planungsinformationspflicht

Zwar gehört die gegenseitige Information nicht unmittelbar zum Bereich der Staatsleitung, sie bildet aber hierfür eine unerläßliche Voraussetzung. Wie die früheren Ausführungen über die Beeinträchtigung staatsleitender parlamentarischer Funktionen zeigen[109], trifft dies in besonderem Maße für das Parlament zu. Nachdem aber erkannt worden ist, daß die politische Planung der Regierung zu einer qualitativ neuartigen Beeinträchtigung parlamentarischer Funktionen führt[110] und diese Beeinträchtigung aus der Vorenthaltung von Planungsinformationen resultiert, dann schlägt das allgemeine Recht des Parlaments auf Unterrichtung über die Regierungstätigkeit in einen speziellen Planungsinformationsanspruch um. Wenn man so will, unterliegt also die Ausübung der politischen Planung durch die Regierung insofern einer „Restriktion“, als sie mit einer speziellen Informationspflicht gekoppelt ist, die durch Unterrichtung des Parlaments über den wesentlichen Inhalt des Planungskonzepts erfüllt wird[111].

Die Planungsinformationspflicht der Regierung muß dabei von der Initiative des Parlaments unabhängig sein[112], weil die Regierung ja von sich aus erst einmal jene Basisinformationen liefern soll, die das Parla-

---

[107] *Herzog:* Gutachten, S. 87, 91.

[108] Die „Aktuelle Information“ des Parlaments durch die Bundesregierung nach Kabinettsitzungen (Beschluß des Ältestenrates vom 22. Februar 1973) kann z. B. durchaus als praktischer Schritt in Richtung einer laufenden Information des Parlaments gewertet werden.

[109] Vgl. oben IV. 2.

[110] Vgl. oben IV. 2.4.

[111] Im Ergebnis ebenso, jedoch ohne nähere Begründung fordert *Böckenförde:* Planung zwischen Regierung und Parlament, S. 453, „die Verpflichtung der Regierung, zusammen mit ihren Planungen auch die Planungsgrundlagen, d. h. den wesentlichen Informationsunterbau, dem Parlament vorzulegen“. Eine verstärkte Planungsinformation des Parlaments befürworten u. a. auch *Badura:* Verfassungsfragen der Finanzplanung, S. 17; *Herzog:* Gutachten, S. 92 und passim; *Liesegang:* Beteiligung der Parlamente, S. 163; *Lompe:* Gesellschaftspolitik und Planung, S. 310 f.; *Projektgruppe RVR,* S. 218; *Jochimsen/v. Peter:* Beteiligung des Parlaments, S. 759; auch die *Enquete-Kommission:* Staatliche Aufgabenplanung, S. 30, erhebt die Forderung, daß der „planerische Hintergrund, der Bezug zu den längerfristigen Konzeptionen offengelegt wird“. Eine besondere Unterrichtung des Parlaments über die Regierungsplanung verlangen übereinstimmend die bisher vorliegenden Planungskontrollgesetzentwürfe, vgl. *IPA:* Kontrollsicherungsgesetz, § 1; *CDU-Fraktion/NRW:* Planungskontrollgesetz, § 5; *SPD-Fraktion/RhPf.:* Planungskontrollgesetz, § 5; *CDU-Fraktion/Berlin:* Planungskontrollgesetz, § 8.

[112] So auch die Forderung von *Herzog:* Gutachten, S. 92.

ment befähigen, im Rahmen der Kontrollfunktion seine bisherigen Informationsrechte wirksam auszuüben. Da der Planungsinformationsanspruch des Parlaments ein spezieller Anspruch ist und über die bestehenden parlamentarischen Informationsrechte hinausgeht, wird seine verfassungsrechtliche Verankerung notwendig sein[113].

Daß eine verfassungsrechtlich normierte Planungsinformationspflicht der Regierung und ein damit korrespondierender Planungsinformationsanspruch des Parlaments kein dem Grundgesetz völlig neuer Gedanke ist, zeigt Art. 53 a Abs. 2 GG. Nach dieser Vorschrift hat die Bundesregierung den Gemeinsamen Ausschuß „über ihre Planungen für den Verteidigungsfall zu unterrichten". Es handelt sich hierbei allerdings um eine Regelung, deren Ausnahmecharakter evident sein dürfte. Der Gemeinsame Ausschuß ist zwar als ständiges Verfassungsorgan geschaffen worden, aber Bedeutung gewinnt er nur im Verteidigungsfall[114], während sich in Friedenszeiten seine Funktion darauf beschränkt, die Unterrichtung der Bundesregierung über ihre Verteidigungsplanung entgegenzunehmen[115]. Aus diesem Zusammenhang wird erkennbar, daß die Unterrichtung allein im Hinblick auf einen möglichen Verteidigungsfall erfolgt und daß hier nicht etwa ein allgemeiner Gedanke eine konkrete Regelung erfahren hat.

Da es sich also um einen sehr speziellen Sachverhalt handelt, verbietet sich die Analogie zur politischen Planung; Art. 53 a Abs. 2 GG wurde daher bei der verfassungsrechtlichen Begründung des parlamentarischen Anspruchs auf Planungsinformation auch bewußt nicht herangezogen. Mit dem Hinweis auf Art. 53 a Abs. 2 GG soll lediglich darauf aufmerksam gemacht werden, daß ein Planungsinformationsanspruch des Parlaments sich immerhin auf einen von der Verfassung normierten — freilich höchst speziellen — Präzedenzfall stützen kann.

3.45 Das Problem der vorgängigen Planungskontrolle

Nun wird man allerdings feststellen müssen, daß der Planungsinformationsanspruch als notwendiges Hilfsmittel[116] einer wirksamen parlamentarischen Kontrolle der Regierungsplanung bereits zu einem Zeitpunkt einsetzt, in dem die Regierung noch überhaupt keine greifbare Tätigkeit entfaltet. Weder hat die Regierung zur Realisierung ihrer Planung konkrete Maßnahmen ergriffen, die zu überprüfen wären, noch

---

[113] Vgl. dazu unten VI. 5.

[114] Vgl. Art. 115 a Abs. 2 und 5; 115 e; 115 Abs. 2; 115 h Abs. 2 GG.

[115] Vgl. *Trossmann:* Der Deutsche Bundestag, S. 122.

[116] Nach *Hübner:* Stichwort „Informationsrecht des Parlaments", S. 203, bildet das parlamentarische Informationsrecht „in Verbindung zu den verfassungsmäßigen Funktionen des Parlaments ... ein typisches parlamentarisches Hilfsrecht".

hat sie dem Parlament einen Gesetzesentwurf vorgelegt, der eine Beurteilung verlangte — sie hat nicht einmal irgendwelche Absichtserklärungen abgegeben, mit denen das Parlament sich auseinandersetzen könnte. Statt dessen hat die Regierung im Rahmen eines Erkenntnis- und Entscheidungsverfahrens Konzeptionen entwickelt, die schon wegen ihrer Langfristigkeit unter dem Vorbehalt der Änderbarkeit stehen; sie hat also nichts Endgültiges geschaffen, keine Entscheidungen gefällt, an die sie künftig gebunden wäre.

Ein Planungsinformationsanspruch des Parlaments richtet sich daher auf nichts weniger als eine Rechenschaftslegung der Regierung für Dinge, die sie noch nicht einmal im Ansatz realisiert hat, die sie vielleicht in dieser Form nie verwirklichen wird und an denen sie sich jedenfalls nicht festgehalten wissen will. Die hinter dem Informationsanspruch stehende Kontrollabsicht des Parlaments greift also einem künftigen konkreten Regierungshandeln vor und geht ihm voraus. Es handelt sich mithin im Endergebnis um eine vorgängige Kontrolle der Regierung in Sachen Planung.

3.46 Beispiele vorgängiger Kontrolle

Diese vorgängige Kontrolle entspricht freilich nicht mehr dem oben[117] skizzierten herkömmlichen Verständnis einer ex-post-Kontrolle, die dem Grundsatz folgt, daß die Regierung zunächst handeln und sich danach für ihr Handeln gegenüber dem Parlament verantworten müsse[118]. Damit werden allerdings nur die *förmlich-unmittelbaren* Kontrollrechte des Parlaments ansprochen, die aber nicht die Gesamtheit aller Kontrollmöglichkeiten darstellen. Hinzu treten nämlich noch die *materiell-mittelbaren* Kontrollmittel[119], die eine durchweg vorgängige Natur haben:

— Ein Mittel vorgängiger Kontrolle ist z. B. das parlamentarische Budgetrecht[120], denn es gibt dem Parlament die Gelegenheit, alle haushaltsabhängigen Vorhaben der Regierung in ihren finanziellen Auswirkungen zu überprüfen, bevor sie realisiert werden[121].

— Auch die allgemeine Gesetzgebung kann unter dem Gesichtspunkt einer vorauswirkenden Kontrolle betrachtet werden[122], denn anhand einer Gesetzesvorlage der Regierung kann sich das Parlament vorab über ein künftiges Regierungshandeln orientieren, soweit dies auf

[117] V. 3.1.
[118] So die Formulierung bei *Friauf:* Ziel- und Mittelplanung, S. 679.
[119] Diese Unterscheidung findet sich bei *Eichenberger:* Die Problematik der parlamentarischen Kontrolle, S. 270.
[120] *Peters:* Verwaltung ohne gesetzliche Ermächtigung?, S. 209.
[121] Vgl. auch oben III. 5.11.
[122] So z. B. *Achterberg:* Grundzüge des Parlamentsrechts, S. 57.

gesetzlicher Grundlage erfolgen soll. Es kann das künftige Handeln der Regierung an seinen eigenen Maßstäben messen und dafür sorgen, daß es diesen entsprechen wird.

— Ein weiteres Beispiel vorgängiger Kontrolle stellt der Ratifikationsvorbehalt des Art. 59 Abs. 2 GG dar. Hier wird die Kontrolle politischer Verträge dergestalt geregelt, daß das Parlament sein Veto einlegen kann, bevor ein völkerrechtliches „fait accompli" entstanden ist[123].

— In einem allgemeineren Sinne könnte man schließlich auch die kritische Auseinandersetzung des Parlaments mit einer Regierungserklärung als Erscheinungsform der vorgängigen Kontrolle ansehen, denn indem das Parlament die Regierungserklärung debattiert, „kontrolliert es die politischen Absichten und Ziele der Regierung"[124].

Diese Beispiele zeigen, daß der Kontrollbegriff nicht notwendig an das Merkmal der Nachträglichkeit gebunden ist. Im Rahmen seiner mittelbaren Kontrollfunktion übt das Parlament vielmehr auf mannigfache Weise auch eine vorauswirkende, dem eigentlichen Regierungshandeln vorangehende Kontrolltätigkeit aus. Abgesehen von dem zuletzt erwähnten Beispiel handelt es sich allerdings durchweg um eine akzessorische Kontrolle, die gelegentlich der Wahrnehmung anderer parlamentarischer Funktionen anfällt. Diese Form einer *mittelbaren* vorgängigen Kontrolle deckt freilich nicht den *unmittelbaren* Planungsinformationsanspruch.

3.47 Regierungserklärung als Ansatzpunkt

Auch die Debatte einer Regierungserklärung, die als unmittelbarer Ausdruck der parlamentarischen Kontrollfunktion gelten kann, läßt sich nicht ohne weiteres mit dem vorgängigen Planungsinformationsanspruch vergleichen. Während nämlich bei der Regierungserklärung ein „erklärter" Wille der Regierung kontrolliert wird, richtet sich der Planungsinformationsanspruch auf die Kontrolle einer Konzeption, welche die Regierung — schon allein wegen ihres vorläufigen Charakters — gerade nicht preisgeben möchte. Dennoch wird man dieses Beispiel heranziehen können, um ein unmittelbares, vorgängiges Kontrollrecht des Parlaments gegenüber der Regierungsplanung zu begründen, das sich im Planungsinformationsanspruch konkretisiert.

Mit der Regierungserklärung legt nämlich die Regierung ihr in Schwerpunkten zusammengefaßtes Programm für eine kurz- oder mittelfristige Zeitdauer vor. Wesentliche Teile dieses Programms sind im

---

[123] *Bayer:* Die Aufhebung völkerrechtlicher Verträge, S. 162, der erstmals diesen Aspekt des Art. 59 Abs. 2 GG dogmatisch herausgearbeitet hat.

[124] *Seeger:* Gutachten, S. 13; ebenso *derselbe:* Stellungnahme, S. 28.

Wege der politischen Planung erarbeitet worden und werden auch weiterhin von ihr begleitet. Die politische Planung bildet dabei gewissermaßen den Hintergrund für das Regierungsprogramm: Sie ist der langfristige Rahmen und der schon in Einzelheiten gehende, abgestimmte Entwurf; sie sorgt im Wege der Rückkoppelung dafür, daß der Kontakt zwischen Realität und politischem Wollen nicht verloren geht; sie gibt Anregungen und ermöglicht eine Erfolgskontrolle; sie ist Maßstab und Anleitung für das Handeln der Regierung. Man könnte die Regierungsplanung insofern als das ständige Vorstadium des Regierungsprogramms bezeichnen. Die Nähe der internen Regierungsplanung zum veröffentlichten Regierungsprogramm rechtfertigt daher eine Gleichbehandlung unter dem Gesichtspunkt der parlamentarischen Kontrolle.

Dies gilt um so mehr, als das Regierungsprogramm nur die einzelnen Ziele der Regierung in mehr oder weniger abstrakter Form ausweist, während die dahinter stehende politische Planung schon die Strategien zur Verwirklichung dieser Ziele bereithält. Eine Kontrolle der Einzelziele ohne Kenntnis der übergreifenden Konzeption, der Durchsetzungsstrategien und deren einkalkulierter Nebenwirkungen muß Stückwerk bleiben. Gesamtkonzeption, Ziele, Subziele, Durchsetzungsstrategien und ihre Auswirkungen bilden bei der politischen Planung eine untrennbare Einheit und geben erst in ihrer Gesamtheit Aufschluß über die politischen Absichten der Regierung. Eine isolierte Kontrolle der Einzelziele gibt dem Parlament nicht die Chance, ein beabsichtigtes — oder auch konkretes — Handeln der Regierung in seiner ganzen Tragweite zu erfassen, denn der Rückschluß von Teilen auf das Ganze ist nicht möglich[125].

Die vorgängige Kontrolle der Regierungsplanung ist daher nicht allein deshalb geboten, weil die nachträgliche Kontrolle sinnlos wäre, sondern weil andernfalls eine Kontrolle des *Planungsaspekts* der Regierungstätigkeit überhaupt unmöglich ist. So wie die unmittelbare, vorgängige Kontrolle des Parlaments am Regierungsprogramm ansetzen darf, so muß sie auch dessen strategischen Hintergrund aufklären dürfen, wenn sie angesichts einer Regierungsplanung noch effektiv sein soll. Das Parlament ist also berechtigt, seinen materiell begründeten Planungsinformationsanspruch[126] im Rahmen seiner Kontrollfunktion als *vorgängige Kontrolle der Regierungsplanung* geltend zu machen. Gewiß, es handelt sich hier um ein neuartiges Kontrollinstrument, aber die neue Dimension planerischer Regierungstätigkeit zwingt dazu, „neue Formen und Wege parlamentarischer Kontrolle zu erschließen“[127],

125 Vgl. oben IV. 2.1.

126 Vgl. oben V. 3.44.

127 *Scheuner:* Entwicklungslinien, S. 399.

damit das Parlament auch unter den heutigen Bedingungen eine wirksame Regierungskontrolle ausüben kann.

3.48 Grenzen des Planungsinformationsanspruchs

Die Grenzen des Planungsinformationsanspruchs sollen nicht verschwiegen werden. Eine inhaltliche Schranke findet der grundsätzlich gegebene Anspruch an dem „Recht der Regierung zur ungestörten Selbstentfaltung“[128]. Das heißt im vorliegenden Fall, daß die Regierung nicht gezwungen werden kann, alles und jedes preiszugeben, was im Zusammenhang mit der politischen Planung steht. Unbeschadet eines parlamentarischen Planungsinformationsanspruchs muß der Regierung vielmehr das Recht zugestanden werden, unbeaufsichtigt, unbeeinflußt und unbefangen „ins Unreine“ denken zu dürfen[129]. Vorüberlegungen, Denkansätze, Problemskizzen, über die sich die Regierung noch überhaupt nicht klar geworden ist, denen gegenüber sie noch keinen Willen gebildet hat, müssen daher auch vom Parlament als intern respektiert werden[130].

Wenn hier die Forderung aufgestellt wird, das Parlament müsse die Regierung erst einmal „zuende denken“ lassen, bevor es Auskunft verlange, so heißt das freilich nicht, daß sich die Regierung in der Sache schon abschließend entschieden haben müßte. Endgültige Entscheidungen werden im Rahmen der politischen Planung ohnehin erst dann getroffen, wenn eine konkrete Maßnahme verwirklicht werden soll. Alle übrigen Planungsentscheidungen stehen unter dem Vorbehalt der Revisibilität, weil der Planungsprozeß als solcher zu keinem Zeitpunkt als abgeschlossen gelten kann. Daher wird die Regierung ihre Planungskonzeption auch dann preisgeben müssen, wenn es sich in wesentlichen Teilen um einen veränderbaren Entwurf handelt, um einen vorläufigen Stand der Überlegungen zum gegenwärtigen Zeitpunkt, um ein ständiges Zwischenergebnis[131]. Dem muß das Parlament seinerseits dadurch Rechnung

---

[128] *Ossenbühl:* Gutachten, S. B 95; vgl. hierzu auch *Hamburgisches Verfassungsgericht*, Urteil vom 4. 7. 1973, abgedruckt in: Deutsches Verwaltungsblatt 1973, S. 885 f. (886).

[129] Dies gilt ganz allgemein. Im Zusammenhang mit der Veröffentlichung einer Fallstudie des Auswärtigen Amts aus dem Jahre 1968 durch die Illustrierte „Quick“ meint daher der stellvertretende Regierungssprecher *Grünewald* (in: Kommentarübersicht/BPA Nr. 184 a vom 25. 9. 1973, S. 14) mit Recht, es sei „in der Tat ein bedrückender Zustand, ... daß es nicht möglich ist, daß die Regierung, *bevor sie Politik plant,* einmal nachdenken kann in ihrem Regierungsapparat, ohne daß die gesamte Öffentlichkeit dabei zuhört“. (Hervorhebung vom Verf.)

[130] Vgl. hierzu die Feststellung von *Apter:* The Premise of Parliamentary Planning, S. 13: „No method of planning can be undertaken in the full glare of publicity at all stages. Flexibility requires sufficient privacy to enable legislators to change their minds.“ Was hier mit Blick auf das Parlament gesagt wird, gilt natürlich ebenso für die Regierung.

tragen, daß es nicht versucht, die Regierung an einem als vorläufig gedachten Zwischenergebnis festzuhalten und daß es sich bei seiner Kritik immer bewußt ist, daß mit der Planungskonzeption ein Entwurf oder gar nur ein Problemaufriß vorliegt und keine fertige Lösung. Die Planungskonzeption der Regierung wird das Parlament daher *planungsbewußt* kontrollieren müssen[132].

3.5 Die Forderung nach mitwirkender Kontrolle

Der Planungsinformationsanspruch ermöglicht dem Parlament zwar, seinen Informationsrückstand gegenüber der Regierungsplanung weitgehend auszugleichen, er verhilft ihm aber nicht zu einem direkten Mitwirkungsrecht. Da jedoch das Parlament an einem solchen Mitwirkungsrecht durchaus interessiert ist, liegt es nahe, die parlamentarische Kontrollfunktion als verfassungsrechtlichen Hebel einer Mitwirkungsmöglichkeit an der Regierungsplanung zu interpretieren.

3.51 Gleichsetzung von Kontrolle und Mitwirkung?

Als Ansatzpunkt bieten sich die schon oben[133] angeführten Beispiele der Gesetzgebung, des Budgetrechts sowie des Ratifikationsvorbehalts nach Art. 59 Abs. 2 GG an. Dabei handelt es sich um gegliederte Entscheidungsprozesse, an denen das Parlament mitwirkt und zugleich eine Kontrolle ausübt[134]. Hier zeigt sich also, daß die parlamentarische Mitwirkung im Bereich staatsleitender Akte auch einen kontrollierenden Effekt haben kann. Ferner hat *Leisner*[135] darauf hingewiesen, daß ebenso der umgekehrte Fall möglich ist — daß also Kontrolle im Ergebnis zu einer Mitwirkung führen kann —, wenn grundlegende Gesetzesvorhaben schon *vor* ihrer Einbringung im Parlament mit den Fraktionen

---

[131] Anderer Auffassung wohl *Partsch:* Von den Grenzen parlamentarischer Untersuchungen, S. 73, der eine Vorlagepflicht der Regierung nur dann für gegeben hält, wenn etwas Entscheidungsreifes vorliegt, d. h. ein Ergebnis, für das die Regierung einstehen kann. Diese im allgemeinen zutreffende Auffassung kann unter den besonderen Bedingungen der politischen Planung nicht mehr in vollem Umfang Geltung beanspruchen. *Partsch* hat seine gern zitierte Äußerung freilich auch in anderem Zusammenhang getan. Im Hinblick auf eine Planungskonzeption wird man von „Entscheidungsreife" schwerlich sprechen können, allenfalls von einem gewissen „Grad der Reife". In diesem Sinne z. B. *Böckenförde:* Planung zwischen Regierung und Parlament, S. 449, der eine parlamentarische Beteiligung „erst bei einer gewissen Formation der Planung" für sinnvoll hält. Ebenso *Enquete-Kommission:* Staatliche Aufgabenplanung, S. 29.

[132] Ein besonderes Planungsbewußtsein der Abgeordneten fordern z. B. auch *Böhret:* Entscheidungshilfen, S. 258 f.; *Herzog:* Gutachten, S. 145 f.

[133] V. 3.46.

[134] *Herzog:* Gutachten, S. 69 f.

[135] Die quantitative Gewaltenteilung, S. 409.

besprochen werden. Leisner[136] bezeichnet dies als Vorwirkung einer a-posteriori-Kontrolle in eine a-priori-Mitarbeit[137].

Man wird daher *Herzog*[138] zustimmen können, wenn er feststellt, daß in solchen Fällen „Staatsleitung und Kontrolle zeitlich wie funktionell in engen Bezug" rücken. In der Tat kann die Mitwirkung des Parlaments an der Staatsleitung zu einer vorgängigen Kontrolle führen und parlamentarische Kontrolle kann umgekehrt auf eine vorweg erfolgende Mitarbeit an der Regierungspolitik hinauslaufen. Diese Tatbestände erlauben aber nicht die Schlußfolgerung, daß die Begriffe „Kontrolle" und „Mitwirkung" eine Einheit bilden mit der Konsequenz, daß die Mitwirkung nicht mehr nur als *Folge* ausgeübter Kontrolle angesehen wird sondern als ihre instrumentale *Voraussetzung*[139]: Kontrolle durch Mitwirkung.

Es ist das Verdienst von *Bayer*[140], bei seiner dogmatischen Untersuchung des Art. 59 Abs. 2 GG nachgewiesen zu haben, daß mit dem einheitlichen Vorgang der parlamentarischen Zustimmung zu einem völkerrechtlichen Vertrag zwar sowohl Mitwirkung als auch Kontrolle ausgeübt wird, daß es sich dabei aber um „zwei Akte *völlig verschiedener* Natur" handelt. Das Einverständnis mit dem völkerrechtlichen Abschluß eines Vertrages ist ein Akt parlamentarischer *Kontrolle,* der auf das innerstaatliche Recht bezogene Geltungsbefehl dagegen ein Akt der *Rechtsetzung.* Obwohl beide Akte „durch die Gesetzesform miteinander verbunden sind, sind sie ihrer Wesensart nach doch so verschieden, daß sie sehr wohl ein jeweils eigenes rechtliches Schicksal erleiden können"[141]. Rechtsdogmatisch bleibt also festzustellen, daß trotz einer in manchen Fällen unleugbaren funktionalen Nähe von Mitwirkung und Kontrolle diese Erscheinungsformen parlamentarischer Tätigkeit nicht identisch und daher auch nicht gegeneinander austauschbar sind.

3.52 Rückgriff auf das Gewaltenteilungsprinzip?

Einen weiteren Ansatzpunkt zur Begründung eines parlamentarischen Mitwirkungsrechts an der Regierungsplanung im Rahmen der parlamentarischen Kontrollfunktion sucht man durch den Rückgriff auf das Gewaltenteilungsprinzip zu finden. Dabei nimmt man auf die Erkenntnis

[136] Ebd. (= Anm. 135).

[137] Die freilich, wie *Ossenbühl:* Gutachten, S. B 71, zutreffend hervorhebt, „prinzipiell keine (Mit-)Entscheidungsbefugnis" impliziert. Vgl. dazu schon oben III. 5.12.

[138] Gutachten, S. 69 f.

[139] So aber z. B. *Kewenig:* Parlamentarische Mitregierung, S. 11, Fußn. 22; S. 30 f.

[140] Die Aufhebung völkerrechtlicher Verträge, S. 175 f.

[141] *Bayer* ebd., S. 176 m. Nachw.

Bezug, daß nach heutigem Verständnis die Gewaltenteilung nicht als starre Funktionentrennung sondern als Gegen- aber auch *Zusammenspiel* der Gewalten[142] aufzufassen ist, daß also der Gedanke der Zuordnung und Kooperation der Gewalten vermehrte Aufmerksamkeit verdient[143]. Hält man sich an dieses moderne Bild der Gewaltenteilung, dann fällt es offenbar nicht schwer, unter der Parole einer „Plan-Gewaltenteilung"[144] ein kooperatives Zusammenwirken von Regierung und Parlament an der politischen Planung zu fordern.

Hinter dem griffigen Ausdruck „Plan-Gewaltenteilung" verbirgt sich dabei nichts weniger als die Forderung nach einer „Stärkung parlamentarischer Mitregierung statt bloßer meist ineffektiver Kontrolle und damit einhergehend die Einbeziehung des Parlaments ins Planungsgeschäft"[145]. Man wird freilich diesen gedanklichen Brückenschlag von der allgemeinen Gewaltenteilung zur „Plan-Gewaltenteilung" im Rahmen der parlamentarischen *Kontroll*funktion nicht unbesehen hinnehmen können. Zum einen dürfte die Formulierung „Plan-Gewaltenteilung" insofern unglücklich gewählt sein, als sie die — nicht gegebene — Existenz einer besonderen „Plan-Gewalt" impliziert[146], die nun zu teilen wäre. Die Forderung nach einer „Plan-Gewaltenteilung" ist also schon in ihren *begrifflichen* Voraussetzungen unhaltbar. Zum anderen bestehen aber vor allem gegenüber der *inhaltlichen* Zulässigkeit eines Rückgriffs auf das Prinzip der Gewaltenteilung dogmatische Bedenken.

Loewenstein[147] hat nämlich mit Recht darauf aufmerksam gemacht, daß „geteilte politische Macht und kontrollierte politische Macht ... nicht einander gleichzusetzen" seien. *Geteilte* Macht bedeutet, daß ein politischer Akt *kraft Verfassung* nur dann wirksam wird, wenn mehrere Machtträger bei seinem Zustandekommen mitwirken[148]. Soweit dabei auch Kontrolle ausgeübt wird, handelt es sich um eine *gegenseitige* Machtkontrolle[149], die im übrigen im Verhältnis zum eigentlichen Akt

---

[142] So *Scheuner:* Verantwortung und Kontrolle, S. 395.

[143] Vgl. auch *Bäumlin:* Die Kontrolle des Parlaments, S. 228; *Bermbach:* Stichwort „Gewaltenteilung", S. 179.

[144] So erstmals wohl *Ipsen:* Rechtsfragen der Wirtschaftsplanung, S. 67; ebenso z. B. *Rietdorf:* Planung als Aufgabe von Parlament und Regierung, S. 4; *Wahl:* Notwendigkeit und Grenzen langfristiger Aufgabenplanung, S. 481 f.

[145] *Stern:* Totalrevision des Grundgesetzes?, S. 409; ohne Bezugnahme auf die Planung, aber in der Sache ebenso *Kewenig:* Parlamentarische Mitregierung, S. 30 f.; 57, Fußn. 126 und passim.

[146] Vgl. dazu oben II. 5.

[147] Die neue Dreiteilung der Staatsfunktionen, S. 282 f.; *derselbe:* Verfassungslehre, S. 47.

[148] Beispiele: Art. 59 Abs. 2; 113 GG.

[149] *Loewenstein:* Die neue Dreiteilung der Staatsfunktionen, S. 282/283, der dies als „Kontrollfunktion kraft Verfassung" bezeichnet.

einen akzessorischen Charakter hat. *Kontrollierte* Macht hingegen bedeutet, daß selbständige Kontrollmöglichkeiten bestehen, die ein Machtträger nach eigenem Ermessen und *unabhängig* von einem anderen Machtträger anwenden kann[150].

Man wird also auch in Bezug auf die politische Planung sehr sorgfältig die *Kontrolle* der Regierungsplanung von einer etwaigen *Gewaltenteilung* im Planungsbereich unterscheiden müssen. Gewiß ist die parlamentarische Regierungskontrolle Ausdruck und Bestandteil des Gewaltenteilungsprinzips, indem sie der Mäßigung der Staatsmacht dient, aber sie ist mit diesem Prinzip nicht identisch. Parlamentarische Kontrolle der Regierung ist vielmehr nur ein Teilstück im Gesamtgefüge der Gewaltenteilung, ein Baustein, der in seiner Struktur keineswegs notwendig den Strukturprinzipien des Gesamtgebäudes gleichen muß. Das im größeren Rahmen der Gewaltenteilung oft — aber durchaus nicht immer — notwendige Zusammenwirken von Parlament und Regierung kann daher nicht — sozusagen als universelles Prinzip — in die parlamentarische Kontrollfunktion hineininterpretiert werden[151], denn hier gelten eben spezifische *Kontrollprinzipien*[152].

3.53 Die These Bäumlins

Ohne unmittelbaren Rückgriff auf das Gewaltenteilungsprinzip, vielmehr durch eine Neuinterpretation des Kontrollbegriffs selbst, versucht *Bäumlin*[153], die parlamentarische Kontrolle *über* die Regierung in eine Mitwirkung *an* der Regierung (im funktionalen Sinn) umzudeuten. Nach seiner Auffassung bedeutet parlamentarische Kontrolle über Regierung und Verwaltung *politische* Kontrolle, und diese sei ihrem Sinne nach auf eine „Mitgestaltung der ‚Polis', des Staates als Gemeinwesen" gerichtet. Kontrolle ergebe sich aus einem „Zusammenwirken verschiedener Instanzen auf ein gemeinsames Ziel"[154], sei „Kontrolle durch Mitwirkung"[155].

Diese These hat in der Staatsrechtslehre Zustimmung gefunden[156] und wird gern zur Unterstützung der Forderung nach einer mitwirkenden parlamentarischen Kontrolle herangezogen. Unbeachtet bleiben dabei

---

[150] *Loewenstein* (= Anm. 149); vgl. z. B. Art. 44; 67 GG.

[151] Dies tut jedoch z. B. *Herzog:* Gutachten, S. 89.

[152] Vgl. dazu oben V. 3.1.

[153] Die Kontrolle des Parlaments, S. 243 ff.

[154] *Bäumlin* (= Anm. 153), S. 247.

[155] *Bäumlin* (= Anm. 153), S. 244.

[156] Vgl. z. B. *Herzog:* Gutachten, S. 69 f.; *Kewenig:* Parlamentarische Mitregierung, S. 31; ebenso — wenn auch unter Hinweis auf prinzipielle Bedenken — *Scheuner:* Verantwortung und Kontrolle, S. 401 f.; *derselbe:* Bekenntnis des Grundgesetzes, S. 35 f.

jedoch die spezifischen Voraussetzungen, von denen *Bäumlin* bei der Entwicklung seiner These ausgeht[157]:

— Im schweizerischen Regierungssystem sind Parlament und Regierung voneinander unabhängig, d. h. das Parlament kann den Bestand der Regierung insgesamt nicht in Frage stellen und umgekehrt.

— Die schweizerische Regierungsform beruht auf der Kooperation aller Parteien an der Regierung. Unter diesen Umständen ist ein Dualismus von Regierungskoalition und Opposition nicht sinnvoll, da die Opposition keine Möglichkeit hat, sich als Alternative anzubieten.

Bei dieser Sachlage sieht *Bäumlin* die Gefahr, „daß der parlamentarischen Kontrolle über die Regierung der Ansporn durch die Parteigegensätze fehlt, weil alle großen Parteien bei der Kritik dadurch gehemmt werden, daß sie selbst an der kritisierten Regierung beteiligt sind“[158]. Es liegt auf der Hand, daß unter *diesen* Voraussetzungen die parlamentarische Kontrollfunktion in der Tat zu verkümmern droht und eine Mitwirkung des *Gesamt*parlaments an der *Allparteien*regierung die geeignete Methode zur Ausübung parlamentarischer Kontrolle sein dürfte. Im Regierungssystem des Grundgesetzes liegen die Dinge jedoch anders[159].

Der erste Unterschied besteht darin, daß in der Bundesrepublik Deutschland kein echtes gewaltenteilendes System existiert, bei dem sowohl die Regierung als auch das Parlament auf eine feste Amtsdauer gewählt sind und einander in dieser Zeit weder stürzen noch auflösen können. Vielmehr hat das Grundgesetz ein gewaltenvereinendes System[160] konzipiert mit der — inzwischen gar nicht mehr so theoretischen — Möglichkeit des Mißtrauensvotums (Art. 67 Abs. 1 GG) zum Sturz der Regierung und der ebenfalls sehr realen Möglichkeit der Parlamentsauflösung nach Art. 68 Abs. 1 GG.

Der zweite Unterschied gegenüber den schweizerischen Verhältnissen ist darin zu sehen, daß es hierzulande keine Allparteienregierung gibt[161].

157 Vgl. *Bäumlin:* Die Kontrolle des Parlaments, S. 184 f.

158 *Bäumlin:* Die Kontrolle des Parlaments, S. 185.

159 *Bäumlin:* Die Kontrolle des Parlaments, S. 186 f., möchte freilich seinen Gedanken ebenfalls Geltung für das parlamentarische System beimessen, weil auch dieses „nicht ausschließlich von ... einem Antagonismus (her) ... verstanden werden“ könne, vielmehr sei auch hier eine „Zusammenarbeit der verschiedenen Funktionsträger“ und „ein gegenseitiges Vertrauensverhältnis unerläßlich“. Aufs Ganze gesehen, wird man *Bäumlin* hierin zustimmen können — nicht jedoch, wie noch zu zeigen sein wird, im Hinblick auf die parlamentarische Regierungskontrolle.

160 Bezüglich der Unterschiede vgl. *Schmid:* Zusammenspiel der staatlichen Machtverteilung, S. 241, 252, 270 f.

161 Selbst im Sonderfall der „Großen Koalition“ während der Jahre 1966 bis 1969 gab es eine — wenn auch nur kleine — parlamentarische Opposition.

Statt dessen haben wir eine parlamentarische Regierungsmehrheit auf der einen und eine parlamentarische Opposition auf der anderen Seite. Als Ergebnis eines ausgebildeten und etablierten Parteiensystems kann man also den im Hinblick auf die parlamentarische Kontrollfunktion sehr bedeutsamen verfassungsrechtlichen Befund feststellen, daß das Parlament *kontrovers* zusammengesetzt ist: Einer Regierungsmehrheit steht eine Opposition als politischer Kontrahent gegenüber.

3.54 Dualismus von Opposition und Regierungsmehrheit

Während die Verfassung noch allein von dem Vorstellungsbild eines institutionellen Dualismus zwischen Regierung und Parlament ausgeht[162], verläuft die Trennungslinie in der Verfassungswirklichkeit eher zwischen der Regierung und ihrer parlamentarischen Mehrheit auf der einen und der Opposition auf der anderen Seite[163]. Der faktische Monismus von Regierung und parlamentarischer Regierungsmehrheit[164] und ihr dualistisches Verhältnis zur Opposition[165] hat sogar zum Versuch einer Neueinteilung staatlicher Funktionen in eine „regierende" und eine „opponierende" Funktion[166] oder einer begrifflichen Ersetzung der Polarität von „gesetzgebender und ausübender Gewalt" durch das Begriffspaar „regierende und opponierende Gewalt"[167] geführt.

Das als Reaktion auf diese Situation zu wertende Auftreten der sogenannten „Außerparlamentarischen Opposition" dürfte darauf hindeuten, daß in der Bundesrepublik Deutschland eine Allparteienregierung wenig Zustimmung finden würde. Wohl auch in Erkenntnis dessen haben die beiden großen Parteien seinerzeit ernsthaft die Einführung eines Mehrheitswahlrechts diskutiert.

[162] Vgl. z. B. *Maunz* in Maunz/Dürig/Herzog: Grundgesetz. Kommentar, Rdnr. 19 zu Art. 62.

[163] Diese Erkenntnis hat *Scheuner:* Über die verschiedenen Gestaltungen des parlamentarischen Regierungssystems, S. 353, schon im Jahre 1927 so formuliert: „Nicht Regierung und Parlament ist der Gegensatz, die Frage ihrer gegenseitigen Macht führt sich vielmehr in der Hauptsache zurück auf die Beziehung Regierung und Mehrheitsfraktion (-fraktionen)." Dieser verfassungspolitische Sachverhalt ist weder neu, noch ist er dem Grunde nach bestritten, vgl. z. B. *Gehrig:* Parlament-Regierung-Opposition, S. 242 und passim; *Herzog:* Gutachten, S. 98; *Kägi:* Von der klassischen Dreiteilung zur umfassenden Gewaltenteilung, S. 168; *Kewenig:* Parlamentarische Mitregierung, S. 27; *Scheuner:* Bekenntnis des Grundgesetzes, S. 35; *Sternberger:* Gewaltenteilung und parlamentarische Regierung, S. 339.

[164] *Grube:* Die Stellung der Opposition im Strukturwandel des Parlamentarismus, S. 50, nennt dies einen „monistischen Block", und *Herzog:* Gutachten, S. 40, spricht von einer „fast monolithischen Zusammengehörigkeit".

[165] Die Tatsache, daß gelegentlich auch ein Kompromiß zwischen Regierungsmehrheit und Opposition geschlossen wird, hebt den prinzipiellen Dualismus nicht auf, wie *Gehrig:* Parlament-Regierung-Opposition, S. 253 ff., nachweist.

[166] So *Gehrig:* Parlament-Regierung-Opposition, S. 242; *derselbe:* Gewaltenteilung zwischen Regierung und parlamentarischer Opposition, S. 635.

[167] *Sternberger:* Lebende Verfassung, S. 131, 133.

Man wird darüber streiten können, ob der verfassungs*rechtliche* oder der verfassungs*politische* Dualismus die Verfassungswirklichkeit stärker bestimmt. Staatsrechtlich muß jedenfalls davon ausgegangen werden, daß das Prinzip der Gewaltenteilung durch den Dualismus von Regierung/Parlamentsmehrheit und Opposition weder unterlaufen noch verdrängt worden ist[168]. Vielmehr tritt der verfassungs*politische* Dualismus *neben* den traditionellen Dualismus von Gesamtparlament und Regierung[169], wobei dies naturgemäß nicht ohne Folgen für den parlamentarischen Bereich bleibt.

3.55 Aufteilung der gesamtparlamentarischen Kontrollfunktion

Die wesentlichste Konsequenz ist, daß der im Grundgesetz nicht einmal erwähnten Rolle der Opposition stärkere Beachtung geschenkt werden muß[170]. Wenn nämlich die Opposition als der Gegenpart einer politisch einheitlich verbundenen Regierung und Parlamentsmehrheit anzusehen ist[171], dann fällt ihr auch die „eigentliche Gegenrolle" des Parlaments[172] zu, nämlich die parlamentarische Kontrolle — das Wort leitet sich sogar sprachlich von „contre-rôle" her[173]. Im parlamentarischen Regierungssystem des Grundgesetzes ist demgemäß auch tatsächlich die Kontrollfunktion faktisch weitgehend „vom Gesamtparlament auf die Opposition übergegangen"[174], mag sie auch rechtlich als Kontrolle der Regierung durch das Parlament als solches erscheinen[175].

Die gegebene Form oppositioneller Regierungskontrolle ist die *öffentliche* Kontrolle im Wege der Kritik und der Formulierung von Alternativen. Im Zusammenwirken mit der Öffentlichkeit erweist sich diese

[168] Vgl. z. B. BVerfGE 10, 4 (17).

[169] So *Gehrig:* Parlament-Regierung-Opposition, S. 276 f.

[170] Der Hamburgische Verfassungsgesetzgeber hat dieser Erkenntnis bereits durch Einfügung eines neuen Artikels in die Landesverfassung Rechnung getragen (2. Gesetz zur Änderung der Verfassung der Freien und Hansestadt Hamburg vom 18. 2. 1971, GVBl. I, S. 21). Der neue Art. 23 a HambVerf. lautet: „(1) Die Opposition ist ein wesentlicher Bestandteil der parlamentarischen Demokratie. (2) Sie hat die ständige Aufgabe, die Kritik am Regierungsprogramm im Grundsatz und im Einzelfall öffentlich zu vertreten. Sie ist die politische Alternative zur Regierungsmehrheit."

[171] So *Scheuner:* Bekenntnis des Grundgesetzes, S. 35.

[172] *Scheuner:* Politische Koordination, S. 916.

[173] Darauf macht z. B. *Bäumlin:* Die Kontrolle des Parlaments, S. 231, aufmerksam.

[174] *Partsch:* Parlamentarische Untersuchungsausschüsse, S. 219; ebenso *Ellwein:* Gesetzgebung und politische Kontrolle, S. 26; *Gehrig:* Parlament-Regierung-Opposition, S. 94 f.; *Herzog:* Gutachten, S. 97; *Landshut:* Formen und Funktionen der parlamentarischen Opposition, S. 404; *Abelein:* Kontrolle ohne Kontrolleure?, S. 159; *Scheuner:* Die Lage des parlamentarischen Regierungssystems, S. 437.

[175] *Seeger:* Gutachten, S. 14.

Form der Kontrollausübung als das wirksamste Mittel, die Verantwortlichkeit der Regierung geltend zu machen[176]. Gewiß, auch die parlamentarische Regierungsmehrheit kontrolliert die Regierung, aber sie tut das auf ihre Weise, d. h. unter Beachtung einer verständlichen Loyalität. Sie vermeidet die öffentliche Kritik und schirmt die Regierung durch solidarisches Auftreten in der Öffentlichkeit ab; in politischen Grundsatzfragen geht sie mit der Regierung konform[177] und wird ihr nur bei außergewöhnlichem Anlaß die Gefolgschaft verweigern[178]. Ihre Regierungskontrolle erfolgt dementsprechend eher informell und intern.

Diese Art von Kontrolle kommt in der Tat einer Mitwirkung an der Regierungspolitik gleich, sie entspricht freilich nicht der „contre-rôle" des Parlaments im Sinne einer Sichtbarmachung von Verantwortlichkeit durch öffentliche Kritik und das Aufstellen von Alternativen. In einer Demokratie ist jedoch gerade die *öffentliche* Kontrolle die angemessenste Form parlamentarischer Kontrolltätigkeit[179]. Sie allein verhindert ein Zudecken von Fehlern und Unzulänglichkeiten mit dem Mantel der Solidarität, sie zwingt die Regierung zu einer rationalen Begründung ihrer Politik (und kann sie sehr wohl zu Korrekturmaßnahmen veranlassen), sie ist das allemal wirksamste Mittel, Auswüchse der Machthandhabung in Grenzen zu halten. Mit Recht wird daher gesagt, das Problem der Kontrolle werde weitgehend zu einem Problem der Evidenz[180].

3.56 Keine Stärkung der Kontrollfunktion durch Mitwirkung

Als Ergebnis kann man also feststellen, daß im Verhältnis von Regierung und parlamentarischer Mehrheit die Forderung nach Mitwirkung und Zusammenarbeit bereits weitgehend Realität ist. Doch gerade wegen der engen Aktionseinheit von Regierung und parlamentarischer Mehrheit vermag "die Kontrollfunktion des Parlaments als eines einheitlichen Ganzen sich nicht voll zu entfalten"[181]. Die dem Wesen der

---

176 Vgl. *Steffani:* Stichwort „Opposition", S. 317; *Scheuner:* Verantwortung und Kontrolle, S. 392, weist zutreffend darauf hin, daß auch die öffentliche Diskussion politischer Fehler und demonstrative Anträge im Plenum als zureichende Sanktion gegenüber den politisch Verantwortlichen angesehen werden können.

177 Sie versteht sich, wie *Abelein:* Kontrolle ohne Kontrolleure?, S. 151, es ausdrückt, „als eine unterstützende Körperschaft der Regierung".

178 Vgl. *Loewenstein:* Verfassungslehre, S. 93; *Rausch/Oberreuter:* Parlamentsreform in der Dunkelkammer?, S. 146; *Steffani:* Parlamentarische Demokratie, S. 32.

179 Vgl. hierzu *Abelein:* Kontrolle ohne Kontrolleure?, S. 154; ferner die Ausführungen oben III. 5.13.

180 *Rausch/Oberreuter:* Parlamentsreform in der Dunkelkammer?, S. 152.

181 *Leibholz:* Die Kontrollfunktion des Parlaments, S. 299; ebenso z. B. *Domes:* Mehrheitsfraktion und Bundesregierung, S. 170; *Loewenstein:* Ver-

Demokratie am ehesten entsprechende Form parlamentarischer Kontrolle durch öffentliche Rechenschaftslegung und öffentliche Kritik nimmt vielmehr die Opposition so gut wie allein wahr.

Angesichts dieser Situation und wegen der zentralen Rolle einer öffentlichen parlamentarischen Kontrolle wird mit Recht darauf hingewiesen, daß „nur noch solche Kontrollmechanismen praktische Bedeutung haben können, die als Minderheitsrechte ausgestaltet sind“[182]. Wer also die Kontrollfunktion des Parlaments stärken will, muß dabei die Rolle der Opposition zum Maßstab seiner Überlegungen nehmen.

Geht man von dieser Voraussetzung aus, dann wird man allerdings „hinter die Vorstellung einer ‚Kontrolle durch Mitwirkung‘ zumindest ein Fragezeichen setzen müssen“[183], und das aus mehreren Gründen. Zum einen dürfte unmittelbar einleuchten, daß Minderheitsrechte am Mehrheitsprinzip ihre Schranke finden[184]. Diese Tatsache ist nicht ohne Bedeutung für eine „Kontrolle durch Mitwirkung“. Mitwirkung setzt einen entsprechenden Willen voraus. Seinen Willen kann das Parlament als Kollektivorgan nicht anders als im Beschlußwege bilden und artikulieren. Sobald jedoch parlamentarische Aktivitäten auf ein Beschlußverfahren hinauslaufen, wird die Opposition regelmäßig ein Opfer des Mehrheitsprinzips[185].

Räumt man also dem Gesamtparlament im Rahmen seiner Kontrollfunktion ein unmittelbares Mitwirkungsrecht an der Regierungsplanung ein, dann wird allein die Parlamentsmehrheit den Inhalt dieser Mitwirkung bestimmen. Dies gilt um so mehr, als es bei der politischen Planung um Grundentscheidungen, Richtungsangaben und politische Prioritäten geht und nicht um Detailfragen. In der Demokratie hat aber eindeutig „die jeweils regierende Partei oder Parteiengruppe die wirkliche Entscheidung über die Richtung des Ganzen“ in der Hand[186].

Eine parlamentarische „Kontrolle durch Mitwirkung“ in dem soeben beschriebenen Sinne würde also lediglich die schon jetzt übliche informelle Mitwirkung der parlamentarischen Regierungsmehrheit an der Regierungstätigkeit formalisieren, ohne daß dadurch die Kontrollfunktion des Parlaments als solche gestärkt würde. Im Gegenteil: Die Oppo-

fassungslehre, S. 93; *Peters:* Die Opposition in der parlamentarischen Demokratie, S. 433; *Steffani:* Parlamentarische Demokratie, S. 32.

182 *Kewenig:* Parlamentarische Mitregierung, S. 27.

183 *Schneider:* Parlamentarische Opposition, S. 395.

184 *Seeger:* Gutachten, S. 14/15; grundsätzlich zu diesem Problem *Ehmke:* Verfahren der parlamentarischen Untersuchungsausschüsse, S. E 45.

185 *Herzog:* Gutachten, S. 50; ebenso *Ellwein:* Das Regierungssystem der Bundesrepublik Deutschland, S. 218; *Steffani:* Parlamentarische Demokratie, S. 36.

186 *Scheuner:* Parlamentarisches Regierungssystem oder Proporzdemokratie?, S. 3.

sition als Garant der öffentlichen Kontrolle würde in eine unerwünschte Mitverantwortung gedrängt, die ihr die Wahrnehmung einer kritischen Kontrolle nur erschwert.

Auch ein Rollentausch von Mehrheit und Minderheit, der aus diesem Dilemma heraushelfen könnte, kommt nicht in Betracht. Denn keinesfalls darf die „Handlungsverantwortung der Regierung" durch eine allzuweite Ausdehnung der Oppositionsrechte geschmälert werden[187]. Minderheitsrechte können nie zu Rechten einer mitwirkenden Entscheidung über die Regierungstätigkeit umfunktioniert werden[188]. Eine Art Allparteienregierung durch die Hintertür einer von der Opposition ausgeübten „mitwirkenden" Kontrolle gegenüber der Regierung ist keine akzeptable Vorstellung.

Parlamentarische „Kontrolle durch Mitwirkung", die als Minderheitsrecht ausgestaltet sein soll, stellt nach allem ein widersprüchliches Verlangen dar. Wer die parlamentarische Kontrollfunktion im Interesse einer öffentlichen Kontrolle zugunsten der Opposition stärken will, darf keine „mitwirkende" Kontrolle fordern. Denn es „gehört gerade zum Wesen oppositioneller Partizipation, daß sie nicht in direkter Mitbestimmung bei zentralen politischen Entscheidungen besteht, sondern lediglich im ‚Vorfeld' der staatsleitenden Entscheidungsfindung stattfindet"[189].

3.6 Die Unzulässigkeit von Mitwirkung statt Kontrolle

Man möchte meinen, daß der offenkundige innerparlamentarische Dualismus den Wunsch nach gesamtparlamentarischer Mitwirkung an den Regierungsgeschäften fragwürdig werden ließe, aber dieses Argument scheint nicht allgemein überzeugend zu wirken. Denn die Forderung, „daß der Bundestag in Wirklichkeit mitregiert, mitregieren muß"[190] ist bis heute nicht verstummt. Als Erklärung bietet sich an, daß die Vertreter dieser Auffassung noch immer allein den verfassungsrechtlichen Dualismus Regierung-Parlament vor Augen haben und den verfassungspolitischen Dualismus nicht zur Kenntnis nehmen, oder daß sie sich der Hoffnung hingeben, eine Einschaltung des Gesamtparlaments in die Regierungsgeschäfte führe automatisch zu einer Miteinschaltung der Opposition, die dadurch zwar nicht mitentscheiden, aber in den Beratungen doch „ihre Stimme erheben" könne[191]. Vielleicht steht

---

[187] So mit Recht *Scheuner:* Die Lage des parlamentarischen Regierungssystems, S. 437.

[188] Vgl. *Seeger:* Gutachten, S. 14.

[189] *Schneider:* Parlamentarische Opposition, S. 394.

[190] *Dehler:* Das Parlament im Wandel der Staatsidee, S. 25.

[191] So z. B. *Herzog:* Gutachten, S. 50 f.

hinter der Forderung nach parlamentarischer Mitregierung aber auch eine ganz allgemeine, nicht näher rationalisierte Befürchtung, das Parlament als Institution verliere gegenüber der Regierung zunehmend an — staatspolitischer oder prestigemäßiger — Bedeutung.

Da also das Argument des innerparlamentarischen Dualismus und die daraus resultierende Funktion der Opposition als Motor einer öffentlichen Regierungskontrolle auch im Planungsbereich den einen oder anderen nicht zu überzeugen vermag, soll — unabhängig davon — die Zulässigkeit einer mitwirkenden parlamentarischen Kontrolle im Verhältnis von Regierung und *Gesamt*parlament untersucht werden.

3.61 Die Praxis der Parlamentsausschüsse

Zur Begründung einer Mitwirkung des Parlaments an den Regierungsgeschäften wird gern auf die bereits in der Verfassungswirklichkeit zu beobachtende Praxis[192] verwiesen, daß einzelne Ausschüsse des Bundestages nicht nur kontrollierend tätig werden sondern auch regulierend auf die Arbeitsweise der zuständigen Bundesministerien einzuwirken versuchen[193]. Besonders deutlich wird diese „Mitregierung“ bei der Mittelzuweisung mit Sperrvermerk, d. h. unter dem Vorbehalt der Freigabe durch Zustimmung des Haushaltsausschusses sowie in der Praxis des Verteidigungsausschusses, über Jahre hinaus selbständige Entscheidungen über den Ankauf größerer Waffensysteme zu treffen[194]. Hier entwickle sich das Parlament „zum Partner der Bundesregierung im Bereich der Exekutive“, und diese Entwicklung sei „nicht aufzuhalten und auch nicht zu bedauern“[195]. Vielmehr: „Die institutionell gesicherte Teilhabe des Bundestages an der vollziehenden Gewalt ist Verfassungswirklichkeit geworden und der Wortlaut des Grundgesetzes läßt insoweit nur noch undeutlich die tatsächlichen Verhältnisse erkennen“[196].

3.62 Machtgleichgewicht als Rechtfertigung?

Diese Meinung steht nicht etwa vereinzelt da, sondern findet namhafte Unterstützung[197]. Dabei wird zwar nicht verkannt, daß diese

---

[192] Diese Praxis wird von zahlreichen Autoren für verfassungsrechtlich bedenklich gehalten, vgl. z. B. *Giesing:* Bundestag und Exekutivgewalt, S. 172; *Leibholz:* Die Kontrollfunktion des Parlaments, S. 299; *Scheuner:* Verantwortung und Kontrolle, S. 402; *Veen:* Die parlamentarische Regierung zwischen Subordination und politischer Führung, S. 37.

[193] Vgl. hierzu die informative Darstellung bei *Bürgel:* Bundestag und Exekutivgewalt, S. 873 ff.

[194] *Leibholz:* Die Kontrollfunktion des Parlaments, S. 299, der dies für verfassungsrechtlich bedenklich hält.

[195] *Bürgel:* Bundestag und Exekutivgewalt, S. 875.

[196] *Bürgel* (= Anm. 195).

Praxis „verfassungsrechtlich vielleicht bedenklich“ sein mag[198] und zur „Umfunktionierung des parlamentarischen Kontrollrechts in ein Mitwirkungsrecht“ führt[199], sie wird gleichwohl „im Interesse einer tatsächlichen Gewaltenbalancierung“[200] oder unter Hinweis auf die „grundsätzliche Offenheit des parlamentarischen Regierungssystems“[201] für verfassungsrechtlich zulässig gehalten. Es erscheint zunächst verblüffend, daß ein und dieselbe Forderung scheinbar mit entgegengesetzten Begründungen vertreten wird. Während nämlich *Kewenig* auf das Machtgleichgewicht zwischen Parlament und Regierung abstellt, das es zu erhalten gelte, beruft sich *Herzog* gerade auf die Zulässigkeit einer Gewichtsverlagerung.

Gegenüber dem Argument des Machtgleichgewichts wird man darauf hinweisen müssen, daß die Verfassung nirgends ein konkretes Gleichgewicht zwischen Regierung und Parlament definiert hat und daß auch in der Staatsrechtslehre keine Übereinstimmung hinsichtlich der „richtigen“ Gewichtsverteilung besteht. Mit Recht fordert daher *Leisner*[202], die Balancevorstellung „nur in äußersten, ärgsten Fällen“ zu bemühen: Wer schon das Gewicht nicht kenne, möge nicht das Gleichgewicht definieren wollen. Die von *Kewenig* angeführte Begründung der Gewaltenbalance vermag daher nicht zu überzeugen.

3.63 Offenheit des Regierungssystems als Argument?

Bedenkenswerter erscheint der von *Herzog* gewählte Ansatz, wonach das parlamentarische System gegenüber einer Gewichtsverlagerung grundsätzlich offen sei[203]. Zur Begründung wird angeführt, die modernen Gesellschaften befänden sich in einem ständigen Vorgang der Strukturveränderung, die Chance eines Fortbestandes hänge dabei von der Anpassungsfähigkeit des Systems ab und es sei daher erwünscht, daß bei Untätigkeit der einen Staatsgewalt jeweils die andere auch von Verfassungs wegen imstande sei, in die politische Verantwortung einzurücken[204].

---

[197] *Kewenig:* Parlamentarische Mitregierung, S. 39 f., 42 f.; zustimmend wohl auch *Herzog:* Gutachten, S. 70/71.

[198] *Kewenig* (= Anm. 197), S. 43.

[199] *Herzog* (= Anm. 197), S. 71.

[200] *Kewenig* (= Anm. 197), S. 42.

[201] *Herzog* (= Anm. 197), S. 71.

[202] Die quantitative Gewaltenteilung, S. 411.

[203] Ebenso *Leisner:* Die quantitative Gewaltenteilung, S. 408 ff., auf den sich *Herzog* beruft; vgl. ferner *Eschenburg:* Staat und Gesellschaft in Deutschland, S. 677; *Friesenhahn:* Parlament und Regierung, S. 68 (Leitsatz I/13), soweit es um die Ausdehnung parlamentarischer Mitwirkungsrechte geht.

[204] *Herzog:* Gutachten, S. 44/45.

Diesen prinzipiellen Überlegungen wird andererseits — ebenso prinzipiell — entgegengehalten, daß die Bundesorgane von der Verfassung gehalten seien, ihre Zuständigkeiten auch auszuüben, weil sie nicht darauf rechnen könnten, daß ihre Aufgaben von den anderen Organen wahrgenommen würden. Dadurch solle verhindert werden, daß bei Versagen des einen Organs die andere Gewalt durch das Zuwachsen wesensfremder Aufgaben eine übermächtigte Stellung gewinne[205].

Es fällt schwer, der einen oder anderen Auffassung eindeutig den Vorzug zu geben, weil beiden jeweils zutreffende Überlegungen zugrunde liegen. Bei der Regierungsform des parlamentarischen Systems handelt es sich eben um ein „überaus bewegliches politisches Formprinzip, ... das man nur sehr schwer in vorgezeichnete feste Geleise einfangen kann"[206]. Folgt man aber zunächst der These von der Offenheit des parlamentarischen Systems, dann stellt sich die Frage, inwieweit damit eine Umfunktionierung des parlamentarischen Kontrollrechts in ein Mitwirkungsrecht zu begründen ist. Immerhin zeigt die Regierung keinerlei Anzeichen, einer selbständigen Wahrnehmung der politischen Planung nicht gewachsen zu sein, so daß das Parlament helfend einspringen müßte.

Herzog beantwortet diese Frage nicht. Vielmehr verwendet er die These von der grundsätzlichen Offenheit des Regierungssystems nur abstrakt um nachzuweisen, daß eine mitwirkende parlamentarische Kontrolle „keinen verfassungsrechtlich unzulässigen Einbruch in den Bereich der Regierung darstellt, vielmehr in vielen Bereichen die einzige Möglichkeit sein dürfte, um den Kontrollanspruch des Parlaments unter den heutigen Verhältnissen angemessen durchzusetzen"[207]. Die Bezugnahme auf die Offenheit des parlamentarischen Systems erweist sich also als Scheinargument, hinter dem — wie bei *Kewenig* — auch nur die Forderung nach Erhaltung der Machtbalance steht. Zu diesem Problem ist bereits Stellung genommen worden.

3.64 Wechselbeziehung von Kontrolle und Verantwortung

Nach der hier vertretenen Auffassung haben weder *Kewenig* noch *Herzog* ihre Forderung nach einer mitwirkenden Kontrolle des Parlaments verfassungsrechtlich überzeugend bewiesen. Demgegenüber soll im Folgenden gezeigt werden, daß eine Kontrolle der Regierungspla-

[205] *v. Mangoldt:* Das Verhältnis von Regierung und Parlament, S. 244.

[206] *Scheuner:* Bekenntnis des Grundgesetzes, S. 32/33.

[207] *Herzog:* Gutachten, S. 71, unter Berufung auf *Scheuner:* Verantwortung und Kontrolle, S. 382 ff. *Herzog* verschweigt freilich, daß *Scheuner* (ebd., S. 402) — unter Anerkennung der Eignung mitwirkender Kontrolle für die Erhaltung des parlamentarischen Einflusses — auch prinzipielle Bedenken anmeldet; ebenso *Scheuner:* Bekenntnis des Grundgesetzes, S. 35.

nung durch Mitwirkung des Parlaments an der politischen Planung sogar unzulässig ist. Ausgangspunkt und zentraler Gedanke dieser Überlegungen ist die *Wechselbeziehung zwischen Kontrolle und Verantwortung.*

Kontrollieren heißt, von einem anderen Rechenschaft fordern, heißt Verantwortung verlangen für fremdes Handeln[208]. Kontrolle darf demnach nicht mit „Aufsicht" verwechselt werden, weil dies ein Abhängigkeitsverhältnis, eine hierarchische Form der Über- und Unterordnung voraussetzt[209]. Die Ausübung von Kontrolle ist vielmehr an das Vorhandensein eines unabhängigen, selbständigen Gegenüber gebunden, was schon in der sprachlichen Ableitung des Wortes „Kontrolle" von „contre-rôle" deutlich wird[210].

Auf die hier zu untersuchende Fragestellung bezogen heißt das, daß dem selbständigen Kontrollorgan Parlament eine nicht weniger selbständige, rechenschaftspflichtige Regierung gegenüberstehen muß[211]. Damit soll nicht gesagt sein, daß die Regierung z. B. beim Gesetzesvollzug völlig frei wäre, aber sie ist selbst in diesem Fall nicht etwa an Weisungen des Gesetzgebers gebunden sondern nur „an Gesetz und Recht" (Art. 20 Abs. 3 GG). Ferner soll nicht behauptet werden, Regierung und Parlament stünden nach dem Willen der Verfassung isoliert nebeneinander, sie sind vielmehr zur Kooperation gezwungen und nehmen beide an der Staatsleitung teil. Dabei handelt es sich aber um ein Verhältnis *gleichberechtigter* Partner, die ihre jeweiligen Funktionen in aller Selbständigkeit wahrnehmen — und diese nicht etwa zusammenlegen! —, wobei *im Ergebnis* eine einheitliche Staatsleitung zustandekommt[212].

Aus diesen Überlegungen folgt, daß die Regierung ihre Funktionen selbständig und ohne unmittelbaren Fremdeinfluß ausüben muß. Auf der anderen Seite darf aber auch das Parlament sich nicht seiner spezifischen Funktionen begeben — selbst dann nicht, wenn es dadurch an Einfluß zu gewinnen hofft. Denn das Prinzip von Kontrolle und Verantwortung ist nicht etwa ein von den Staatsorganen frei vereinbartes Ver-

---

[208] Vgl. *Eichenberger:* Die Problematik der parlamentarischen Kontrolle, S. 271; *Leibholz:* Die Kontrollfunktion des Parlaments, S. 298; *Loewenstein:* Die neue Dreiteilung der Staatsfunktionen, S. 283; *Schmid:* Zusammenspiel der staatlichen Machtverteilung, S. 25; vgl. auch BVerfGE 9, 268 (281 f.).

[209] Vgl. *Ellwein:* Gesetzgebung und politische Kontrolle, S. 265; ähnlich *Bäumlin:* Die Kontrolle des Parlaments, S. 231 f.

[210] Wer dem Begriff „Kontrolle" einen anderen Inhalt unterlegen will, sollte daher besser auch eine andere Bezeichnung wählen.

[211] Vgl. BVerfGE 9, 268 (281); *Friesenhahn:* Parlament und Regierung, S. 33; *Scheuner:* Bekenntnis des Grundgesetzes, S. 27; *derselbe:* Verantwortung und Kontrolle, S. 391; *Seeger:* Gutachten, S. 8.

[212] Vgl. dazu die Ausführungen oben III. 3.

fahren gegenseitigen Kontaktes, das einverständlich in ein Prinzip koordinierten Zusammenwirkens abgewandelt werden könnte. Das Prinzip von Kontrolle und Verantwortung ist vielmehr ein unmittelbar durch die Verfassung normiertes Prinzip:

Die politische Verantwortlichkeit der Regierung wird ausdrücklich in Art. 65 GG angesprochen. Zwar bezeichnet das Grundgesetz nicht explizit diejenige Instanz, der gegenüber die Regierung verantwortlich ist, aber aus dem demokratischen Prinzip (Art. 20 Abs. 1 GG) folgt, daß die Verantwortung im Grunde gegenüber dem Volk besteht, von dem alle Staatsgewalt ausgeht. (Art. 20 Abs. 1 Satz 1 GG). Letztlich wird aber, wegen des rein repräsentativen Charakters des vom Grundgesetz entworfenen Regierungssystems (Art. 20 Abs. 2 Satz 2 GG), eine „Verantwortung gegenüber dem Volk bei all den Verfassungsorganen, die nicht das Volk selbst einsetzt, vom Parlament geltend gemacht“[213].

Wer aber Verantwortung geltend machen muß, kann dies glaubwürdig nur dann tun, wenn er von der zu verantwortenden Handlung Abstand bewahrt hat[214], wenn er nicht Mitwirkender, nicht „Mittäter“ gewesen ist. Hingegen sinken der Wille und die Fähigkeit zur Kontrolle in dem Maße, in dem der Wille zur Einflußnahme und zur Mitwirkung wächst[215]. Verantwortlichkeit im Wege der Mitwirkung geltend machen zu wollen, stellt also ein widersprüchliches Verlangen dar; „Kontrolle durch Mitwirkung“ ist ein Widerspruch in sich[216].

Das Parlament kann daher seine Kontrollfunktion nicht durch irgendeine Funktion der Mitwirkung an Regierungsgeschäften ersetzen; es kann sich seiner verfassungsrechtlich zugewiesenen Rolle, im Namen des Volkes Kontrollinstanz für die Regierungsverantwortlichkeit zu sein, nicht durch irgendeine Form der „Mitregierung“ entziehen[217]. Die Verfassung läßt in dieser Frage keine Kompromisse zu: „Der Bundestag regiert und verwaltet nicht selbst sondern er kontrolliert die Regierung“[218]. Das Parlament hat nur eine einzige Möglichkeit, *seinen* Willen

---

[213] *Scheuner:* Verantwortung und Kontrolle, S. 394 f.

[214] *Scheuner:* Verantwortung und Kontrolle, S. 392.

[215] *Ellwein:* Das Regierungssystem der Bundesrepublik Deutschland, S. 218; ebenso *Scheuner:* Politische Koordination, S. 916; ähnlich *derselbe:* Bekenntnis des Grundgesetzes, S. 35; *Jahn:* Planende Demokratie, S. 31; auch *Bäumlin:* Die Kontrolle des Parlaments, S. 254, gibt dies unumwunden zu.

[216] Die Formel „Kontrolle durch Mitwirkung“ bedeutet auch nichts anderes als eine verkleidete Forderung nach parlamentarischer „Mitregierung“. Es wäre ehrlicher, den Begriff „Kontrolle“ wegzulassen und offen eine Beteiligung des Parlaments an den Regierungsgeschäften zu verlangen.

[217] Im Ergebnis ebenso *Scheuner:* Politische Koordination, S. 916, wenn er feststellt, dem Parlament obliege es nicht, „mit der Regierung eine Koordination anzustreben, sondern eine wirksame Kontrolle anzustreben und damit den demokratischen Grundsatz der politischen Verantwortlichkeit zur Geltung zu bringen“.

an die Stelle desjenigen der Regierung zu setzen, indem es zur Sanktion des konstruktiven Mißtrauensvotums (Art. 67 Abs. 1 GG) greift[219]: es kann aber „nicht *an Stelle* der Regierung eigene, politische Gestaltungsentscheidungen treffen, ... die rein *sach*bezogene Änderung des Regierungskurses liegt außerhalb seines Funktionsbereiches“[220]. Jede direkte, mitwirkende Einflußnahme des Parlaments auf die Regierungsplanung würde im übrigen, wie *Schick*[221] zutreffend bemerkt, „notwendigerweise eine Metamorphose des Parlaments vom Kontrollorgan zum (Mit-)Entscheidungsorgan zur Folge haben und die Frage nach der Kontrollbedürftigkeit des nunmehr entstandenen Planungsorgans aus Regierung *und* Parlament aufwerfen.“

Eine Mitwirkung des Parlaments an der Regierungsplanung im Rahmen seiner Kontrollfunktion ist daher nur insoweit zulässig, als dies nicht über Anregung und Kritik hinausgeht, allenfalls also indirekte „Mitwirkung“ bedeutet. Jede weitergehende Form der Mitwirkung ist verfassungs*rechtlich* unzulässig[222]. Sie wäre auch verfassungs*politisch* bedenklich, weil sie in politischen Fragen die Verantwortungsklarheit verwischen[223], die Opposition in eine unzumutbare Mitverantwortung gegenüber der Regierungspolitik drängen und die ihr obliegende Funktion *öffentlicher* Regierungskontrolle beeinträchtigen würde.

3.7 Zusammenfassendes Ergebnis

Die Verantwortung für die Planungsinitiative, für die Organisation und die inhaltliche Ausrichtung der politischen Planung liegt also — das kann abschließend gesagt werden — allein bei der Regierung. „Das Element des Programms, des Planes, der Vorausschau enthält ein exe-

[218] BVerfGE 1, 372 (394); zustimmend *Bayer:* Die Aufhebung völkerrechtlicher Verträge, S. 128; *Friauf:* Ziel- und Mittelplanung, S. 652; in der Sache ebenso *Forsthoff:* Zur heutigen Situation einer Verfassungslehre, S. 199; *Leibholz:* Die Kontrollfunktion des Parlaments, S. 298/299; *Schäfer:* Der Bundestag, S. 296; *Scheuner:* Politische Koordination, S. 905; a. A. wohl *Friesenhahn:* Parlament und Regierung, S. 67/68, der dem Parlament das Recht zubilligt, „auch auf Regierungsakte Einfluß nehmen“ zu dürfen und sich zu diesem Zweck neue Mitwirkungsrechte zu schaffen. Zur Kritik dieser Ansicht vgl. oben III. 2.

[219] Vgl. *Bayer:* Die Aufhebung völkerrechtlicher Verträge, S. 128, 149 f.; *Friesenhahn:* Parlament und Regierung, S. 36 Fußn. 70.

[220] *Bayer:* Die Aufhebung völkerrechtlicher Verträge, S. 149 und 150.

[221] Kontrolle der Planung durch die Verfassungsgerichtsbarkeit, S. 470.

[222] Diese Auffassung teilt auch *Schneider:* Parlamentarische Opposition, S. 395, der zutreffend bemerkt, man müsse „hinter die Vorstellung einer ‚Kontrolle durch Mitwirkung‘ zumindest ein Fragezeichen setzen ..., denn sie beruht letztlich auf einer unzulässigen Verkürzung der Kontrollfunktion zur bloßen Korrekturtätigkeit“.

[223] Vgl. statt vieler *Hereth:* Die Reform des Deutschen Bundestages, S. 61; *Scheuner:* Verantwortung und Kontrolle, S. 402.

kutives Moment, es gehört dem eigentlichen Regierungshandeln, nicht aber der parlamentarischen Sphäre an." Diese von *Scheuner*[224] schon vor 15 Jahren getroffene, damals noch nicht näher begründete Feststellung, kann auch heute in vollem Umfang aufrecht erhalten werden.

Die Auswirkungen einer — heute noch im Ansatz befindlichen — entwickelten Regierungsplanung auf parlamentarische Funktionen führen allerdings zu der staatsrechtlich begründeten Forderung, einem drohenden Funktionsverlust des Parlaments vorzubeugen. Parlamentarische Funktionen werden durch die Regierungsplanung insofern beeinträchtigt, als dem Parlament die neuartigen planerischen Hintergrundinformationen fehlen, deren es zur wirksamen und verantwortlichen Wahrnehmung seiner Funktionen bedarf. Eine Beeinträchtigung staatsleitender parlamentarischer Funktionen kann jedoch wegen der verfassungsrechtlich gebotenen wirksamen Teilnahme des Parlaments an der Staatsleitung nicht hingenommen werden. Abhilfe schafft hier ein Planungsinformationsanspruch des Parlaments, der sich auf Offenlegung der planerischen Konzeption durch die Regierung richtet.

Eine Teilnahme des Parlaments an der Regierungsplanung, die über eine zureichende Informierung oder eine indirekte gestaltende Mitwirkung durch Anregung und Kritik hinausginge, wäre verfassungsrechtlich unzulässig und auch sachlich nicht geboten. Bei der konkreten Ausgestaltung der parlamentarischen Planungskontrolle müssen im Interesse einer öffentlichen Regierungskontrolle insbesondere die Minderheitsrechte berücksichtigt werden. Eine planungsbewußte Kontrollausübung des Parlaments erscheint angebracht.

[224] Diskussionsbeitrag, S. 125.

VI. Die Organisation der parlamentarischen Planungsbeteiligung

Nachdem in den vorangehenden Kapiteln die verfassungsrechtlichen Möglichkeiten und Grenzen einer parlamentarischen Planungsbeteiligung aufgezeigt worden sind, sollen abschließend Fragen der praktischen Organisation angesprochen werden. Das im Folgenden vorgeschlagene Verfahren erhebt nicht den Anspruch, einen idealen oder den einzig gangbaren Weg darzustellen. Vielmehr soll nur eine mögliche Lösung skizziert werden, die dem verfassungsrechtlichen Ergebnis der vorangegangenen Untersuchung entspricht, die spezifischen Bedingungen der politischen Planung berücksichtigt und verfassungspolitische Realitäten nicht ignoriert. Die Elemente dieses Konzepts sind überwiegend schon von anderer Seite in der einen oder anderen Form diskutiert worden; sie werden hier lediglich in eine Gesamtvorstellung eingefügt.

Zentrales Kriterium für die konkrete Ausgestaltung des Verfahrens einer parlamentarischen Planungsbeteiligung ist seine Arbeitsfähigkeit. Weder darf das Parlament durch zu viele Daten oder unzulänglich aufbereitete Informationen überfordert werden, noch darf es sich durch ein allzu intensives „Einsteigen“ in Detailprobleme selbst überfordern. Auch die Regierung darf in ihrer Planungsinitiative und Planungstätigkeit durch das parlamentarische Teilnahmerecht nicht unnötig behindert oder gar blockiert werden[1]. Andernfalls könnte — ganz abgesehen von sonstigen Konsequenzen — das durchaus noch nicht etablierte Planungsinteresse im Regierungsapparat erlahmen[2].

1. Vorbereitende informelle Kontakte

Als Vorstufe eines institutionalisierten Verfahrens der parlamentari-Teilnahme an der Regierungsplanung könnten z. B.

[1] So auch die Forderung von *Böckenförde:* Planung zwischen Regierung und Parlament, S. 445.

[2] Die politische Planung ist ein neuer Faktor für die Exekutive. Da sich die Planung noch in der Entwicklung befindet, kann sie zur Zeit nur einen bescheidenen Nutzen für die praktische Alltagsarbeit geben, erfordert aber einen zusätzlichen Aufwand und wird daher noch weithin mit Skepsis betrachtet; vgl. auch *Scheuner:* Zur Entwicklung der politischen Planung, S. 389.

— den Abgeordneten planungsrelevante Protokolle und Arbeitsunterlagen aus dem Regierungsbereich zur Verfügung gestellt werden[3];
— vorbereitende Besprechungen zwischen Abgeordneten und Planungsexperten der Regierung stattfinden, die der Einführung und allgemeinen Unterrichtung dienen[4];
— einige Abgeordnete aller Fraktionen als Beobachter bei Planungsdiskussionen im Regierungsbereich zugegen sein. Die Teilnahme der Parlamentarier hätte einen rein informatorischen Charakter und könnte dem Parlament Aufschluß über das Planungsverfahren und den jeweiligen Diskussionsstand der politischen Planung geben[5].

Es erscheint weder notwendig noch überhaupt empfehlenswert, diese vorbereitenden Kontakte im Planungsbereich rechtlich zu fixieren. Das Ob und das Wie sollte vielmehr einer informellen Verständigung zwischen den Staatsorganen vorbehalten werden[6].

2. Planungsbericht der Regierung

Der Planungsinformationsanspruch des Parlaments[7] läßt sich am besten durch die Vorlage eines schriftlichen Planungsberichts[8] erfüllen, mit dem die Regierung ihre Planungskonzeption offenlegt.

2.1 Inhalt und Funktion

Inhaltlich hätte der Planungsbericht dem oben[9] näher aufgeschlüsselten Informationsbedarf des Parlaments Rechnung zu tragen. Der Planungsbericht sollte daher in seiner ausführlichen Fassung zu den jeweiligen Planungsbereichen Aussagen unter folgenden Gesichtspunkten enthalten:

---

[3] So der Vorschlag von *Liesegang:* Beteiligung der Parlamente, S. 171.

[4] In diesem Sinne, aber inhaltlich weitergehend z. B. *CDU-Fraktion/NRW:* Planungskontrollgesetz, § 6 Abs. 3; *IPA:* Kontrollsicherungsgesetz, S. 4 (zu § 3).

[5] So z. B. die Praxis im Land Berlin bei ressortübergreifenden Planungen, vgl. *R. Schäfer:* Berliner Ansätze einer Beteiligung des Parlaments an der Regierungsplanung, S. 186; ebenso der Vorschlag von *Liesegang:* Beteiligung der Parlamente, S. 172.

[6] Zutreffend daher die auf Erfahrungen aus der Planungspraxis beruhende Forderung von *Jochimsen/von Peter:* Beteiligung des Parlaments, S. 761: „Die Regierungen sollten in Erkenntnis der Grundlage unseres Regierungssystems von sich aus alles tun, den Parlamenten jeden möglichen Einblick in die unterschiedlichen Planungen zu ermöglichen und zu erleichtern ..."

[7] Vgl. oben V. 3.4.

[8] So z. B. auch die Vorstellungen bei *CDU-Fraktion/NRW: Planungskontrollgesetz*, § 3 i. V. m. § 6 Abs. 2; *IPA:* Kontrollsicherungsgesetz, § 2 i. V. m. § 3 Abs. 1 Buchst. c.

[9] V. 2.1.

— Problem
— Zielsetzung
— Kriterien
— alternative Lösungsmöglichkeiten
— beabsichtigtes Vorgehen
    — zeitliche Dimension
    — Ressourcen (personell, finanziell, sächlich)
    — bereits getroffene Maßnahmen
    — nächste Maßnahmen
    — längerfristige Maßnahmen
    — Auswirkungen
    — offene Fragen

Es dürfte einleuchten, daß der Planungsbericht die Anforderungen dieses Kriterienkataloges weder von Anfang an noch für alle Bereiche gleichmäßig erfüllen kann. Diese Einschränkung ist sachlich gerechtfertigt, weil zum einen aus Prioritätsgründen nicht alle Bereiche in gleicher Intensität „durchgeplant" werden und zum anderen auch der Sache nach nicht gleichmäßig „planbar" sind[10]. Um eine bloß vorgetäuschte Genauigkeit zu vermeiden, werden daher die Aussagen des Planungsberichts auf einer hohen Abstraktionsebene — etwa der Zielplanung — in den jeweiligen Bereichen miteinander vergleichbar sein, nicht jedoch auf den konkreteren Planungsstufen.

Während also auf der obersten Ebene der Planungskonzeption eine Integration der Bereichsplanungen verlangt werden kann, gilt dies nicht —jedenfalls noch nicht — für die planerisch schon detaillierter und konkreter durchgearbeiteten Teile. Gerade dieses „unfertige" Bild der Planung, das ein Planungsbericht vermitteln würde, wäre geeignet, ein zutreffendes Planungsverständnis zu vermitteln und die irrige Vorstellung abzubauen, bei der politischen Planung handle es sich um einen ausformulierten und fixierten Plan[11]. Freilich können und sollen die im Planungsbericht erkennbar werdenden „Lücken" der Regierungsplanung auch zum Gegenstand einer politischen Wertung gemacht werden mit der Folge, daß die Regierung sich zu vermehrten Anstrengungen oder zu einer Änderung ihrer Prioritäten veranlaßt sieht. Auch aus technischen Gründen wird ein institutionalisierter Planungsbericht nicht im ersten Wurf gelingen. Er wird vielmehr „wachsen" müssen, d. h. im Lauf der Zeit verbessert und weiterentwickelt werden — ebenso wie die politische Planung selbst, über deren Stand er Auskunft geben soll.

[10] Z. B. können längerfristige Prognosen für die Verkehrswegeplanung eine größere Wahrscheinlichkeit beanspruchen als etwa in Bezug auf die Bildungsplanung. Dies wirkt sich auf den Konkretheitsgrad der Planung ebenso aus wie auf den Zeithorizont.

[11] Vgl. dazu schon oben I. 1.

Diese Überlegungen machen deutlich, daß der Planungsbericht seiner Natur nach ein wenig geeignetes Objekt für eine Beschlußfassung sein dürfte. Völlig unangemessen wäre es, das im Planungsbericht dokumentierte Stadium des Planungsprozesses im Sinne einer „Richtlinie“ festschreiben zu wollen[12]. Man wird statt dessen den Planungsbericht als einen ständigen Zwischenbericht ansehen müssen, der ebensowenig abgeschlossen und endgültig ist wie der Planungsprozeß selbst.

2.2 Form und Verfahren

Die Brauchbarkeit des Planungsberichtes bei der Erfüllung des parlamentarischen Planungsinformationsanspruchs hängt wesentlich von seiner „Aufmachung“, von seiner formalen Gestaltung ab. Politische Planung ist ein oft wenig anschauliches Verfahren, und manche planerischen Formulierungen lassen häufig nicht erkennen, daß sie lebendige Vorgänge oder einen Lebenssachverhalt beschreiben. Es wird daher nötig sein, Planungsaussagen aus der Fachsprache in die Umgangssprache zu übersetzen, damit sie auf ein möglichst breites Verständnis — und das in doppeltem Sinne! — rechnen können[13].

Der Planungsbericht sollte übersichtlich aufgebaut und um eine anschauliche Darstellung (z. B. Schaubilder) bemüht sein. Nicht allein die Fülle der Informationen belastet schon heute den Abgeordneten sondern insbesondere auch ihre mangelhafte Aufbereitung[14]. Wenn also die recht komplexen Probleme der Planung auf Interesse hoffen wollen, dann müssen sie um so anschaulicher dargeboten werden, je komplizierter sie sind. Ferner empfiehlt es sich, der ausführlichen Fassung des Planungsberichts eine Kurzfassung[15] oder sogar noch eine mittlere Fassung voranzustellen, um jedem Abgeordneten die Möglichkeit zu geben, sich in der einen oder anderen Form mit dem Planungsbericht auseinanderzusetzen.

Die Vorlage des Planungsberichtes sollte einmal jährlich *vor* der Verabschiedung des Haushaltsgesetzes erfolgen[16], sie könnte auch gemein-

[12] Wie das z. B. § 7 Planungskontrollgesetz der *CDU-Fraktion/NRW* vorsieht; ebenso *SPD-Fraktion/RhPf.:* Planungskontrollgesetz, § 7; *CDU-Fraktion/Berlin:* Planungskontrollgesetz, § 5.

[13] Mit Recht fordert z. B. *Apter:* The Premise of Parliamentary Planning, S. 11, daß Planungsprobleme in einer Weise „übersetzt“ werden müssen, daß die Presse darüber berichten kann und die Menschen dazu Stellung beziehen können.

[14] Vgl. *von Hassel:* Parlamentsreform, S. 365.

[15] Dafür plädiert auch *Liesegang:* Möglichkeiten parlamentarischer Einflußnahme, S. 849.

[16] Von einer jährlichen Berichtspflicht gehen z. B. auch aus *CDU-Fraktion/NRW:* Planungskontrollgesetz, § 5 Abs. 1; *CDU-Fraktion/Berlin:* Planungskontrollgesetz, § 8 Abs. 1; *SPD-Fraktion/RhPf.:* Planungskontrollgesetz, § 5

sam mit dem Entwurf zum Haushaltsgesetz eingebracht werden[17]. Nach Ablauf von wenigstens sechs Monaten seit Vorlage des Planungsberichtes könnte die Regierung auf Verlangen einer qualifizierten parlamentarischen Minderheit verpflichtet werden, den Bericht zu aktualisieren. Ferner wäre es empfehlenswert, daß die planungsrelevanten Konsequenzen wichtiger oder umfangreicher Gesetze bei ihrer Vorlage im Parlament erläutert werden. Eine laufende Unterrichtungspflicht der Regierung entsprechend Art. 53 Satz 3 GG erscheint nicht erforderlich[18]; die aus Art. 43 Abs. 1 GG hergeleiteten Rechte geben dem Parlament hinreichende Informationsmöglichkeiten[19].

2.3 Öffentliche Planungsdiskussion

Dem Planungsinformationsanspruch des Parlaments entspricht die parlamentarische Pflicht, von diesen Informationen auch in geeigneter Weise Gebrauch zu machen. Hier bietet sich die öffentliche Diskussion des Planungskonzepts in Erfüllung der parlamentarischen Öffentlichkeitsfunktion an[20].

Der Deutsche Bundestag versteht sich ebenso als Arbeits- wie als Redeparlament, d. h. er übt seine Tätigkeit einerseits durch — oft sehr detaillierte — Arbeit in den Ausschüssen aus und wird andererseits durch die politische Debatte im Plenum tätig[21]. Es soll an dieser Stelle nicht der generellen Kritik nachgegangen werden, die gegenüber dem „Arbeitsparlament" Bundestag erhoben wird[22]. Sicherlich wird auch in

---

Abs. 1; *Liesegang:* Beteiligung der Parlamente, S. 172, der auch einen Zeitpunkt vor der Verabschiedung des Haushaltsgesetzes befürwortet; *Lompe:* Gesellschaftspolitik und Planung, S. 313, erwägt, den Stand der politischen Planung in den jährlichen „Bericht zur Lage der Nation" einzuarbeiten. Nach der hier vertretenen Auffassung dürfte diese Kombination jedoch nicht sehr günstig sein.

[17] In diese Richtung weist z. B. der Vorschlag der Projektgruppe „Regierungs- und Verwaltungsreform", probeweise einen „Programmbudget-Entwurf" aufzustellen. Hiernach wäre das Gesamtprogramm der Bundesregierung künftig dem Haushaltsplan als Anlage beizufügen, während die Teilprogramme der Ressorts als „Vorworte" zu den Einzelplänen erscheinen würden. Vgl. die entsprechenden Mitteilungen bei *Karehnke:* Zum Dritten Bericht der Projektgruppe „Regierungs- und Verwaltungsreform", S. 116.

[18] So aber die Forderung in *CDU-Fraktion/Berlin:* Planungskontrollgesetz, § 9 Abs. 1; *SPD-Fraktion/RhPf.:* Planungskontrollgesetz, § 6 Abs. 1; wohl auch *CDU-Fraktion/NRW:* Planungskontrollgesetz, § 6 Abs. 1.

[19] Vgl. dazu oben V. 3.43.

[20] Vgl. dazu oben III. 5.13.

[21] Vgl. dazu die eingehende Gegenüberstellung bei *Steffani:* Amerikanischer Kongreß und deutscher Bundestag — ein Vergleich, S. 241 f; *derselbe:* Stichwort „Redeparlament", S. 420; vgl. ebenso *Scheuner:* Verantwortung und Kontrolle, S. 398 f.

[22] Vgl. z. B. die Kritik von *Ellwein:* Das Regierungssystem der Bundesrepublik Deutschland, S. 236; *Grimm:* Aufteilung gesetzgeberischer Funktionen, S. 462; *Krüger:* Rechtsetzung und technische Entwicklung, S. 617.

Zukunft die Ausschußarbeit ihre Bedeutung nicht verlieren[23], aber für eine angemessene parlamentarische Behandlung der Regierungsplanung spielt sie eine eher untergeordnete Rolle. Wollte nämlich das Parlament versuchen, die eigenen Experten im Sinne einer politischen Spezialbürokratie mit den Experten der Exekutive in Konkurrenz treten zu lassen[24] und die Arbeit der Ministerialbürokratie unter vergleichbaren Gesichtspunkten kontrollierend nachzuvollziehen[25], dann wäre es, was die politische Planung betrifft, hoffnungslos überfordert. Die Ausschußarbeit in Sachen Planung wird daher nur ein Ziel verfolgen können: die große Planungsdebatte im Plenum vorzubereiten.

Diese Planungsdebatte muß zwar sachlich gut fundiert und oftmals sogar bis ins Detail hinein vorbereitet sein, aber sie wird *politisch* geführt werden müssen, d. h. unter Herausarbeitung der großen Linien und Betonung des Grundsätzlichen. Was *Ellwein*[26] für die Gesetzgebungsarbeit feststellt, gilt auch für die Planungsdiskussion: „Je deutlicher zwischen Programm und Grundentscheidung einerseits und der Fülle der Folgebestimmungen andererseits unterschieden wird, desto leichter fällt eine Debatte des politisch relevanten Teiles ..." Die Planungsdiskussion muß also „den Punkt deutlich werden lassen, bei dem nicht mehr allein Rechenexempel gelöst, sondern nach den verschiedenen weltanschaulichen, gesellschaftlichen oder (innen-)politischen Grundvorstellungen der Beteiligten gewertet wird ..."[27].

Eine derart verstandene Planungsdebatte kann eine Reihe wichtiger Funktionen haben:

— Der berechtigten Forderung nach einem demokratischen, d. h. transparenten Planungsprozeß[28] wird durch Unterrichtung der Öffentlichkeit Rechnung getragen.

— Der Regierung bietet sich die Chance, die öffentliche Meinung für eine strukturverändernde Politik zu gewinnen, indem Problembewußtsein geweckt, Erwartungen, Forderungen und Aktionsbereit-

---

[23] Vgl. *Scheuner:* Parlamentarisches Verfahren, S. 149.

[24] *Steffani:* Stichwort „Redeparlament", S. 420.

[25] *Ellwein:* Das Regierungssystem der Bundesrepublik Deutschland, S. 236.

[26] Gesetzgebung und politische Kontrolle, S. 263; auch *Abelein:* Kontrolle ohne Kontrolleure?, S. 158 vertritt als „Insider" die Auffassung, der Einfluß des Parlaments gegenüber der Regierung könnte „erheblich gesteigert" werden, wenn man sich „auf die Behandlung der wichtigsten Fragen mit politischem Gehalt konzentrierte, anstatt sich, wie üblich, in einer nach Buchhalterart wahllosen Behandlung aller Einzelheiten und Kleinigkeiten zu verlieren". Diese auf den Haushaltsausschuß gemünzte Bemerkung trifft für die Planung ebenso zu.

[27] *v. Hassel:* Parlamentsreform, S. 362, dessen generelle Forderung in besonderem Maße für die Planungsdiskussion zutrifft.

[28] Vgl. z. B. *Jochimsen:* Zur Philosophie staatlicher Planung, S. 1312.

schaft mobilisiert werden[29]. Es wäre ganz allgemein wünschenswert, wenn der Öffentlichkeit ein spezifisches Planungsbewußtsein vermittelt würde, denn „solange es an kritischem Zukunftsbewußtsein mangelt, wird beim Politiker eher Tagesopportunismus als zukunftsorientiertes Handeln prämiiert“[30]. Diese Feststellung von *Ehmke* resümiert treffend die Erfahrungen der bisherigen Planungspraxis.

— Das Parlament — insbesondere die Opposition — erhält die Möglichkeit, die Planungskonzeption der Regierung einer öffentlichen Kontrolle zu unterziehen, Kritik zu üben, Anregungen zu geben und Alternativen vorzuschlagen. Die Regierung verhielte sich kurzsichtig, wenn sie diese Auseinandersetzung als für sie negativ ansehen würde, denn immerhin lernte sie auf diese Weise die Auffassungen des Parlaments kennen[31] sowie auch — im Umweg über die veröffentlichte Meinung — die Ansichten der Öffentlichkeit. Daher erfüllt die Planungsdiskussion eine wichtige „Input-Funktion“, und die Regierung wäre gut beraten, die Ergebnisse der Planungsdiskussion im Wege der Rückkoppelung in ihr Planungsverfahren einfließen zu lassen.

Vergegenwärtigt man sich diese Möglichkeiten einer breit angelegten Planungsdiskussion, dann wird man feststellen können, daß die öffentliche Planungsdebatte im Parlament allen Beteiligten Vorteile bringt.

3. Parlamentarischer Planungsausschuß

Die Planungsdebatte im Parlament gehört zu jenen Plenardebatten, die einen Dilettantismus in der Sache schlecht vertragen, bei denen Regierung wie Opposition vielmehr nachweisen müssen, daß sie ihre Vorstellungen zuende gedacht haben[32]. Diese Debatte bedarf also einer gründlichen Vorbereitung, wenn das Planungskonzept der Regierung überzeugend diskutiert, kritisiert und einer sachlich fundierten politischen Bewertung unterzogen werden soll. Dies setzt jedoch voraus, daß „die analytischen Schritte und Grundannahmen grob nachzuvollziehen . . ., gegebenenfalls als politisch unerwünscht abweisbar sind“[33] und daß substantiierte Alternativen angeboten werden können. Hier hat die Arbeit eines parlamentarischen Planungsausschusses anzusetzen.

---

[29] *Scharpf:* Planung als politischer Prozeß, S. 29.

[30] *Ehmke:* Planung im Regierungsbereich, S. 2028; aufschlußreiche Ausführungen zu diesem Tatbestand macht auch *Dienel:* Bearbeitung von Langfristproblemen, S. 38 ff.

[31] Darauf weist *Liesegang:* Beteiligung der Parlamente, S. 169 hin.

[32] Vgl. *Schäfer:* Der Bundestag, S. 300.

[33] *Böhret:* Entscheidungshilfen, S. 259.

3.1 Fragen der Einrichtung und des Verfahrens

Nach der hier entwickelten Vorstellung ist die Schaffung eines parlamentarischen Planungsausschusses ein notwendiges Element im Verfahren der parlamentarischen Planungsbeteiligung[34]. Gegen die Einrichtung eines derartigen neuen Ausschusses sind allerdings — insbesondere von Seiten der Bundesregierung — Bedenken angemeldet worden[35]. Zur Begründung wird auf die Gefahr hingewiesen, ein Planungsausschuß könne sich zu einem „Überausschuß" entwickeln, die bisherigen Fachausschüsse zu Unterausschüssen abwerten und „Abgeordnete erster und zweiter Klasse" schaffen[36]. Ferner werden Bedenken laut, ein an den Planungsausschuß angehängter parlamentarischer Planungsapparat könnte in Konkurrenz zur Planungsorganisation der Regierung treten und deren Arbeit duplizieren wollen[37]. Schließlich wird auf das Entwicklungsstadium der politischen Planung hingewiesen, das die Institutionalisierung eines Planungsausschusses jedenfalls zum gegenwärtigen Zeitpunkt als verfrüht erscheinen lasse.

Diese Bedenken vermögen jedoch nicht zu überzeugen. Mit Recht vertritt demgegenüber z. B. die *Enquete-Kommission*[38] den Standpunkt, im Interesse der Stellung des Parlaments sei es notwendig, eine effektive parlamentarische Teilnahme an der Regierungsplanung „von Anfang an vorzusehen und nicht erst, nachdem ein solches Aufgabenplanungssystem sachlich und organisatorisch fertig ausgebildet ist und bereits ohne parlamentarische Beteiligung funktioniert." Beide Seiten werden ohnehin noch einer gewissen Anlaufphase bedürfen, bevor sich die Beteiligungsmechanismen eingespielt haben. Die schrittweise Entwicklung des Kontaktes zwischen Parlament und Regierung in Sachen Planung wird am ehesten zu brauchbaren Ergebnissen führen, wenn sie so frühzeitig einsetzt, daß die Voraussetzungen und Folgen einer parlamentarischen Planungsbeteiligung bei der Organisation der Regierungsplanung berücksichtigt werden können.

Gegen die Einrichtung eines parlamentarischen Planungsausschusses wird schließlich noch geltend gemacht, daß wichtige Funktionen des

---

[34] Für die Schaffung eines Planungsausschusses treten z. B. auch ein *Böckenförde:* Planung zwischen Regierung und Parlament, S. 454; *Enquete-Kommission:* Zwischenbericht, S. 48; *Harnischfeger:* Planung in der sozialstaatlichen Demokratie, S. 133; *Herzog:* Gutachten, S. 138; *Liesegang:* Beteiligung der Parlamente, S. 172; *Rietdorf:* Planung als Aufgabe von Parlament und Regierung, S. 12; *SPD-Fraktion/RhPf.:* Planungskontrollgesetz, § 3.

[35] Nähere Ausführungen hierzu macht *v. Peter:* Zur Beteiligung des Parlaments an der Planung auf Bundesebene, S. 340 f.; Bedenken der Bundesregierung referiert auch die *Enquete-Kommission:* Zwischenbericht, S. 48.

[36] Bemerkenswert erscheint, welchen hohen Stellenwert man einem Planungsausschuß damit zubilligt.

[37] Vgl. dazu unten VI. 4.1.

[38] Zwischenbericht, S. 48.

Parlaments auf die Fraktionen übergegangen seien, weshalb die Planungskonzeption der Regierung auch besser in den Fraktionen und ihren Arbeitskreisen diskutiert werden sollte[39]. Es ist hier nicht der Ort, auf die zunehmend einflußreichere Rolle der Parlamentsfraktionen näher einzugehen[40]. Vom verfassungsrechtlichen Standunkt aus muß jedenfalls davor gewarnt werden, das Parlament nicht mehr als jene Institution zu begreifen, die sich aus gewählten, unabhängigen Vertretern des ganzen Volkes (Art. 38 Abs. 1 GG) zusammensetzt. Dieses von der Verfassung vorausgesetzte Parlamentsverständnis mag im Hinblick auf die parteipolitisch geprägte parlamentarische *Praxis* überholt erscheinen, als Verfassungsauftrag bleibt es gültig. Zutreffend weist *Seeger*[41] darauf hin, daß es hier um die Ausgestaltung der parlamentarischen Kontrolle über die Regierung gehe — mithin um eine Rechtsbeziehung zwischen zwei Verfassungsorganen. Rechtlich aber stehe das Kontrollrecht dem Parlament zu und nicht den Fraktionen als solchen. Es sei daher mit der Verfassung unvereinbar, ihnen Befugnisse zu geben, die sie nur durch und über das Parlament haben und ausüben könnten.

Nach der hier vertretenen Auffassung muß die Regierungsplanung in einem dem Gesamtparlament zugeordneten besonderen Gremium — dem Planungsausschuß — erörtert werden. Eine Behandlung der Regierungsplanung allein in den Fachausschüssen wäre nicht sachgerecht, weil die spezifischen Aspekte der Planung — ressortübergreifender, quersektoraler Ansatz, Koordination, Integration — von den spezialisierten Fachausschüssen nicht angemessen berücksichtigt werden könnten[42]. Unter diesem Gesichtspunkt wäre es ebensowenig sinnvoll, wenn sich der Planungsausschuß aus Beauftragten der Fachausschüsse zusammensezten würde[43]. Auch in diesem Fall nämlich liegt die Gefahr nahe, daß die Ausschußmitglieder als Anwälte ihrer jeweiligen Fachausschüsse auftreten[44], die speziellen Anliegen ihrer Fachplanungen in den Vordergrund stellen[45] und darüber den Integrationsaspekt vernach-

---

[39] So *v. Peter:* Zur Beteiligung des Parlaments an der Planung auf Bundesebene, S. 341; von einer vorbereitenden Beteiligung der Fraktionen geht auch die *CDU-Fraktion/NRW:* Planungskontrollgesetz, § 6 Abs. 3 aus.

[40] Vgl. dazu schon *Dechamps:* Macht und Arbeit der Auschüsse, S. 107 ff.

[41] Stellungnahme, S. 30; ablehnend gegenüber dem Wunsch nach Verselbständigung der Fraktionen z. B. auch *Achterberg:* Grundzüge des Parlamentsrechts, S. 39.

[42] In diesem Sinne auch *Harnischfeger:* Planung in der sozialstaatlichen Demokratie, S. 133; *Herzog:* Gutachten, S. 96 f.; *Rietdorf:* Planung als Aufgabe von Parlament und Regierung, S. 11.

[43] Ebenso *Enquete-Kommission:* Zwischenbericht, S. 48; *Rietdorf:* Die staatliche Planung, S. 43.

[44] Darauf macht *v. Peter:* Zur Beteiligung des Parlaments an der Planung auf Bundesebene, S. 341 zutreffend aufmerksam.

[45] *Rietdorf:* Planung als Aufgabe von Parlament und Regierung, S. 11.

lässigen. Vielmehr ist es erforderlich, daß die Mitglieder des Planungsausschusses einen speziellen Planungs-Sachverstand entwickeln, sich also mit Planungstechniken, Analyse- und Prognoseverfahren vertraut machen und außerdem über ein interdisziplinäres Problemverständnis verfügen. Nachdem sich die Abgeordneten für ihre Arbeit in den Fachausschüssen spezialisiert und das nötige Fachwissen angeeignet haben, besteht kein vernünftiger Grund zu der Annahme, daß dies nicht auch in Bezug auf Planung möglich sein soll[46].

Selbstverständlich müßte der Planungsausschuß ständig in engem Kontakt mit den Fachausschüssen stehen, d. h. die dort versammelte Sachkompetenz für die eigene Arbeit nutzen[47] und seinerseits die übergreifenden Gesichtspunkte der politischen Planung in die Diskussion der Fachausschüsse einbringen. Die wechselseitige Zusammenarbeit von Planungsausschuß und Fachausschüssen ist die notwendige Ergänzung des jeweils unterschiedlichen Problemansatzes.

3.2 Aufgaben und Rechte

Vom Planungsausschuß kann und soll freilich nicht erwartet werden, daß er die Arbeit der Regierung im einzelnen nachvollzieht. Dazu ist er weder personell noch technisch in der Lage und er ist politisch auch nicht dazu berufen. Seine Aufgabe liegt vielmehr in der kritischen Durchleuchtung der Regierungsplanung, in der Herausarbeitung der politischen Grundlinien und Prioritäten, in der Sichtbarmachung von Problemen und Schwachstellen, in der Anregung — etwa durch das Benennen weiterer planungsbedürftiger Materien — und in der Formulierung von Alternativen. Diese Aufgabe muß als eine spezifisch *politische* verstanden und durchgeführt werden. Das bedeutet Verzicht auf eine detaillierte Durcharbeitung des gesamten Planungskonzepts — es kann jedoch punktuell auch ein Nachgehen bis ins Detail hinein bedeuten, wenn davon eine fundierte politische Kritik abhängt oder eine sinnvolle, d. h. „durchgeplante" Alternative zur Diskussion gestellt werden soll.

Da nach der hier vertretenen Auffassung über das Planungskonzept der Regierung weder eine parlamentarische Entscheidung noch auch nur ein schlichter Parlamentsbeschluß herbeigeführt werden sollte, dient die Arbeit im Planungsausschuß lediglich zur *Vorbereitung* der Planungs*debatte* im Plenum[48]. Der Ausschuß wird daher keinen Entscheidungs-

---

[46] Optimistisch auch *Harnischfeger:* Planung in der sozialstaatlichen Demokratie, S. 132.

[47] Vgl. *Harnischfeger:* Planung in der sozialstaatlichen Demokratie, S. 113; *Herzog:* Gutachten, S. 96 f.

[48] Den vorbereitenden Charakter der Ausschußarbeit betonen z. B. auch

tenor empfehlen, sondern dem Plenum einen Bericht — gegebenenfalls auch zwei oder mehrere — vorlegen, „aus dem sich ergibt, was aus welchen Gründen relevant ist und demgemäß zu diskutieren wäre“[49].

Zur Unterstützung seiner Arbeit hat der Planungsausschuß ebenso wie andere Ausschüsse das Recht, die Anwesenheit von Regierungsmitgliedern zu verlangen (§ 73 Abs. 1 GeschOBT) und öffentliche Anhörungen durchzuführen (§ 73 Abs. 3 GeschOBT). In gewissem Umfang muß er auch berechtigt sein, auf Vorarbeiten der Regierung zurückzugreifen und sich ihrer technischen Planungseinrichtungen zu bedienen[50]. Schließlich wird er die sachliche Hilfestellung einer besonderen, auf Planungsfragen spezialisierten Einrichtung der Parlamentsverwaltung in Anspruch nehmen müssen[51]. Es muß gewährleistet sein, daß der Planungsausschuß seine Möglichkeiten auch auf Verlangen einer Minderheit nutzt, die in der Regel mit der Opposition identisch sein dürfte. Auf jeden Fall sollte die Opposition den Ausschußvorsitz innehaben[52].

3.3 Das Problem der Alternativplanungen

Wesentliche Voraussetzung für die Erhaltung einer möglichst weitgehenden parlamentarischen Eigenständigkeit gegenüber der Regierungsplanung ist das Vorhandensein von Alternativen. Diese Alternativen können freilich — und das gilt für den Planungsbereich in besonderem Maße — nicht einfach mit politischer Routine aus dem Handgelenk heraus formuliert werden, sondern müssen „in etwa durchgeplant . . ., d. h. nach Realisierungsbedingungen, Interdependenzwirkungen und Folgeproblemen überdacht“ sein[53]. Es dürfte unmittelbar einleuchten, daß die Ausarbeitung solcher Planungsalternativen nicht vom Planungsausschuß bewältigt werden kann, sondern „tendenziell einer planenden Bürokratie überantwortet werden muß“[54].

Unter diesen Umständen liegt es nahe, die Regierung zur Erstellung und Vorlage von Planungsalternativen — sei es von vornherein, sei es auf Anforderung — zu verpflichten[55]. Ein derartiger „Amtsauftrag“[56] der

---

Herzog: Gutachten, S. 95 Fußnote 3; *Partsch:* Parlament und Regierung, S. 79 f., der dies ganz generell fordert.

[49] *Ellwein:* Gesetzgebung und politische Kontrolle, S. 260.

[50] Vgl. dazu unten VI. 4.1.

[51] Vgl. dazu unten VI. 4.

[52] Für eine Stärkung der Opposition im Planungsausschuß plädiert z. B. auch die *Enquete-Kommission:* Zwischenbericht, S. 48.

[53] *Enquete-Kommission:* Zwischenbericht, S. 48.

[54] *Hirsch:* Haushaltsplanung, S. 185.

[55] Diese Auffassung vertreten z. B. *Böckenförde:* Planung zwischen Regierung und Parlament, S. 452; *Enquete-Kommission:* Zwischenbericht, S. 49;

Regierung zur Lieferung von Alternativen zu ihrem eigenen Planungskonzept wäre allerdings nicht unproblematisch. Bedenken ergeben sich vor allem, wenn man davon ausgeht, daß Alternativen in aller Regel von der Opposition angefordert werden dürften. Sollen Alternativen nicht bloße Variationen des Regierungskonzepts sein, sondern auf entgegengesetzten politischen Grundlagen entwickelt werden, dann wird von der Regierung nichts weniger verlangt, als sich in Widerspruch mit sich selber zu setzen. Es hieße jedoch die Regierung überfordern, wenn man von ihr den Nachweis verlangte, daß es neben der von ihr vertretenen Konzeption ebenso schlüssige und gleichwertige Alternativen gibt. Die Rolle des „advocatus diaboli" kann im Bereich der *politischen* Alternative der Regierung weder zugemutet noch von ihr glaubhaft übernommen werden[57]. Zumindest tendenziell unterliegen solche Planungsalternativen der Gefahr, „zu bloßen Rechenvarianten zu verkommen, unter denen die der Regierung immer als die optimale darstellbar ist"[58]. Auf Verlangen der Opposition vorgelegte Planungsalternativen der Regierung wären daher von vornherein dem Verdacht ausgesetzt, im Ergebnis eine negative Beweisführung für die Richtigkeit des Regierungskonzepts anzustreben. Sie wären, falls dies zutrifft, für die Opposition unbrauchbar[59]. Gegenüber diesem prinzipiellen Einwand fallen andere Bedenken[60] kaum mehr zusätzlich ins Gewicht.

Eine Verpflichtung der Regierung zur Vorlage von Planungsalternativen würde nach der hier vertretenen Überzeugung keineswegs zur

---

Herzog: Gutachten, S. 148 f.; *Jochimsen:* Aufgabenplanungssystem, S. 957; *Rietdorf:* Planung als Aufgabe von Parlament und Regierung, S. 8 f. Als Beispiel wird gern auf § 50 Abs. 3 Satz 2 HGrG bzw. § 9 Abs. 1 Satz 2 StabG verwiesen, wonach von der Regierung die Erstellung von Alternativrechnungen verlangt werden kann.

[56] *Böckenförde* (= Anm. 55); ihm folgend *Enquete-Kommission* (= Anm. 55).

[57] Ein bezeichnendes Beispiel aus der Praxis, das diese Vermutung belegt, erwähnt *Schramm:* Die parlamentsinterne Gesetzgebungshilfe, S. 161 Fußnote 1; Bedenken äußert auch *Ossenbühl:* Gutachten, S. B 118.

[58] *Väth:* Zum Verhältnis von Parlament und Planung, S. 236; ebenso befürchtet *Becker:* Beteiligung der Parlamente, S. 182, die Regierung werde bloße „Scheinalternativen" vorlegen. Zutreffend verweist *Becker* dabei auf die praktischen Erfahrungen mit den sog. „Vorblättern" bei Gesetzesvorlagen: Überwiegend würden hier keine Alternativen aufgezeigt; geschehe dies ausnahmsweise doch einmal, seien diese „Alternativen" meist schon auf den ersten Blick als die zweitbeste Lösung zu erkennen.

[59] Bezeichnenderweise verlangen die von der jeweiligen Opposition vorgelegten Planungskontrollgesetzentwürfe in realistischer Einschätzung der Situation daher auch keineswegs von der Regierung die Vorlage *konzeptioneller* Planungsalternativen, sondern nur ein Aufzeigen von „Alternativen der Plan*durchführung*"; vgl. *CDU-Fraktion/NRW:* Planungskontrollgesetz, § 3 Abs. 2; *SPD-Fraktion/RhPf.:* Planungskontrollgesetz, § 8 Abs. 2; *CDU-Fraktion/Berlin:* Planungskontrollgesetz, § 6 Abs. 2.

[60] Z. B. die Befürchtung, der Planungsapparat der Regierung könnte durch zu häufige Anforderungen von Planungsalternativen blockiert werden.

Stärkung der parlamentarischen Planungskontrolle beitragen. Die notwendigen Alternativen müssen vielmehr im parlamentarischen Bereich erarbeitet werden, wenn sie als gleichwertig zur Diskussion stehen sollen.

4. Parlamentarischer Planungsstab

Bereits oben[61] wurde angedeutet, daß sich der Planungsausschuß bei seiner Tätigkeit auf die Zuarbeit einer auf Planungsfragen spezialisierten Stelle der Parlamentsverwaltung stützen muß. Trotz aller nur vorstellbaren eigenen Sachkenntnis werden nämlich die Mitglieder des Planungsausschusses allein niemals in der Lage sein, das Planungskonzept der Regierung kritisch zu durchleuchten oder gar in etwa durchgeplante Alternativen zu entwickeln. Sie würden — falls sie es dennoch versuchen sollten — damit auch ihre eigentliche Aufgabe verfehlen, die darin besteht, die Regierungsplanung im Sinne einer *politischen* Kontrolle zu werten.

4.1 Aufgaben und Zuordnung

Die notwendige sachliche Vorarbeit für die politische Wertung muß daher einem parlamentarischen Planungsstab übertragen werden, der — als Widerlager des Planungsapparates der Regierung — über jenes Spezialwissen und Instrumentarium verfügt, das für eine sachliche Überprüfung der Regierungsplanung erforderlich ist[62]. Der parlamentarische Planungsstab wird auf Anforderung und nach Weisung des Planungsausschusses tätig, d. h. er entfaltet keine allgemeine parlamentarische Planungsarbeit, sondern befaßt sich mit der Regierungsplanung unter bestimmten vorgegebenen Gesichtspunkten. Er hat die Aufgabe, Planungsentscheidungen der Regierung detailliert zu überprüfen, Planungsvarianten durchzuspielen sowie näher bezeichnete echte Alternativen zu erarbeiten oder auch nur Auskunft über ihre möglichen Auswirkungen zu geben.

Aus dieser Aufgabenbeschreibung geht hervor, daß der parlamentarische Planungsstab keine „Gegenplanung" betreiben, also nicht in Konkurrenz zur Planungsorganisation der Regierung treten soll. Als kleiner Stab hat er vielmehr die Funktion einer — eher technischen — Verbindungsstelle des Parlaments zum Planungsapparat der Regierung, auf dessen Einrichtungen er sich weitgehend stützen muß. Auf die Praxis

---

[61] VI. 3.2.

[62] Im parlamentarischen Planungsstab müßten Planungsexperten und Datenverarbeitungsfachleute tätig werden, die sich eines technischen Instrumentariums zur Informationsverarbeitung und -bereitstellung bedienen können.

bezogen heißt das, daß der parlamentarische Planungsstab zunächst einmal keiner umfangreichen technischen Ausstattung bedarf. Seine Datenverarbeitungsanlagen zum Beispiel können sich auf periphere Geräte beschränken, die an große EDV-Anlagen der Regierung angeschlossen sind und deren Speicher- und Rechenkapazität ausnutzen[63]. Ferner wird der Planungsstab keine Daten- und Informationssammlung größeren Stils betreiben, sondern prinzipiell auf das Planungs- und Informationssystem (z. B. Datenbanken) der Regierung zugreifen können und sich nur bei Bedarf zusätzliche Informationen beschaffen müssen. Schließlich muß gewährleistet sein, daß dem parlamentarischen Planungsstab auch die methodischen Hilfsmittel der Regierungs-Planungsorganisation zur Verfügung stehen.

Die Einrichtung einer solchen parlamentarischen Planungsstelle wird — zumeist ohne nähere Aufgabenbeschreibung — von vielen Seiten befürwortet[64], wobei man jedoch teilweise diesen Apparat institutionell den Fraktionen[65] oder sogar unmittelbar der Opposition zugeordnet wissen will[66]. Die schon an anderer Stelle[67] angemeldeten Bedenken gegen eine organisatorische Verlagerung parlamentarischer Aufgaben auf verfassungsrechtlich nicht legitimierte Gruppierungen gelten auch im vorliegenden Zusammenhang. Der parlamentarische Planungsstab sollte daher nach der hier vertretenen Auffassung dem Gesamtparlament zugeordnet sein, auch wenn zu erwarten ist, daß seine Dienste hauptsächlich von der Opposition in Anspruch genommen werden.

4.2 Probleme des Direktzugriffs auf Planungsdaten[68]

Spezielle Probleme ergeben sich im Zusammenhang mit dem parlamentarischen Direktzugriff auf Planungsdaten der Regierung. Der unmittelbare Zugang des Parlaments zu (Planungs-)Datenbanken der Re-

[63] Ähnlich die Vorstellungen bei *Steinmüller:* Das Informationsrecht des Parlaments, S. 193.

[64] Vgl. z. B. *Herzog:* Gutachten, S. 94 f.; *Leibfried/Quilisch:* Planung im Sozialstaat, S. 617; im Ergebnis wohl auch *Böhret:* Entscheidungshilfen, S. 263; *Lompe:* Gesellschaftspolitik und Planung, S. 310 f.; *Stern:* Totalrevision des Grundgesetzes?, S. 409.

[65] *Böckenförde:* Planung zwischen Regierung und Parlament, S. 448.

[66] So z. B. *Hereth:* Die Reform des Deutschen Bundestages, S. 64; *Herzog:* Gutachten, S. 100; im Ergebnis wohl auch *Gehrig:* Gewaltenteilung zwischen Regierung und parlamentarischer Opposition, S. 637; *derselbe:* Parlament-Regierung-Opposition, S. 307 f.; *Steffani:* Parlamentarische Demokratie, S. 42.

[67] Vgl. oben VI. 3.1.

[68] Wegen der grundsätzlichen Problematik vgl. *Dobiey:* Zur Frage eines unmittelbaren Zugangs des Parlaments zu Datenbanken der Regierung. Die folgenden Ausführungen sind ein stark gekürzter und überarbeiteter Auszug meines oben genannten Aufsatzes.

gierung ist von der Wissenschaft[69] und der politischen Praxis[70] wiederholt gefordert und von der Regierung auch mehrfach zugesichert worden[71]. Einige Bundesländer haben bereits dahingehende gesetzliche Regelungen erlassen[72]. Dennoch herrscht bis heute Unklarheit darüber, in welchem Umfang ein parlamentarischer Zugriff statthaft sein soll.

Gegenüber der Forderung nach einem unmittelbaren Zugangsrecht des Parlaments zu Datenbanken im Regierungsbereich werden hauptsächlich folgende Einwände erhoben:

— Ein ständiger parlamentarischer Direktzugang zu Regierungsinformationssystemen stelle nicht anderes dar als direkte Ermittlungstätigkeit bei der Exekutive und dauerhafte Kontrolle. Beides sei unzulässig, wie schon aus den Spezialregelungen der Artikel 44 und 45 a Abs. 2 GG hervorgehe[73].

— Der unkontrollierbare Direktzugang des Parlaments zu Daten der Regierung verletze den Grundsatz der Gewaltenteilung, weil er die Eigenverantwortlichkeit der Regierung einschränke und damit ihre Selbständigkeit taste.

Der zuerst genannte Einwand argumentiert formal und kann auf dieser Ebene auch widerlegt werden: Wer sich informiert, kontrolliert noch nicht, sondern verschafft sich erst einmal Klarheit darüber, ob und ggf. in welcher Weise er kontrollierend tätig werden soll. Die schlichte Informationssammlung — auch in Form des Sichinformierens — ist daher keineswegs Kontrolltätigkeit, sondern schafft nur die *Voraussetzung* für eine sinnvolle Ausübung der parlamentarischen Kontrolle. Irgendeine Parallele zum institutionalisierten Verfahren parlamentarischer Untersuchungsausschüsse weist ein parlamentarischer Direktzugang zu Datenbanken der Regierung nicht auf.

---

[69] Vgl. z. B. *Kamlah:* Informationsanspruch des Parlaments, S. 60; *Scheuner:* Bekenntnis des Grundgesetzes, S. 36.

[70] Vgl. z. B. Deutscher Bundestag, 226. Sitzung am 28. 3. 1969, Entschließung zu Umdruck 631, in der gefordert wird, daß „der jederzeitige und umfassende Zugriff des Parlaments auf entscheidungsrelevante Daten ausdrücklich sichergestellt wird, damit Alternativen unter verschiedenen Prämissen entwickelt werden können"; vgl. ferner *SPD-Langzeitprogramm,* S. 68 Ziffer 213.

[71] Vgl. Zweiter Bericht der Bundesregierung über die Anwendung der elektronischen Datenverarbeitung in der Bundesverwaltung vom 17. 4. 1970, Bundestagsdrucksache VI/648, S. 13; Antwort der Bundesregierung auf die Kleine Anfrage der Fraktionen der SPD und FDP vom 15. 5. 1970, Bundestags-Drucksache VI/801, S. 3.

[72] Vgl. z. B. § 12 Abs. 1 des Gesetzes über die Datenzentrale Baden-Württemberg vom 17. 11. 1970 (BWGVBl. 1970, 492); Art. 1 Abs. 2 des Gesetzes über die Organisation der elektronischen Datenverarbeitung im Freistaat Bayern vom 12. 10. 1970 (BayGVBl. 1970, 457); § 6 Abs. 1 des Hessischen Datenschutzgesetzes vom 7. 10. 1970 (HessGVBl. 1970 I, 625).

[73] Vgl. hierzu *Steinmüller:* Das Informationsrecht des Parlaments, S. 190 f.

Der zweite — materielle — Einwand, der sich auf die Eigenverantwortlichkeit der Regierung beruft, wiegt demgegenüber schwerer. Zweifellos geht unsere Verfassung davon aus, daß die Regierung ein gegenüber dem Parlament selbständiges Staatsorgan darstellt, und die Eigenverantwortlichkeit der Regierung ist ein wesentlicher Bestandteil dieser Selbständigkeit. Dennoch wird man aber feststellen müssen, daß ein Pochen der Regierung auf ihre unbestrittene Eigenverantwortlichkeit dann nicht mehr einleuchtend und auch nicht mehr legitim ist, wenn Verantwortung nicht mehr wirksam *geltend gemacht* werden kann, wenn also die Regierung mangels einer effektiven parlamentarischen Kontrolle „unverantwortlich" gelassen wird[74]. Verantwortlichkeit bedeutet daher keineswegs, daß die Regierung „allein Herr sein solle über die Informationen, die das Geltendmachen einer Verantwortung durch das Parlament überhaupt erst ermöglichen"[75].

Versteht man die Regierungsverantwortung zutreffend als *politische* Verantwortung (Art. 65 GG) und wägt man die widerstreitenden Interessen von Regierung und Parlament gegeneinander ab, dann lassen sich folgende Grundsätze für einen direkten Zugriff des Parlaments auf Planungsdaten der Regierung aufstellen:

— Das Parlament kann auf Daten zugreifen, die überhaupt nicht in den Verantwortungsbereich der Regierung fallen, d. h. Basisdaten, die im Prinzip allgemein zugänglich sind, auch wenn sie von der Exekutive gesammelt, aufbereitet und zusammengestellt worden sind, ohne daß eine *politisch* wertende Verarbeitung stattgefunden hat[76].

— Privilegiert, d. h. einem parlamentarischen Zugriff entzogen, sind prinzipiell jene Daten, die das Resultat einer politischen Willensbildung der Regierung darstellen. Zum geschützten Internbereich der Regierung[77] gehören allerdings nur solche Informationen, die von der *politischen Führung* (der „Gubernative") einer politischen Wertung unterzogen worden sind, nicht hingegen bloße Fachinformationen, die ihren Ursprung der fachlichen Exekutivtätigkeit verdanken.

— Privilegiert sind ferner auch solche Informationen, für die die Regierung *noch nicht* verantwortlich gemacht werden kann, weil sie sich

---

[74] Zur notwendigen Wechselwirkung von Verantwortung und Kontrolle vgl. oben V. 3.64.

[75] *Frenkel:* Institutionen der Verwaltungskontrolle, N. 928.

[76] Wird zum Beispiel der Inhalt des Statistischen Jahrbuchs EDV-gerecht aufbereitet und in einen Planungsdaten-Speicher eingegeben, so handelt es sich keineswegs um Daten, für die die Regierung „verantwortlich" wäre. Eine Zugriffsmöglichkeit des Parlaments würde hier nicht den Verantwortungsbereich der Regierung tangieren, sondern nur eine der rationellen Staatstätigkeit zuwiderlaufende, unnötige Doppelarbeit vermeiden helfen.

[77] Vgl. hierzu neuerdings Hamburgisches Verfassungsgericht (Urteil vom 4. 7. 1973), in: Deutsches Verwaltungsblatt 1973, S. 885 ff. (886).

hierüber bisher überhaupt noch keine Meinung hat bilden können oder wollen. Dabei handelt es sich um Daten oder Informationen, die von der politischen Führung (oder auf ihre Veranlassung hin) *probeweise* gesetzt oder verändert werden, weil man sich unter verschiedenen Prämissen durch Planspiele Klarheit über das künftige Handeln verschaffen will. Derartige Daten dienen dazu, der Regierung ein Denken „ins Unreine" zu ermöglichen, und sie kann dabei natürlich den Computer auch als modernes „Konzeptpapier" benutzen.

— Unabhängig von diesen Privilegierungs-Tatbeständen muß das Parlament auf solche Daten zugreifen können, die den Informationshintergrund für jene — durchaus vorläufigen — Planungsentscheidungen bilden, die von der Regierung im Planungsbericht vorzulegen sind[78]. Diese spezielle Zugriffsmöglichkeit ist also inhaltlich an das parlamentarische Planungskontrollrecht gebunden.

Inhaltlich mögen sich im Einzelfall Abgrenzungsprobleme ergeben, technisch hingegen bestehen keine Schwierigkeiten, privilegierte Daten innerhalb eines Planungs-Informationssystems so zu kennzeichnen, daß ein externer Zugriff ausgeschlossen ist. Die Entscheidung freilich, *welche* Daten als intern zu qualifizieren sind, trifft die Regierung in eigener Zuständigkeit. Da nicht unmittelbar nachgeprüft werden kann, ob Daten zu Unrecht als privilegiert behandelt werden, sind Abgrenzungsfehler natürlich nicht auszuschließen. Eine befriedigende Lösung dieses Problems wird sich jedoch kaum finden lassen; man wird sich vielmehr auf die zahlreichen informellen Kontrollmechanismen des politischen Kräftespiels verlassen müssen.

5. Verfassungsrechtliche Verankerung

Abschließend soll noch zu der Frage Stellung genommen werden, ob und inwieweit eine Ergänzung des Grundgesetzes um Planungsregeln geboten erscheint. Gegen eine verfassungsrechtliche Normierung — jedenfalls zum gegenwärtigen Zeitpunkt — wenden sich vor allem Vertreter der Bundesregierung. Sie verweisen auf das Entwicklungsstadium der politischen Planung, das eine voreilige Festschreibung nicht vertrage und halten im übrigen den vom Grundgesetz schon jetzt gewährten Spielraum in der gegenwärtigen Erprobungsphase für durchaus zureichend[79].

---

[78] Bezüglich der *Grenzen* einer Planungsinformationspflicht vgl. oben V. 3.48.

[79] Vgl. vor allem *Ehmke:* Planung im Regierungsbereich, S. 2029; *derselbe:* Aufgaben und Planung im Regierungsbereich, S. 31.

Diese Warnung vor einer übereilten Festlegung — und damit Einengung — der politischen Planung gleich zu Beginn ihrer Entwicklung ist prinzipiell berechtigt und sollte nicht überhört werden. Aus dieser Feststellung folgt freilich nicht, daß z. Zt. überhaupt jede staatsrechtliche Regelung der Planungsproblematik unangebracht wäre. Die verfassungsrechtliche Untersuchung über die Auswirkungen der politischen Planung auf das Verhältnis von Parlament und Regierung hat vielmehr gezeigt, daß sich schon jetzt oder in naher Zukunft Entwicklungen anbahnen, deren problematische Seiten man besser von vornherein in den Griff bekommen sollte. Nur so kann vermieden werden, daß die politische Planung sich „selbstläufig und neben der Verfassung" entwickelt[80] und daß ein ständiges „Erprobungsstadium" unmerklich vollendete Tatsachen schafft, deren nachträgliche Beseitigung oder Änderung durch den bekannten „Sachzwang" erfolgreich verhindert wird.

Eine hier grundsätzlich befürwortete normative Regelung der Planungsproblematik muß freilich die bewegliche Natur der politischen Planung ebenso berücksichtigen wie ihr derzeitiges Entwicklungsstadium. Perfektionistische Regelungen lassen sich mit der flexiblen Natur der politischen Planung ohnehin schlecht vereinbaren; im gegenwärtigen Stadium wären sie auf jeden Fall verfehlt. Daher wird man der Regierung keine bestimmten Planungsbereiche vorschreiben können[81] und auch keine Verfahrensregeln aufstellen dürfen, deren Zweckmäßigkeit nicht mit Sicherheit feststeht. Soweit eine Normierung möglich und angebracht erscheint, sollte sie im Rahmen des Grundgesetzes erfolgen[82], weil die Verfassung für eine Regelung des Verhältnisses von Regierung und Parlament in erster Linie zuständig ist. Zudem wäre es verfassungspolitisch wünschenswert, daß einmal erkannte langfristige Entwicklungen vom Grundgesetz mitgetragen werden[83], mehr noch: daß von der Verfassung sogar Impulse für die weitere Entwicklung der politischen Planung ausgehen.

Dem Ergebnis der vorliegenden Untersuchung entspricht folgender Vorschlag zur Ergänzung des Grundgesetzes:

Planungsbericht

(1) Die Bundesregierung ist verpflichtet, einmal im Jahr dem Bundestag einen Bericht über den Stand ihrer längerfristigen Aufgaben- und Ressourcenplanung (politische Planung) vorzulegen. Sie hat diesen Be-

---

80 *Enquete-Kommission:* Zwischenbericht, S. 45.

81 Das Modell des Art. 91 a GG erscheint daher nicht sachdienlich.

82 So auch *Ossenbühl:* Gutachten, S. B 88 sowie seine „Schlußbemerkung"; *Blank:* Aufgabenplanung im Spannungsfeld, S. 106 fordert sogar, „der Planung einen besonderen Abschnitt im Grundgesetz zu widmen." Dies erscheint jedoch zumindest gegenwärtig noch verfrüht.

83 *Schäfer:* Von der Verbundplanung zu den Gemeinschaftsaufgaben, S. 2.

richt auf Verlangen eines Viertels der Mitglieder des Bundestages auf den neuesten Stand zu bringen, sofern seit der Vorlage wenigstens sechs Monate verstrichen sind.

(2) Die Auswirkungen größerer Gesetzesvorlagen auf die politische Planung sollen erläutert werden.

(3) Die jährliche Vorlage des Planungsberichts erfolgt vor Einbringung des Gesetzentwurfes nach Artikel 110 Absatz 2 oder mit ihr gemeinsam. Das Nähere regelt ein Bundesgesetz.

Planungsausschuß

(1) Der Bundestag bestellt einen Ausschuß für Planung.

(2) Der Ausschuß hat das Recht des unmittelbaren Zugriffs auf Basisdaten und sonstige Planungsinformationen der Bundesregierung, die in technischer Form gespeichert sind, soweit diese für eine Planungskontrolle benötigt werden. Das Nähere regelt ein Bundesgesetz.

Zusammenfassende Thesen

1. Politische Planung im Sinne einer „integrierten Aufgabenplanung“ stellt eine neue Qualität planerischer Staatstätigkeit dar, auf die ein moderner Staat nicht mehr verzichten kann.

2. Politische Planung ist keine neue Staatsfunktion, sondern eine neuartige Methode zur Erfüllung staatlicher Aufgaben. Sie hat zwar auch instrumentalen Charakter, muß aber wegen ihrer gesellschaftsgestaltenden Zielsetzung und der ihr immanenten politischen Entscheidung vornehmlich als staatsleitende Aufgabe qualifiziert werden.

3. Die politische Planung ist eine Aufgabe, deren Wahrnehmung von den Regierungsfunktionen gedeckt, ermöglicht oder sogar gefordert wird. Sie stellt daher einen eigenständigen Beitrag der Regierung zur Staatsleitung dar. Eine konkurrierende Planung des Parlaments wäre zulässig, erscheint aber aus strukturellen Gründen wenig aussichtsreich.

4. Eine Entscheidungsbefugnis des Parlaments über die Regierungsplanung — etwa aufgrund eines parlamentarischen Zustimmungsvorbehaltes — läßt sich aus der Verfassung nicht herleiten.

5. Eine gemeinschaftliche Planung von Regierung und Parlament verstieße gegen den Verfassungsgrundsatz der Gewaltenteilung; die unmittelbare Mitwirkung des Parlaments an der Regierungsplanung im Rahmen seiner Kontrollfunktion widerspräche dem Verfassungsauftrag, Verantwortung durch Kontrolle geltend zu machen. Es ist nicht Aufgabe des Parlaments, eine Mitregierung in Sachen Planung anzustreben, sondern die öffentliche Kontrolle der Regierungsplanung sicherzustellen.

6. Durch ein intern gehaltenes, ausgebildetes Planungssystem der Regierung wird die ohnehin vorhandene Informationslücke des Parlaments derart vergrößert, daß eine eigenverantwortliche und wirksame Ausübung der parlamentarischen Gesetzgebungs-, Budget- und Kontrollfunktion nicht mehr gewährleistet ist.

7. Die qualitativ neuartige Beeinträchtigung staatsleitender parlamentarischer Funktionen durch eine interne Regierungsplanung gefährdet die Selbständigkeit des Parlaments als staatsleitendes Organ, weil das Parlament im Ergebnis nur noch instrumental in die

Staatsleitung der Regierung eingeschaltet wäre. Dies kann verfassungsrechtlich nicht hingenommen werden.

8. Es besteht kein Anlaß, die Planungstätigkeit der Regierung für unzulässig zu erklären oder irgendwelchen Restriktionen zu unterwerfen, denn die staatsleitenden parlamentarischen Funktionen werden nicht durch die Regierungsplanung als solche beeinträchtigt, sondern durch den Mangel an diesbezüglichen Informationen.

9. Dem Parlament muß ein Planungsinformationsanspruch eingeräumt werden, damit die Selbständigkeit des Parlaments als staatsleitendes Organ auch unter den Bedingungen einer entwickelten Regierungsplanung erhalten bleibt.

10. Der Planungsinformationsanspruch des Parlaments richtet sich an die Regierung und verpflichtet sie, ihre Planungskonzeption offenzulegen. Die Regierung kommt ihrer Verpflichtung durch die jährliche Vorlage eines Planungsberichts nach.

11. Durch die öffentliche politische Diskussion des Planungsberichts nimmt das Parlament Einfluß auf die Regierungsplanung. Seine Planungsdiskussion bereitet es in einem besonderen Planungsausschuß vor und stützt sich dabei auf die Zuarbeit eines parlamentarischen Planungsstabes.

12. Das Parlament hat das Recht des direkten Zugriffs auf technisch gespeicherte Planungsinformationen der Regierung, soweit diese für eine Planungskontrolle benötigt werden.

Anhang

Verfahrensschema einer parlamentarischen Beteiligung an der Regierungsplanung

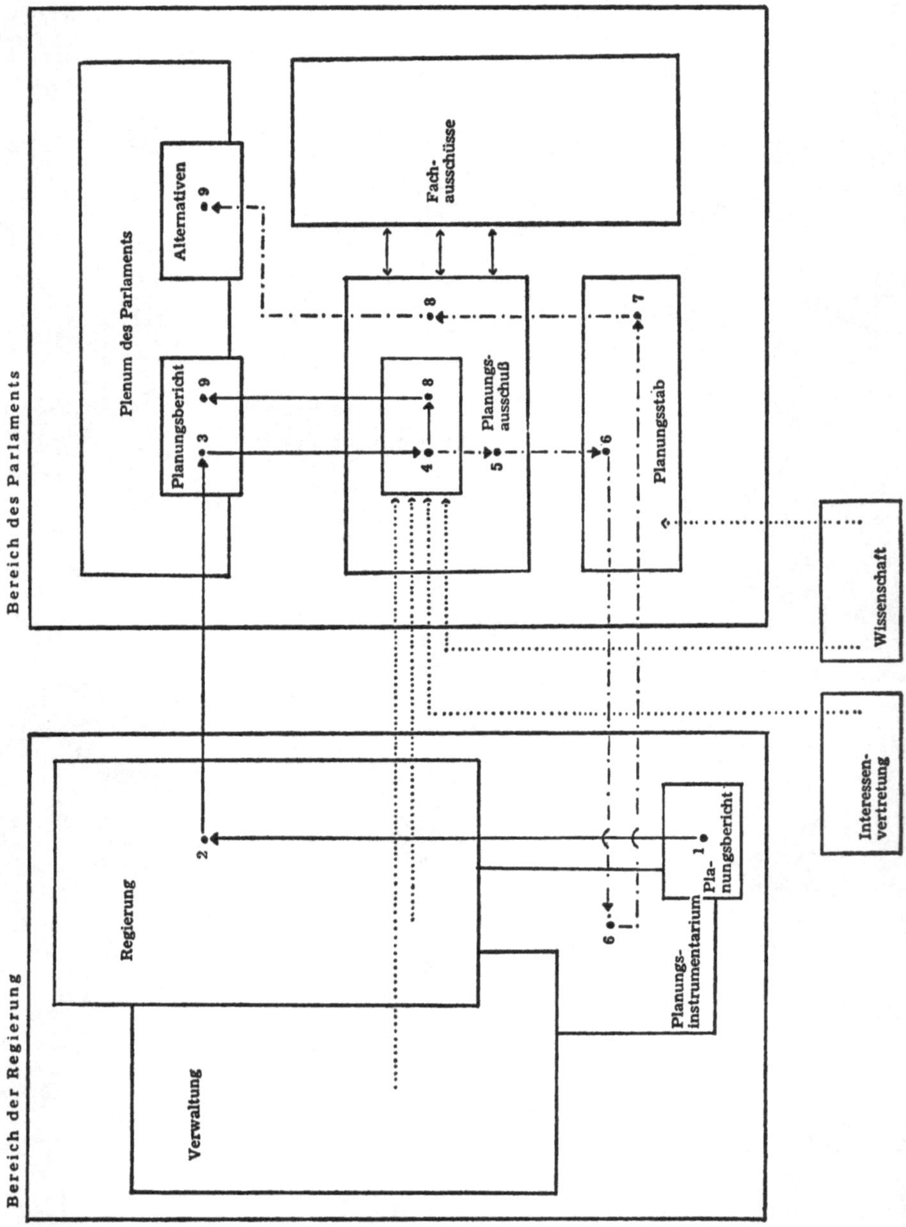

Erläuterung der schematischen Übersicht

1. Planungskonzeption der Regierung wird zu Planungsbericht zusammengestellt.
2. Planungsbericht wird vom Kabinett verabschiedet.
3. Planungsbericht wird dem Parlament vorgelegt und zugleich veröffentlicht.
4. Planungsbericht wird an den Planungsausschuß überwiesen. Beratung des Planungsberichts im Planungsausschuß führt zu:
   — Beteiligung der Fachausschüsse;
   — Experten-Anhörung (Vertreter der politischen Führung, Verwaltung, Wissenschaft, gesellschaftlichen Interessengruppen);
   — Formulierung von politischen Alternativen.
5. Auftrag an parlamentarischen Planungsstab, näher bezeichnete politische Alternativen zum Planungsbericht auszuarbeiten (Voraussetzungen, Konsequenzen usw.).
6. Parlamentarischer Planungsstab benutzt technisches Instrumentarium sowie Planungsdaten und -methoden der Regierung, läßt sich ggf. durch Wissenschaft beraten.
7. Parlamentarischer Planungsstab arbeitet die gewünschten Alternativen zum Planungsbericht aus.
8. Zwei Ausschußberichte werden erstellt, zwei Berichterstatter (Mehrheit/Opposition) benannt.
9. Planungsbericht der Regierung und parlamentarische Alternativen werden im Plenum vorgelegt und diskutiert; eine Beschlußfassung findet nicht statt.

Literaturverzeichnis[1]

Abelein, M.: Kontrolle ohne Kontrolleure? Zur Bedeutung des Bundestages als Kontrollorgan, in: E. Hübner/H. Oberreuter/H. Rausch (Hrsg.), Der Bundestag von innen gesehen, München 1969, S. 150 ff.
(zit.: Kontrolle ohne Kontrolleure?)

Achterberg, N.: Probleme parlamentarischer Kompetenzabgrenzung, in: Gesellschaftlicher Wandel und politische Innovation, Opladen 1972, S. 368 ff.

— Grundzüge des Parlamentsrechts, München 1970

Apter, D. E.: The Premise of Parliamentary Planning, in: Government and Opposition — A Journal of Comparative Politics, Volume 8 No 1, London 1973, S. 3 ff.

Arndt, H.-J.: Political problems of planning, in: Il politico (Pavia) 1969, S. 583 ff.

— Der Plan als Organisationsfigur und die strategische Planung, in: Politische Vierteljahresschrift 1968, S. 177 ff.

Badura, P.: Verfassungsfragen der Finanzplanung, in: Festgabe für Theodor Maunz zum 70. Geburtstag, München 1971, S. 1 ff.

— Diskussionsbeitrag zu „Gesetzgeber und Verwaltung", in: Veröffentlichungen der Vereinigung der deutschen Staatsrechtslehrer, 24 (1966), S. 210 ff.
(zit.: Diskussionsbeitrag)

Bayer, H.-W.: Die Aufhebung völkerrechtlicher Verträge im deutschen parlamentarischen Regierungssystem. Zugleich ein Beitrag zur Lehre vom Abschluß völkerrechtlicher Verträge nach deutschem Recht, Beiträge zum ausländischen öffentlichen Recht und Völkerrecht Band 48, Köln/Berlin 1969
(zit.: Die Aufhebung völkerrechtlicher Verträge)

Bäumlin, R.: Die Kontrolle des Parlaments über Regierung und Verwaltung. Referat zum Schweizerischen Juristentag, in: Schweizerischer Juristenverein, Referate und Mitteilungen, Heft 3/1966, S. 165 ff.
(zit.: Die Kontrolle des Parlaments)

Bebermeyer, H.: Das politische Planungssystem der Bundesregierung — Entwicklung und Stand der institutionellen Voraussetzungen und Instrumentarien, in: R. Jochimsen/U. Simonis (Hrsg.), Theorie und Praxis der Infrastrukturpolitik, Berlin 1970, S. 713 ff.
(zit.: Das politische Planungssystem der Bundesregierung)

Becker, H.: Vorwort zu Harnischfeger: Planung in der sozialstaatlichen Demokratie, Neuwied/Berlin 1969, S. 7 f.
(zit.: Vorwort)

Becker, W. P.: Möglichkeiten einer Beteiligung der Parlamente an der staatlichen Planung. Bestandsaufnahme und kritische Würdigung bisheriger planungsrechtlicher Vorschriften und parlamentarischer Initiativen, in: Zeitschrift für Parlamentsfragen 1974, S. 167 ff.
(zit.: Beteiligung der Parlamente)

[1] Besondere Zitiertitel sind jeweils am Ende in Klammern gesetzt.

Becker, W. P.: Synopse der bisherigen Planungskontrollgesetzentwürfe, in: Zeitschrift für Parlamentsfragen 1974, S. 184 ff.
(zit.: Synopse)

Bermbach, U.: Stichwort „Gewaltenteilung", in: H.-H. Röhring/K. Sontheimer (Hrsg.), Handbuch des deutschen Parlamentarismus, München 1970, S. 179 ff.

Bicanic, R.: Planer und Politiker, in: Der Staat, Band 6 (1967), S. 17 ff.

Blank, J.-Th.: Die staatliche Aufgabenplanung im Spannungsfeld von Regierung und Parlament, jur. Dissertation, Köln 1974
(zit.: Aufgabenplanung im Spannungsfeld)

Böckenförde, E.-W.: Gutachtliche Stellungnahme zum Thema: Parlamentarische Kontrolle der Regierungsplanung, in: Parlamentarische Kontrolle der Regierungsplanung, herausgegeben vom Präsidenten des Landtages NRW, Düsseldorf 1973, S. 7 ff.
(zit.: Stellungnahme)

— Planung zwischen Regierung und Parlament, in: Der Staat, Band 11 (1972), S. 429 ff.

— Die Organisationsgewalt im Bereich der Regierung. Eine Untersuchung zum Staatsrecht der Bundesrepublik Deutschland, Schriften zum öffentlichen Recht, Heft 18, Berlin 1964
(zit.: Die Organisationsgewalt im Bereich der Regierung)

Böckstiegel, K.-H.: Neue Aspekte der Gewaltenteilung seit Inkrafttreten des Grundgesetzes, in: Neue Juristische Wochenschrift 1970, S. 1712 ff.

Böhret, C.: Entscheidungshilfen für die Regierung. Modelle, Instrumente, Probleme. Schriften zur politischen Wirtschafts- und Gesellschaftslehre, Band 2, Opladen 1970
(zit.: Entscheidungshilfen)

Bracher, K.-D.: Gegenwart und Zukunft der Parlamentsdemokratie in Europa, in: K. Kluxen (Hrsg.), Parlamentarismus, Köln/Berlin 1967, S. 70 ff.

Buchheim, H.: Außenpolitik und Planung, in: Politische Vierteljahresschrift 1968, S. 166 ff.

Bundesminister für Verkehr (Hrsg.): Ausbau der Bundesfernstraßen 1971—1985, Bonn 1970
(zit.: BMV: Ausbau der Bundesfernstraßen 1971—1985)

Bürgel, H.: Bundestag und Exekutivgewalt, in: Deutsches Verwaltungsblatt 1967, S. 873 ff.

Busch, E.: Die Planung zwischen Parlament und Regierung, in: Unterrichtsblätter für die Bundeswehrverwaltung 1974/Nr. 2, S. 29 ff.

CDU-Fraktion/Berlin: Antrag der Fraktion der CDU (Berlin) vom 18. 5. 1973 über Gesetz über die parlamentarische Kontrolle der Regierungsplanung (Planungskontrollgesetz), Drucksache 6/916
(zit.: Planungskontrollgesetz)

CDU-Fraktion/NRW: Entwurf eines Gesetzes über die parlamentarische Kontrolle der Regierungsplanung (Planungskontrollgesetz — PKG), Landtags-Drucksache Nordrhein-Westfalen Nr. 7/1518 vom 28. 2. 1972
(zit.: Planungskontrollgesetz)

Dechamps, B.: Macht und Arbeit der Ausschüsse, Meisenheim 1954

Dehler, Th.: Das Parlament im Wandel der Staatsidee, in: Macht und Ohnmacht der Parlamente, Schriftenreihe der Friedrich-Naumann-Stiftung zur Politik und Zeitgeschichte Nr. 9, Stuttgart 1965, S. 9 ff.

Dienel, P. C.: Die Bearbeitung von Langfristproblemen in der parlamentarischen Demokratie, in: Das Demokratieverständnis im Widerstreit der Meinungen, herausgegeben von der Wirtschaftspolitischen Gesellschaft von 1947, Frankfurt a. M. 1974, S. 38 ff.
(zit.: Bearbeitung von Langfristproblemen)

Dobiey, B.: Zur Frage eines unmittelbaren Zugangs des Parlaments zu Datenbanken der Regierung, in: Zeitschrift für Parlamentsfragen 1974, S. 316 ff.

Domes, J.: Mehrheitsfraktion und Bundesregierung. Aspekte des Verhältnisses der Fraktion der CDU/CSU im zweiten und dritten Deutschen Bundestag zum Kabinett Adenauer, Köln/Opladen 1964
(zit.: Mehrheitsfraktion und Bundesregierung)

Dorn, W.: Planung der Regierungsarbeit, in: Liberal 1973, S. 821 ff.

Drath, M.: Die Gewaltenteilung im heutigen deutschen Staatsrecht, in: H. Rausch (Hrsg.), Zur heutigen Problematik der Gewaltentrennung, Darmstadt 1969, S. 21 ff.

Dürig, G.: Diskussionsbeitrag zu „Gesetzgeber und Verwaltung", in: Veröffentlichungen der Vereinigung der deutschen Staatsrechtslehrer, 24 (1966), S. 241
(zit.: Diskussionsbeitrag)

Ehmke, H.: Aufgaben und Planung im Regierungsbereich (Interview), in: Bulletin Nr. 4 vom 8. 1. 1972, S. 29 ff.

— Planung im Regierungsbereich — Aufgaben und Widerstände, in: Bulletin Nr. 187 vom 16. 12. 1971, S. 2026 ff.
(zit.: Planung im Regierungsbereich)

— Planung in der Bundesregierung, in: Vorstand der SPD (Hrsg.), Ein Jahr Regierungsverantwortung, Bonn 1970, S. 61 ff.

— Empfiehlt es sich, Funktion, Struktur und Verfahren der parlamentarischen Untersuchungsausschüsse grundlegend zu ändern? in: Verhandlungen des 45. Deutschen Juristentages 1964, Band II, München/Berlin 1965, S. E 7 ff.
(zit.: Verfahren der parlamentarischen Untersuchungsausschüsse)

— Staat und Gesellschaft als verfassungstheoretisches Problem, in: Staatsverfassung und Kirchenordnung, Festgabe für Rudolf Smend zum 80. Geburtstag, Tübingen 1962, S. 23 ff.

— (Hrsg.): Perspektiven. Sozialdemokratische Politik im Übergang zu den siebziger Jahren. Erläutert von 21 Sozialdemokraten, Reinbek bei Hamburg 1969
(zit.: Sozialdemokratische Politik im Übergang zu den siebziger Jahren)

Eichenberger, K.: Die Problematik der parlamentarischen Kontrolle im Verwaltungsstaat, in: Schweizerische Juristen-Zeitung 1965, S. 269 ff.; 285 ff.
(zit.: Die Problematik der parlamentarischen Kontrolle)

— Die politische Verantwortlichkeit der Regierung im schweizerischen Staatsrecht, in: Verfassungsrecht und Verfassungswirklichkeit, Festschrift für Hans Huber zum 60. Geburtstag, Bern 1961, S. 109 ff.
(zit.: Die politische Verantwortlichkeit der Regierung)

Ellwein, Th.: Regierung und Verwaltung, 1. Teil: Regierung als politische Führung, in: Th. Ellwein (Hrsg.), Politik-Regierung-Verwaltung. Untersuchungen zum Regierungsprozeß in der Bundesrepublik Deutschland, Band 3, 1. Teil, Stuttgart/Berlin/Köln/Mainz 1970
(zit.: Regierung als politische Führung)

— Politik und Planung, Stuttgart/Berlin/Köln/Mainz 1968

— Entmachtung des Parlaments, Verantwortung des Parlaments, in: Die Mitarbeit 1966, S. 193 ff.
(zit.: Entmachtung des Parlaments)

— Das Regierungssystem der Bundesrepublik Deutschland, Köln/Opladen, 2. Aufl. 1965

Ellwein, Th., A. *Görlitz* und A. *Schröder:* Parlament und Verwaltung, 1. Teil: Gesetzgebung und politische Kontrolle, in: Th. Ellwein (Hrsg.), Politik-Regierung-Verwaltung. Untersuchungen zum Regierungsprozeß in der Bundesrepublik Deutschland, Band 2, 1. Teil, Stuttgart/Berlin/Köln/Mainz 1967
(zit.: Gesetzgebung und politische Kontrolle)

Enquete-Kommission: Zwischenbericht der Enquete-Kommission für Fragen der Verfassungsreform gemäß Beschluß des Deutschen Bundestages, Bundestags-Drucksache VI/3829 vom 21. 9. 1972
(zit.: Zwischenbericht)

— Staatliche Aufgabenplanung in der Verfassungsordnung der Bundesrepublik Deutschland, Kommissionsdrucksache Nr. 044 vom 8. 8. 1972 der Enquete-Kommission für Fragen der Verfassungsreform
(zit.: Staatliche Aufgabenplanung)

Eschenburg, Th.: Staat und Gesellschaft in Deutschland, 3. Aufl., München 1965

Fischer-Menshausen, H.: Mittelfristige Finanzplanung im Bundesstaat, in: J. H. Kaiser (Hrsg.), Planung III, Baden-Baden 1968, S. 73 ff.

Forsthoff, E.: Zur heutigen Situation einer Verfassungslehre, in: Epirrhosis, Festgabe für Carl Schmitt, 1. Teilband, Berlin 1968, S. 185 ff.

— Über Mittel und Methoden moderner Planung, in: J. H. Kaiser (Hrsg.), Planung III, Baden-Baden 1968, S. 21 ff.

— Über Maßnahme-Gesetze, in: Gedächtnisschrift für Walter Jellinek, München 1955, S. 221 ff.

Frenkel, M.: Institutionen der Verwaltungskontrolle, Zürich 1969

Friauf, K. H.: Öffentlicher Haushalt und Wirtschaft, in: Veröffentlichungen der Vereinigung der deutschen Staatsrechtslehrer, 27 (1969), S. 1 ff.

— Der Staatshaushaltsplan im Spannungsfeld zwischen Regierung und Parlament, Band 1, Bad Homburg 1968

Friauf, K. H. und B. *Stephan:* Die verfassungsrechtliche Problematik einer politischen Ziel- und Mittelplanung der Bundesregierung im Hinblick auf ihr Verhältnis zum Deutschen Bundestag, in: Erster Bericht zur Reform der Struktur von Bundesregierung und Bundesverwaltung, Anlagenband, Bonn 1969, S. 607 ff.
(zit.: Ziel- und Mittelplanung)

Fricke, E.: Zur Mitwirkung der Parlamente bei der Regierungsplanung, in: Die Öffentliche Verwaltung 1973, S. 406 ff.

Friesenhahn, E.: Parlament und Regierung im modernen Staat, in: Veröffentlichungen der Vereinigung der deutschen Staatsrechtslehrer, 16 (1958), S. 9 ff.
(zit.: Parlament und Regierung)

Gehrig, N.: Gewaltenteilung zwischen Regierung und parlamentarischer Opposition, in: Deutsches Verwaltungsblatt 1971, S. 633 ff.

— Parlament-Regierung-Opposition. Dualismus als Voraussetzung für eine parlamentarische Kontrolle der Regierung, Münchener Studien zur Politik, Band 14, München 1969
(zit.: Parlament-Regierung-Opposition)

Giesing, H.-H.: Bundestag und Exekutivgewalt, in: Deutsches Verwaltungsblatt 1968, S. 170 ff.

Grewe, W. G.: Planung in der Außenpolitik, in: J. H. Kaiser (Hrsg.), Planung I, Baden-Baden 1965, S. 355 ff.

Grimm, D.: Aktuelle Tendenzen in der Aufteilung gesetzgeberischer Funktionen zwischen Parlament und Regierung, in: Zeitschrift für Parlamentsfragen 1970, S. 448 ff.
(zit.: Aufteilung gesetzgeberischer Funktionen)

Grube, K. D.: Die Stellung der Opposition im Strukturwandel des Parlamentarismus, jur. Dissertation, Köln 1965

Grund, W.: Die mehrjährige Finanzplanung des Bundes — Grundkonzeption, Methoden und ihre Problematik, in: J. H. Kaiser (Hrsg.), Planung III, Baden-Baden 1968, S. 47 ff.
(zit.: Die mehrjährige Finanzplanung des Bundes)

Habermas, J.: Verwissenschaftlichte Politik in demokratischer Gesellschaft, in: H. Krauch u. a. (Hrsg.), Forschungsplanung, München 1966, S. 130 ff.

Habermehl, P.: Die Grundlagen der Planung, in: Zeitschrift für Politik 1965, S. 251 ff.

Harnischfeger, H.: Planung in der sozialstaatlichen Demokratie. Überlegungen zum Verhältnis von politischem Willensbildungsprozeß und Wissenschaft sowie zum Verfahren bei der Planung, Neuwied/Berlin 1969
(zit.: Planung in der sozialstaatlichen Demokratie)

von Hassel, K.-U.: Parlamentsreform, in: Politische Studien 1971, S. 359 ff.

Heckel, J.: Einrichtung und rechtliche Bedeutung des Reichshaushaltsgesetzes, in: G. Anschütz/R. Thoma (Hrsg.), Handbuch des Deutschen Staatsrechts, 2. Band, Tübingen 1932, S. 374 ff.

Hennis, W.: Zur Rechtfertigung und Kritik der Bundestagsarbeit, in: Festschrift für Adolf Arndt zum 65. Geburtstag, Frankfurt a. M. 1969, S. 147 ff.

Hereth, M.: Die Reform des Deutschen Bundestages, Veröffentlichung der Hochschule für Wirtschaft und Politik, Hamburg/Opladen 1971

— Die parlamentarische Opposition in der Bundesrepublik Deutschland, Geschichte und Staat, Band 147, München/Wien 1969
(zit.: Die parlamentarische Opposition)

Herzog, R.: Möglichkeiten und Grenzen einer Beteiligung des Parlamentes an der Ziel- und Ressourcenplanung der Bundesregierung. Gutachten, erstattet für die Projektgruppe Regierungs- und Verwaltungsreform, Bonn 1971
(zit.: Gutachten)

Herzog, R.: Artikel „Planung“, in: Evangelisches Staatslexikon, Stuttgart/Berlin 1966, Sp. 1520 ff.

— Gesetzgeber und Verwaltung, in: Veröffentlichungen der Vereinigung der deutschen Staatsrechtslehrer, 24 (1966), S. 183 ff.; 242 ff.

Hesse, K.: Grundzüge des Verfassungsrechts der Bundesrepublik Deutschland, 4. Aufl., Karlsruhe 1970
(zit.: Grundzüge des Verfassungsrechts)

— Der Rechtsstaat im Verfassungssystem des Grundgesetzes, in: Staatsverfassung und Kirchenordnung, Festgabe für Rudolf Smend zum 80. Geburtstag, Tübingen 1962, S. 71 ff.
(zit.: Verfassungssystem)

Hirsch, J.: Parlament und Verwaltung, 2. Teil: Haushaltsplanung und Haushaltskontrolle in der Bundesrepublik Deutschland, in: Th. Ellwein (Hrsg.), Politik-Regierung-Verwaltung. Untersuchungen zum Regierungsprozeß in der Bundesrepublik Deutschland, Band 2, 2. Teil, Stuttgart/Berlin/Köln/Mainz 1968
(zit.: Haushaltsplanung)

Holzamer, K.: Die Stellung der Regierung in der modernen Demokratie, in: Th. Stammen (Hrsg.), Strukturwandel der modernen Regierung, Darmstadt 1967, S. 313 ff.

Hübner, P.: Stichwort „Informationsrecht des Parlaments“, in: H. H. Röhring/K. Sontheimer (Hrsg.), Handbuch des deutschen Parlamentarismus, München 1970, S. 203 ff.

Hüttl, A.: Koordinierungsprobleme der Bundesregierung, in: Der Staat, Band 6 (1967), S. 1 ff.

Hug, K.: Die Regierungsfunktion als Problem der Entscheidungsgewalt, Abdruck der jur. Dissertation in: Zürcher Beiträge zur Rechtswissenschaft, Neue Folge Heft 355, Zürich 1971

Imboden, M.: Gewaltentrennung als Grundproblem unserer Zeit, in: H. Rausch (Hrsg.), Zur heutigen Problematik der Gewaltentrennung, Darmstadt 1969, S. 487 ff.

— Der Plan als verwaltungsrechtliches Institut, in: Veröffentlichungen der Vereinigung der deutschen Staatsrechtslehrer, 18 (1960), S. 113 ff.

Interparlamentarische Arbeitsgemeinschaft: Entwurf eines Gesetzes zur Sicherung der parlamentarischen Kontrolle (Fassung vom 28. 2. 1972), Kommission für Fragen der Parlamentsreform, KPR — Drucksache Nr. 104, Bonn 1972
(zit.: IPA: Kontrollsicherungsgesetz)

Ipsen, H. P.: Rechtsfragen der Wirtschaftsplanung, in: J. H. Kaiser (Hrsg.), Planung II, Baden-Baden 1966, S. 63 ff.

Jaeggi, U.: Macht und Herrschaft in der Bundesrepublik, Frankfurt a. M. 1969

Jahn, G.: Die Demokratie und das Recht (Interview), in: General-Anzeiger Bonn vom 19. 5. 1972, S. 15

— Verfassungsrecht und Verfassungswirklichkeit — zum Spannungsverhältnis zwischen planender Demokratie und Grundgesetz, Vortrag vor dem Übersee-Club in Hamburg am 15. 2. 1971, Sonderdruck, o. O., o. J. (Mai 1971), S. 19 ff.
(zit.: Planende Demokratie)

Jochimsen, R.: Zur Philosophie staatlicher Planung, in: Bulletin Nr. 133 vom 18. 10. 1973, S. 1309 ff.

— Gutachtliche Stellungsnahme zum Thema: Parlamentarische Kontrolle der Regierungsplanung, in: Parlamentarische Kontrolle der Regierungsplanung, herausgegeben vom Präsidenten des Landtages NRW, Düsseldorf 1973, S. 51 ff.
(zit.: Stellungnahme)

— Planung des Staates in der technisierten Welt, in: Bulletin Nr. 85 vom 9. 6. 1972, S. 1179 ff.

— Planung im staatlichen Bereich, in: Bulletin Nr. 113 vom 23. 7. 1971, S. 1236 ff.

— Wandel durch Planung, in: Die Neue Gesellschaft, Heft 7/1971, S. 467 ff.

— Zum Aufbau und Ausbau eines integrierten Aufgabenplanungssystems und Koordinierungssystems der Bundesregierung, in: Bulletin Nr. 97 vom 16. 7. 1970, S. 949 ff.
(zit.: Aufgabenplanungssystem)

Jochimsen, R. und F. *von Peter*: Probleme der Beteiligung des Parlaments an der ressortübergreifenden Planung, in: Die Neue Gesellschaft, Heft 10/1973, S. 755 ff.
(zit.: Beteiligung des Parlaments)

Kägi, O. W.: Von der klassischen Dreiteilung zur umfassenden Gewaltenteilung, in: Verfassungsrecht und Verfassungswirklichkeit, Festschrift für Hans Huber zum 60. Geburtstag, Bern 1961, S. 151 ff.

Kaiser, J. H.: Exposé einer pragmatischen Theorie der Planung, in: J. H. Kaiser (Hrsg.), Planung I, Baden-Baden 1965, S. 11 ff.

— Vorwort zu J. H. Kaiser (Hrsg.), Planung I, Baden-Baden 1965, S. 7 ff.

Kamlah, R.: Der Informationsanspruch des Parlaments im Computerzeitalter, in: Öffentliche Verwaltung und Datenverarbeitung 1971, S. 35 ff.; 60 ff.
(zit.: Informationsanspruch des Parlaments)

Karehnke, H.: Reform der Struktur von Bundesregierung und Bundesverwaltung. Zum Dritten Bericht der Projektgruppe „Regierungs- und Verwaltungsreform" beim Bundesminister des Innern vom November 1972, in: Die Öffentliche Verwaltung 1974, S. 115 ff.
(zit.: Zum Dritten Bericht der Projektgruppe „Regierungs- und Verwaltungsreform")

Kassimatis, G.: Der Bereich der Regierung, Schriften zum Öffentlichen Recht, Band 66, Berlin 1967

Keller, Th. und *H. Raupach*: Informationslücke des Parlaments. Wissenschaftliche Hilfseinrichtungen für die Abgeordneten des Deutschen Bundestages und der Länderparlamente. Schriftenreihe des Forschungsinstituts der Friedrich-Ebert-Stiftung, Band 76, Hannover 1970
(zit.: Informationslücke des Parlaments)

Kewenig, W.: Zur Revision des Grundgesetzes: Planung im Spannungsverhältnis von Regierung und Parlament, in: Die Öffentliche Verwaltung 1973, S. 23 ff.
(zit.: Planung im Spannungsverhältnis)

— Staatsrechtliche Probleme parlamentarischer Mitregierung am Beispiel der Arbeit der Bundestagsausschüsse, Reihe „Aktuelles Recht", Band 7, Bad Homburg v. d. H./Berlin/Zürich 1970
(zit.: Parlamentarische Mitregierung)

Klein, F.: Zur rechtlichen Verbindlichkeit von Bundestagsbeschlüssen, in: Juristische Schulung 1964, S. 181 ff.

Kommission für die Finanzreform: Gutachten über die Finanzreform in der Bundesrepublik Deutschland, Stuttgart/Köln/Berlin/Mainz 1965
(zit.: Troeger-Gutachten)

Kölble, J.: Vorschläge zur Parlamentsreform, in: Die Öffentliche Verwaltung 1969, S. 189 ff.

— Wirtschaftsplanung und Grundgesetz, in: Neue Juristische Wochenschrift 1966, S. 473 ff.

— Pläne im Bundesmaßstab oder auf bundesrechtlicher Grundlage, in: J. H. Kaiser (Hrsg.), Planung I, Baden-Baden 1965, S. 91 ff.
(zit.: Pläne im Bundesmaßstab)

König, K.: Planung und Koordination im Regierungssystem, Verwaltungsarchiv 1971, S. 1 ff.

Krüger, H.: Rechtsetzung und technische Entwicklung, in: Neue Juristische Wochenschrift 1966, S. 617 ff.

— Stichwort „Parlamentarismus", in: Handwörterbuch der Sozialwissenschaften, Band 8, Stuttgart/Tübingen/Göttingen 1964, S. 208 ff.

Küster, O.: Das Gewaltenproblem im modernen Staat, in: Archiv des öffentlichen Rechts, Band 36 NF (Band 75), 1949, S. 397 ff.

Landshut, S.: Formen und Funktionen der parlamentarischen Opposition, in: K. Kluxen (Hrsg.), Parlamentarismus, Köln/Berlin 1967, S. 401 ff.

Leibfried, St. und M. *Quilisch*: Planung im Sozialstaat, in: Atomzeitalter 1967, Heft 10, S. 552 ff.; Heft 11, S. 610 ff.

Leibholz, G.: Strukturwandel der modernen Demokratie, in: G. Leibholz, Strukturprobleme der modernen Demokratie, 3. Aufl., Karlsruhe 1967, S. 78 ff.

— Die Kontrollfunktion des Parlaments, in: G. Leibholz, Strukturprobleme der modernen Demokratie, 3. Aufl., Karlsruhe 1967, S. 295 ff.

Leisner, W.: Die quantitative Gewaltenteilung. Für ein neues Verständnis der Trennung der Gewalten, in: Die Öffentliche Verwaltung 1969, S. 405 ff.
(zit.: Die quantitative Gewaltenteilung)

— Regierung als Macht kombinierten Ermessens. Zur Theorie der Exekutivgewalt, in: Juristenzeitung 1968, S. 727 ff.
(zit.: Regierung als Macht kombinierten Ermessens)

Lemke, H.: Zur Frage der Planungszuständigkeit zwischen Parlament und Regierung, Enquete-Kommission für Fragen der Verfassungsreform, Kommissionsdrucksache Nr. 007 vom 20. 9. 1971

Lenk, K.: Aspekte der gegenwärtigen Planungsdiskussion in der Bundesrepublik, in: Politische Vierteljahresschrift 1966, S. 364 ff.
(zit. Planungsdiskussion)

Lerche, P.: Stiller Verfassungswandel als aktuelles Politikum, in: Festgabe für Theodor Maunz zum 70. Geburtstag, München 1971, S. 285 ff.
(zit.: Stiller Verfassungswandel)

Leussink, H.: Bildungspolitik zwischen Planung und Verwirklichung, in: Bulletin Nr. 158 vom 28. 10. 1971, S. 1677 ff.

Liesegang, H. C. F.: Über die Möglichkeiten parlamentarischer Einflußnahme bei der Aufstellung haushaltsabhängiger Regierungspläne, in: Deutsches Verwaltungsblatt 1972, S. 847 ff.
(zit.: Möglichkeiten parlamentarischer Einflußnahme)

— Die Beteiligung der Parlamente bei der Aufstellung von Plänen durch die Exekutive, in: Zeitschrift für Parlamentsfragen 1972, S. 162 ff.
(zit.: Beteiligung der Parlamente)

— Zum Entwurf eines Gesetzes über die parlamentarische Kontrolle der Regierungsplanung, in: Zeitschrift für Rechtspolitik 1972, S. 259 ff.

Linck, J.: Zulässigkeit und Grenzen der Einflußnahme des Bundestages auf die Regierungsentscheidungen — Zum Verhältnis von Bundestag und Bundesregierung, jur. Dissertation, Köln 1971

Loewenstein, K.: Die neue Dreiteilung der Staatsfunktionen, in: H. Rausch (Hrsg.), Zur heutigen Problematik der Gewaltentrennung, Darmstadt 1969, S. 272 ff.

— Verfassungslehre, 2. Aufl., Tübingen 1969

Lohmar, U.: Zielsetzung und Methodik politischer Planung, in: Die Neue Gesellschaft 1967, S. 431 ff.

— Wissenschaftsförderung und Politik-Beratung, Gütersloh, 1967

— Politik und Planung, in: Deutschland 1975. Analysen, Prognosen, Perspektiven, München 1965, S. 232 ff.

Lompe, K.: Gesellschaftspolitik und Planung. Probleme politischer Planung in der sozialstaatlichen Demokratie, Reihe: Planung Perspektiv, Band I, Freiburg 1971
(zit.: Gesellschaftspolitik und Planung)

Luhmann, N.: Politische Planung, in: V. Ronge/G. Schmieg (Hrsg.), Politische Planung in Theorie und Praxis, München 1971, S. 57 ff.

— Politische Planung/Aufsätze zur Soziologie von Politik und Verwaltung, Opladen 1971
(zit.: Politische Planung/Aufsätze)

Lutz, C. A.: Organisationsprobleme politischer Planung, „Aus Politik und Zeitgeschichte", Beilage B 43/71 zur Wochenzeitung „Das Parlament" (1971)
(zit. Organisationsprobleme)

Maier, H., H. *Rausch*, E. *Hübner* und H. *Oberreuter*: Zum Parlamentsverständnis des fünften Deutschen Bundestages. Die Möglichkeit von Zielkonflikten bei einer Parlamentsreform, Bonn 1969
(zit.: Zum Parlamentsverständnis)

von Mangoldt, H.: Das Verhältnis von Regierung und Parlament, in: Th. Stammen (Hrsg.), Strukturwandel der modernen Regierung, Darmstadt 1967, S. 234 ff.

Maunz, Th., G. *Dürig* und R. *Herzog*: Grundgesetz. Kommentar, Band 1 und 2, München/Berlin 1958 ff.; 1964 ff.

Morkel, A.: Das Parlament als öffentliches Forum, in: „Aus Politik und Zeitgeschichte", Beilage B 40/66 zur Wochenzeitung „Das Parlament" (1966)

Obermayer, K.: Der Plan als verwaltungsrechtliches Institut, in: Veröffentlichungen der Vereinigung der deutschen Staatsrechtslehrer, 18 (1960), S. 144 ff.

Oberndörfer, D. und C. A. *Lutz:* Politische Planung, Teil I: Verfassungspolitische Würdigung einer die Ressortplanungen integrierenden Organisation politischer Planung auf Bundesebene, in: Erster Bericht zur Reform der Struktur von Bundesregierung und Bundesverwaltung, Anlagenband, Bonn 1969, S. 315 ff.
(zit.: Politische Planung)

Ossenbühl, F.: Welche normativen Anforderungen stellt der Verfassungsgrundsatz des demokratischen Rechtsstaates an die planende staatliche Tätigkeit? Gutachten für den 50. Deutschen Juristentag, Verhandlungen des fünfzigsten Deutschen Juristentages, Band I (Gutachten) Teil B, München 1974
(zit.: Gutachten)

Osswald, A.: Landesentwicklung als gesellschaftspolitische Aufgabe, Vorwort zu: „Großer Hessenplan — Landesentwicklungsplan", Wiesbaden 1970

Partsch, K. J.: Von den Grenzen parlamentarischer Untersuchungen zur Regierungskontrolle. Rechtsgutachten über die Einsetzung eines Untersuchungsausschusses des Hessischen Landtags zur Untersuchung der Vorgänge betreffend den Erwerb einer Beteiligung an der JHB und ihre Vereinbarkeit mit der Hessischen Verfassung, Mainz 1965
(zit.: Von den Grenzen parlamentarischer Untersuchungen)

— Empfiehlt es sich, Funktion, Struktur und Verfahren der parlamentarischen Untersuchungsausschüsse grundlegend zu ändern?, in: Verhandlungen des 45. Deutschen Juristentages 1964 Band I (Gutachten), Teil 3, München/Berlin 1964
(zit.: Parlamentarische Untersuchungsausschüsse)

— Parlament und Regierung im modernen Staat, in: Veröffentlichungen der Vereinigung der deutschen Staatsrechtslehrer, 16 (1958), S. 74 ff.
(zit.: Parlament und Regierung)

von Peter, F.: Zur Beteiligung des Parlaments an der Planung auf Bundesebene, in: Die Öffentliche Verwaltung 1973, S. 336 ff.

Peters, H.: Die Gewaltentrennung in moderner Sicht, in: H. Rausch (Hrsg.), Zur heutigen Problematik der Gewaltentrennung, Darmstadt 1969, S. 78 ff.

— Verwaltung ohne gesetzliche Ermächtigung?, in: Verfassungsrecht und Verfassungswirklichkeit, Festschrift für Hans Huber zum 60. Geburtstag, Bern 1961, S. 206 ff.

— Die Opposition in der parlamentarischen Demokratie, in: Österreichische Zeitschrift für Öffentliches Recht, Band 10 (NF), 1959/60, S. 424 ff.

Pfeiffer, J. (Hrsg.): Kant-Brevier, Hamburg o. J.

Projektgruppe für Regierungs- und Verwaltungsreform: Erster Bericht zur Reform der Struktur von Bundesregierung und Bundesverwaltung, Bonn 1969
(zit.: Projektgruppe RVR)

Quaritsch, H.: Das parlamentslose Parlamentsgesetz, dargestellt am hamburgischen Planungsrecht, Hamburger öffentlich-rechtliche Nebenstunden, Band 5, 2. Aufl., Frankfurt a. M. 1961
(zit.: Das parlamentslose Parlamentsgesetz)

Rausch, H. und H. *Oberreuter:* Parlamentsreform in der Dunkelkammer? Zum Selbstverständnis der Bundestagsabgeordneten, in: W. Steffani (Hrsg.), Parlamentarismus ohne Transparenz, Opladen 1971, S. 141 ff.
(zit.: Parlamentsreform in der Dunkelkammer?)

Redeker, K.: Staatliche Planung im Rechtsstaat, in: Juristenzeitung 1968, S. 537 ff.

Rietdorf, F.: Die staatliche Planung unter besonderer Berücksichtigung einer Beteiligung des Parlaments aus der Sicht der hierzu vorliegenden Beratungsergebnisse der Enquete-Kommission des Deutschen Bundestages für Fragen der Verfassungsreform und der Länderkommission Verfassungsreform, in: Parlamentarische Kontrolle der Regierungsplanung, herausgegeben vom Präsidenten des Landtags NRW, Düsseldorf 1973, S. 35 ff. (zit.: Die staatliche Planung)

— Planung als Aufgabe von Parlament und Regierung, Enquete-Kommission für Fragen der Verfassungsreform, Kommissionsdrucksache Nr. 008 vom 5. 10. 1971

Ronge, V.: Stichwort „Planung", in: H.-H. Röhring/K. Sontheimer (Hrsg.), Handbuch des deutschen Parlamentarismus, München 1970, S. 386 f.

Schäfer, F.: Von der Verbundplanung zu den Gemeinschaftsaufgaben, Enquete-Kommission für Fragen der Verfassungsreform, Kommissionsdrucksache Nr. 016 vom 29. 11. 1971

— Der Bundestag. Eine Darstellung seiner Aufgaben und seiner Arbeitsweise, verbunden mit Vorschlägen zur Parlamentsreform, Köln/Opladen 1967
(zit.: Der Bundestag)

Schäfer, R.: Berliner Ansätze einer Beteiligung des Parlaments an der Regierungsplanung, in: Zeitschrift für Parlamentsfragen 1972, S. 182 ff.

Scharpf, F. W.: Komplexität als Schranke der politischen Planung, in: F. W. Scharpf, Planung als politischer Prozeß. Aufsätze zur Theorie der planenden Demokratie, Frankfurt a. M. 1973, S. 73 ff.

— Koordinationsplanung und Zielplanung, in: R. Mayntz/F. W. Scharpf (Hrsg.), Planungsorganisation, München 1973, S. 107 ff.
(zit.: Koordinationsplanung)

— Planung als politischer Prozeß, in: Die Verwaltung 1971, S. 1 ff.

— Die planende Verwaltung in der Demokratie. Zu den „Leitsätzen zur Verwaltungspolitik", in: Recht und Politik 1969, S. 20 ff.
(zit.: Die planende Verwaltung in der Demokratie)

Schatz, H.: Auf der Suche nach neuen Problemlösungsstrategien: Die Entwicklung der politischen Planung auf Bundesebene, in: R. Mayntz/F. W. Scharpf (Hrsg.), Planungsorganisation, München 1973, S. 9 ff.
(zit.: Planung auf Bundesebene)

Scheuner, U.: Zur Entwicklung der politischen Planung in der Bundesrepublik Deutschland, in: Im Dienst an Recht und Staat, Festschrift für Werner Weber zum 70. Geburtstag, Berlin 1974, S. 369 ff.
(zit.: Zur Entwicklung der politischen Planung)

— Die Lage des parlamentarischen Regierungssystems in der Bundesrepublik, in: Die Öffentliche Verwaltung 1974, S. 433 ff.
(zit.: Die Lage des parlamentarischen Regierungssystems)

— Staatszielbestimmungen, in: Festschrift für Ernst Fortshoff zum 70. Geburtstag, München 1972, S. 325 ff.

— Kooperation und Konflikt. Das Verhältnis von Bund und Ländern im Wandel, in: Die Öffentliche Verwaltung 1972, S. 585 ff.
(zit.: Kooperation und Konflikt)

Scheuner, U.: Probleme der staatlichen Entwicklung der Bundesrepublik, in: Die Öffentliche Verwaltung 1971, S. 1 ff.
(zit.: Probleme der staatlichen Entwicklung)

— Zur Entwicklung des parlamentarischen Verfahrens im Deutschen Bundestag, in: G. Lehmbruck / K. von Beyme / I. Fetscher (Hrsg.), Demokratisches System und politische Praxis der Bundesrepublik, München 1971, S. 143 ff.
(zit.: Parlamentarisches Verfahren)

— Das Bekenntnis des Grundgesetzes zum repräsentativen Prinzip und zum Föderalismus als verfassungsrechtliches Problem, in: H. Gehrig (Hrsg.), Totalrevision des Grundgesetzes?, Veröffentlichungen der Katholischen Akademie der Erzdiözese Freiburg, Nr. 24, Karlsruhe 1971, S. 25 ff.
(zit.: Bekenntnis des Grundgesetzes)

— Das Grundgesetz in der Entwicklung zweier Jahrzehnte, in: Archiv des öffentlichen Rechts, Band 95, 1970, S. 353 ff.

— Verantwortung und Kontrolle in der demokratischen Verfassungsordnung, in: Festschrift für Gebhard Müller. Zum 70. Geburtstag des Präsidenten des Bundesverfassungsgerichts, Tübingen 1970, S. 379 ff.
(zit.: Verantwortung und Kontrolle)

— Entwicklungslinien des parlamentarischen Regierungssystems in der Gegenwart, in: Festschrift für Adolf Arndt zum 65. Geburtstag, Frankfurt a. M. 1969, S. 385 ff.
(zit.: Entwicklungslinien)

— Das Gesetz als Auftrag der Verwaltung, in: Die Öffentliche Verwaltung 1969, S. 585 ff.

— Parlamentarisches Regierungssystem oder Proporzdemokratie? Das Wahlrecht und der Auftrag zur Staatsleitung, in: Der Wähler, Neue Folge Nr. 13/14 (1968), S. 2 ff.
(zit.: Parlamentarisches Regierungssystem oder Proporzdemokratie?)

— Politische Koordination in der Demokratie, in: Die moderne Demokratie und ihr Recht, Festschrift für Gerhard Leibholz zum 65. Geburtstag, Band 2: Staats- und Verfassungsrecht, Tübingen 1966, S. 899 ff.
(zit.: Politische Koordination)

— Verfassungsrechtliche Probleme einer zentralen staatlichen Planung, in: J. H. Kaiser (Hrsg.), Planung I, Baden-Baden 1965, S. 67 ff.
(zit.: Zentrale Planung)

— Bildungsplanung und ihre Rechtsgrundlagen, in: Die Öffentliche Verwaltung 1965, S. 541 ff.
(zit.: Bildungsplanung)

— Stichwort „Regierung", in: Handwörterbuch der Sozialwissenschaften, Band 8, Stuttgart/Tübingen/Göttingen 1964, S. 781 ff.

— Das Wesen des Staates und der Begriff des Politischen in der neueren Staatslehre, in: Staatsverfassung und Kirchenordnung, Festgabe für Rudolf Smend zum 80. Geburtstag, Tübingen 1962, S. 225 ff.
(zit.: Das Wesen des Staates)

— Das repräsentative Prinzip in der modernen Demokratie, in: Verfassungsrecht und Verfassungswirklichkeit, Festschrift für Hans Huber zum 60. Geburtstag, Bern 1961, S. 222 ff.
(zit.: Das repräsentative Prinzip)

— Die Aufgabe der Gesetzgebung in unserer Zeit, in: Die Öffentliche Verwaltung 1960, S. 601 ff.

Scheuner, U.: Diskussionsbeitrag zu „Parlament und Regierung im modernen Staat“, in: Veröffentlichungen der Vereinigung der deutschen Staatsrechtslehrer, 16 (1958), S. 122 ff.
(zit. Diskussionsbeitrag)

— Das parlamentarische Regierungssystem in der Bundesrepublik. Probleme und Entwicklungslinien, in: Die Öffentliche Verwaltung 1957, S. 633 ff
(zit.: Das parlamentarische Regierungssystem)

— Das Gesetz als Norm und Maßnahme, in: Veröffentlichungen der deutschen Staatsrechtslehrer, 15 (1957), S. 69 ff.

— Der Bereich der Regierung, in: Rechtsprobleme in Staat und Kirche, Festschrift für Rudolf Smend zum 70. Geburtstag, Göttingen 1952, S. 253 ff.

— Grundfragen des modernen Staates, in: Recht-Staat-Wirtschaft, Schriftenreihe des Innenministers des Landes NRW für Staatswissenschaftliche Fortbildung, Band 3, Düsseldorf 1951, S. 126 ff.

— Über die verschiedenen Gestaltungen des parlamentarischen Regierungssystems. Zugleich eine Kritik der Lehre vom echten Parlamentarismus, in: Archiv des öffentlichen Rechts, Band 13 (NF), 1927, S. 209 ff.; 337 ff.
(zit.: Über die verschiedenen Gestaltungen des parlamentarischen Regierungssystems)

Schick, W.: Kontrolle der Planung durch die Verfassungsgerichtsbarkeit, in: Juristenzeitung 1974, S. 470 ff.

— Stichwort „Gesetz“, „Gesetzgebung“, in: Evangelisches Staatslexikon, Stuttgart/Berlin 1966, Sp. 643 ff.
(zit.: Stichwort „Gesetz“)

Schmid, G.: Das Verhältnis von Parlament und Regierung im Zusammenspiel der staatlichen Machtverteilung, Basler Studien zur Rechtswissenschaft, Heft 99, Basel/Stuttgart 1971
(zit.: Zusammenspiel der staatlichen Machtverteilung)

Schneider, H.-P.: Die Parlamentarische Opposition im Verfassungsrecht der Bundesrepublik Deutschland, Band 1, Frankfurt a. M. 1974
(zit.: Parlamentarische Opposition)

Scholz, P.: Für die Zukunft planen!, in: Das Parlament Nr. 35/36 vom 30. 8. 1969, S. 20

Schramm, F. K.: Die parlamentsinterne Gesetzgebungshilfe unter besonderer Berücksichtigung der entsprechenden Einrichtungen des Deutschen Bundestages, Köln 1965 (jur. Dissertation)
(zit.: Die parlamentsinterne Gesetzgebungshilfe)

Seeger, J.: Gutachtliche Stellungnahme zum Thema: Parlamentarische Kontrolle der Regierungsplanung, in: Parlamentarische Kontrolle der Regierungsplanung, herausgegeben vom Präsidenten des Landtags NRW, Düsseldorf 1973, S. 23 ff.
(zit.: Stellungnahme)

— Möglichkeiten der Beteiligung des Landtages an den Planungen der Landesregierung, Gutachten, erstattet im Auftrage des Präsidenten des Landtags Nordrhein-Westfalen, Düsseldorf 1970
(zit.: Gutachten)

SPD-Fraktion/RhPf: Entwurf eines Landesgesetzes über die parlamentarische Kontrolle der Regierung (Planungskontrollgesetz), Landtags-Drucksache Rheinland-Pfalz Nr. 7/1542 vom 20. 2. 1973
(zit.: Planungskontrollgesetz)

SPD-Parteivorstand (Hrsg.): Kommission „Langzeitprogramm": Entwurf eines ökonomisch-politischen Orientierungsrahmens für die Jahre 1973—1985, Bonn 1972
(zit.: SPD-Langzeitprogramm)

— Sozialdemokratische Perspektiven im Übergang zu den siebziger Jahren, Bonn o. J. (1968)

Steffani, W.: Parlamentarische Demokratie. Zur Problematik von Effizienz, Transparenz und Partizipation, in: W. Steffani (Hrsg.), Parlamentarismus ohne Transparenz, Opladen 1971, S. 17 ff.
(zit.: Parlamentarische Demokratie)

— Stichwort „Opposition", in: H.-H. Röhring/K. Sontheimer (Hrsg.), Handbuch des deutschen Parlamentarismus, München 1970, S. 314 ff.

— Stichwort „Redeparlament", in: H.-H. Röhring/K. Sontheimer (Hrsg.), Handbuch des deutschen Parlamentarismus, München 1970, S. 418 ff.

— Gewaltenteilung im demokratisch-pluralistischen Rechtsstaat, in: H. Rausch (Hrsg.), Zur heutigen Problematik der Gewaltentrennung, Darmstadt 1969, S. 313 ff.

— Amerikanischer Kongreß und deutscher Bundestag — ein Vergleich, in: K. Kluxen (Hrsg.), Parlamentarismus, Köln/Berlin 1967, S. 230 ff.
(zit.: Amerikanischer Kongreß und deutscher Bundestag)

Steinmüller, W./u. a.: Das Informationsrecht des Parlaments, Anhang zu: Grundfragen des Datenschutzes, Gutachten im Auftrag des Bundesministers des Innern, Bundestags-Drucksache VI/3826 vom 7. 9. 1972, S. 163 ff.

Stern, K.: Totalrevision des Grundgesetzes?, in: Festgabe für Theodor Maunz zum 70. Geburtstag, München 1971, S. 391 ff.

Sternberger, D.: Gewaltenteilung und parlamentarische Regierung in der Bundesrepublik Deutschland, in: K. Kluxen (Hrsg.), Parlamentarismus, Köln/Berlin 1967, S. 325 ff.
(zit.: Gewaltenteilung und parlamentarische Regierung)

— Lebende Verfassung. Studien über Koalition und Opposition, Meisenheim 1956
(zit. Lebende Verfassung)

Tenbruck, F. H.: Politik und Planung. Vom Sinn und Unsinn der Programme, in: Die politische Meinung, Heft 151/1973, S. 9 ff.
(zit.: Politik und Planung)

— Artikel „Planung", in: Staatslexikon. Recht-Wirtschaft-Gesellschaft, 6. Auflage, 10. Band, 2. Ergänzungsband, Freiburg 1970, Sp. 885 ff.

— Zu einer Theorie der Planung, in: Wissenschaft und Praxis, Festschrift zum zwanzigjährigen Bestehen des Westdeutschen Verlags, Köln/Opladen 1967, S. 109 ff.

Thaysen, U.: Sicherung der parlamentarischen Kontrolle über Regierungsplanung, in: Zeitschrift für Parlamentsfragen 1972, S. 176 ff.

Theis, A.: Führungsinstrumentarium und politische Planung, in: Die Außenpolitik 1969, S. 735 ff.

Thoma, R.: Die Funktionen der Staatsgewalt. Grundbegriffe und Grundsätze (§ 71), in: G. Anschütz/R. Thoma (Hrsg.), Handbuch des Deutschen Staatsrechts, 2. Band, Tübingen 1932, S. 108 ff.
(zit.: Die Funktionen der Staatsgewalt)

Trossmann, H.: Der Deutsche Bundestag, 6. Aufl., Darmstadt/Bad Homburg v. d. H. 1971

Väth, W.: Zum Verhältnis von Parlament und Planung, in: Zeitschrift für Parlamentsfragen 1974, S. 228 ff.

Veen, H.-J.: Die parlamentarische Regierung zwischen Subordination und politischer Führung, in: „Aus Politik und Zeitgeschichte", Beilage B 38/72 zur Wochenzeitung „Das Parlament" (1972)

Volk, E.: Rationalität und Herrschaft. Aspekte einer Implementation zentraler Planung in der westeuropäischen Industriegesellschaft, Soziologische Abhandlungen, Heft 12, Sozialwissenschaftliche Schriftenreihe der Wirtschafts- und Sozialwissenschaftlichen Fakultät der Freien Universität Berlin, Berlin 1970
(zit.: Rationalität und Herrschaft)

Wagener, F.: Öffentliche Planung und zukünftige politische Entscheidung, in: Demokratie und Verwaltung, Schriftenreihe der Hochschule Speyer, Band 50, Berlin 1972, S. 571 ff.
(zit.: Öffentliche Planung)

— Von der Raumplanung zur Entwicklungsplanung, in: Deutsches Verwaltungsblatt 1970, S. 93 ff.

Wahl, R.: Notwendigkeit und Grenzen langfristiger Aufgabenplanung, in: Der Staat, Band 11 (1972), S. 459 ff.

— Die politische Planung in den Reformüberlegungen der Bundesregierung, in: Die Öffentliche Verwaltung 1971, S. 42 ff.
(zit.: Die politische Planung)

Weichmann, H.: Wandel der Staatsaufgaben im modernen Staat, in: J. H. Kaiser (Hrsg.), Planung III, Baden-Baden 1968, S. 39 ff.

von Wick, G.: Kompetenzwahrnehmung im Bereich der Bundesregierung, Düsseldorf 1957

Wittkämper, G. W.: Planungsideologien in der Politik, in: Liberal 1969, S. 52 ff.

Wolff, H. J.: Verwaltungsrecht I, 7. Aufl., München 1968

Zeh, W.: Perspektiven für eine Grundgesetzreform. Diskussionsstand der vom Bundestag 1970 eingesetzten Enquete-Kommission für Fragen der Verfassungsreform, in: Zeitschrift für Rechtspolitik 1972, S. 171 ff.
(zit.: Perspektiven für eine Grundgesetzreform)

FSC
www.fsc.org
MIX
Papier | Fördert gute Waldnutzung
FSC® C083411

Kolibri 360 GmbH
Ferdinand-Jühlke-Straße 7
99095 Erfurt, Deutschland
produktsicherheit@kolibri360.de

Druck:
CPI Druckdienstleistungen GmbH
im Auftrag der
Kolibri 360 GmbH
Ferdinand-Jühlke-Str. 7
99095 Erfurt